数智化时代会计专业
—— 融合创新系列教材 ——

U0647180

财务大数据分析与可视化

基于 Power BI 案例应用

微课版

汪刚◎主编　杨丽◎副主编

人民邮电出版社

北　京

图书在版编目（CIP）数据

财务大数据分析与可视化：基于Power BI案例应用：微课版 / 汪刚主编. -- 北京：人民邮电出版社，2021.11（2024.5重印）
数智化时代会计专业融合创新系列教材
ISBN 978-7-115-57327-8

Ⅰ．①财… Ⅱ．①汪… Ⅲ．①会计分析－可视化软件－教材 Ⅳ．①F231.2-39

中国版本图书馆CIP数据核字(2021)第184369号

内 容 提 要

随着我国信息化进程的不断加速及大数据和人工智能技术的不断发展，财务人员要全面深入地分析财务数据，帮助企业预测和防范经营过程中可能遇到的风险。本书以 Power BI 为数据分析工具，重点介绍了商业智能的相关知识，以及利用 Power BI 获取数据、整理数据，并对数据建模，进而实现财务大数据分析和可视化的内容。本书最后还提供了一个上市公司的财务会计案例和一个虚拟企业的管理会计案例，详细介绍了财务大数据分析和可视化的全过程，帮助读者进一步加深理解，学以致用。

本书内容新颖，难度适宜，教学资源丰富，非常适用于应用型本科和高等职业院校会计类专业相关课程的教学，对于希望了解财务大数据分析和可视化知识的从业人员也是一本简单易懂的参考书。

♦ 主　编　汪　刚
　　副主编　杨　丽
　　责任编辑　崔　伟
　　责任印制　王　郁　焦志炜
♦ 人民邮电出版社出版发行　　北京市丰台区成寿寺路 11 号
　　邮编　100164　　电子邮件　315@ptpress.com.cn
　　网址　https://www.ptpress.com.cn
　　保定市中画美凯印刷有限公司印刷
♦ 开本　787×1092　1/16
　　印张：14.25　　　　　　　　2021 年 11 月第 1 版
　　字数：353 千字　　　　　　 2024 年 5 月河北第 9 次印刷

定价：49.80 元

读者服务热线：(010)81055256　印装质量热线：(010)81055316
反盗版热线：(010)81055315
广告经营许可证：京东市监广登字 20170147 号

大数据、人工智能、移动互联网、云计算、物联网和区块链等技术的快速发展，正在促使未来成为一个"万物互联、无处不在、虚实结合、智能计算、开放共享"的智能时代。党的二十大报告指出："加快发展数字经济，促进数字经济和实体经济深度融合，打造具有国际竞争力的数字产业集群。"数据成为企业的核心资产，财务部门应积极尝试新兴技术，更广泛、更智能地收集数据、加工数据和分析数据，实现财务数字化转型，帮助企业提升经营能力、洞察商机并预测未来。

技术驱动财会人员转型

从算盘到计算器，再到计算机，财务工具的不断变革大幅提升了财务工作的效率。2018 年，德勤发布的调查报告《关键时刻：数字化世界中的财务》认为，云计算、RPA（Robotic Process Automation，机器人流程自动化）、可视化、高级分析、认知计算、内存计算和区块链 7 项技术对财务的影响愈发显著，它们共同构成了新一代的财务工具集。国际著名咨询机构高德纳（Gartner）发布的《2021 年财务主管首要任务》调查报告显示，业界一致认为应用 RPA、数据分析是重中之重。

目前，数据分析的相关工具较多，有侧重数据采集的 Kettle、Python 等，有侧重数据仓库的 Hadoop、Teradata 等，有侧重数据挖掘的 SAS、SPSS、R、Python 等，还有侧重数据可视化的 BIEE、Tableau、Power BI、FineBI 等。这些工具有的需要具备计算机编程知识，有的需要具备统计学知识，因此大都不适合财务人员快速掌握数据分析技能。对于财务人员来说，从侧重数据可视化的分析工具入手学习数据分析技能是最佳选择。

可视化（Visualization）技术是数据分析的常用技术，它具有以下显著特色。

- 帮助组织提供实时信息，加快数据处理速度，使庞大的数据得到有效利用。
- 多维显示数据，展现数据全貌及各个因素之间的关联。
- 更加直观地展示复杂信息。
- 加强受众对数据的理解，便于对话、探索和交流。

可视化技术的应用领域非常广泛，包括科学、教育、地理、医学影像、产品设计、软件开发、工程制图和立体渲染等。可视化技术在财会领域主要应用于数据统计与分析，它能够更加清楚、直观、多维度地传达信息及展示趋势，帮助企业"看到"涉及重大决策和发展的事项。

为什么是 Power BI

Power BI 是微软（Microsoft）公司官方推出的一个让非数据分析人员也能有效地整合企业数据，并快速准确地提供商业智能分析的数据可视化工具。2021 年 2 月，高德纳公司发布的《商业智能和分析平台魔力象限》年度报告显示，微软再次成为最具领导力和超前愿景的公司。

因此，本书从 BIEE、Tableau、Power BI、SAP BI、FineBI、Smartbi 等众多可视化工具中选

择 Power BI 为工具，详细讲解商业智能应用（数据获取、数据整理、数据建模、数据可视化）的一般过程，也就是财务大数据分析和可视化的过程。

本书读者对象

本书作为"财务大数据分析"课程的入门级教材，主要面向高等院校应用型本科和高等职业院校的学生，以及对 Power BI 感兴趣的企事业单位人员，旨在帮助读者了解商业智能的基本原理，并掌握 Power BI 这种自助式智能分析工具的一般应用。

需要说明的是，2021 年，为贯彻《国家职业教育改革实施方案》，加强职业教育国家教学标准体系建设，落实职业教育专业动态更新要求，推动专业升级和数字化改造，教育部对职业教育专业目录进行了全面修（制）订，传统的"会计"专业更名为"大数据与会计"专业，"财务管理"专业更名为"大数据与财务管理"专业，"审计"专业更名为"大数据与审计"专业。很多高校在新专业方向中都加入了与商业智能分析相关的课程，有的叫"财务大数据分析"，有的叫"数据可视化"，有的叫"商业智能在财会中的应用"。尽管课程名称不统一，但本书的内容设计依然能够很好地满足这些课程的教学要求。

本书特色

1. 结构完整，强调案例式教学

本书共分 9 个项目，各个项目的内容介绍如下。

项目一：讲述商业智能的基本原理、可视化技术基础、数据类型、财务大数据的界定和常见数据分析模型。

项目二：介绍 Power BI 的基础知识、应用模式、系列组件、安装与账号注册、应用界面等相关内容。

项目三：以一家烘焙连锁企业为例带领读者快速体验 Power BI 数据分析与可视化的基本流程。

项目四至项目七：详细介绍 Power BI 从数据获取、数据整理、数据建模、数据可视化到在线服务的应用流程。

项目八：以上市公司 TCL 科技为例介绍其财务数据的智能分析与可视化过程（财务会计案例）。

项目九：以某连锁店为例介绍其业务数据的智能分析与可视化过程（管理会计案例）。

2. 采用"项目任务式"编写体例

本书按照一般认知规律，共设计 5 大模块，方便读者学习。

模块	作用
学习目标	明确读者学完每个项目后应具备的知识目标和能力目标
项目导图	本项目学习内容的思维导图
情境案例	每个项目都设计一个情境案例。这些案例是与本项目内容相关的实际案例，或者是本项目任务中用到的模拟案例
项目学习	将每个项目拆分成不同的任务，逐一介绍每个任务完成的操作过程
巩固提高	读者通过 5 种题型（单选、多选、判断、思考、实训）的训练，不仅能进一步消化、理解所学的理论知识，而且能够提升实际操作能力

本书教学资源

本书配套了 7 种教学资源，方便教师无障碍教学和学生课后进一步巩固提高。读者登录人邮教育社区（www.ryjiaoyu.com）即可检索获取。

序号	资源种类	格式	数量	使用对象
1	教学大纲	Word	1 份	教师
2	教案	Word	1 份	教师
3	课程思政教学设计参考	Word	1 份	教师
4	习题答案	PDF	1 份	教师
5	教学课件	PPT	9 份	教师、学生
6	微课视频	MP4	若干	教师、学生
7	案例数据	Excel 文本 csv mdb pbix	若干	教师、学生

说明：本书配套教学平台（学银在线+学习通）即将开通，教师可发邮件至 cuiwei@ptpress.com.cn 获取相关信息。

致谢

感谢 Power BI 领域的专家赵文超老师、宗萌老师、马世权老师、高飞老师、采悟老师和雷元老师，感谢你们基于企业实践经验所带来的精彩纷呈的 Power BI 课程经验分享。

感谢厦门网中网软件有限公司副总裁徐建宁女士为本书内容设计提供的宝贵意见。

感谢人民邮电出版社的编辑对本书出版的大力支持。

本书由汪刚（北京信息科技大学）担任主编，杨丽（重庆机电职业大学）担任副主编。限于编者水平，书中难免有疏漏或不足，恳请广大读者给予批评指正，以便再版时完善和修订。

编者
2023 年 5 月

目　录

项目七 Power BI 在线 服务 ————— 162

项目八 财务会计案例：上市公司财务数据分析与可视化 ————176

学习目标

- 知识目标
    - ◇ 理解商业智能的含义、系统构架及价值。
    - ◇ 熟悉格式塔原理的一个基本点、两个假设和五个原则。
    - ◇ 熟悉进行数据可视化时选择何种图表类型应考虑的因素。
    - ◇ 掌握数据类型的分类方法及财务大数据的界定。
    - ◇ 掌握常见数据分析模型，重点理解 SWOT 分析模型、PEST 模型、RFM 模型和 5W2H 模型。
- 能力目标
    - ◇ 能够结合不同的商业智能应用案例，分析其应用价值。

项目导图

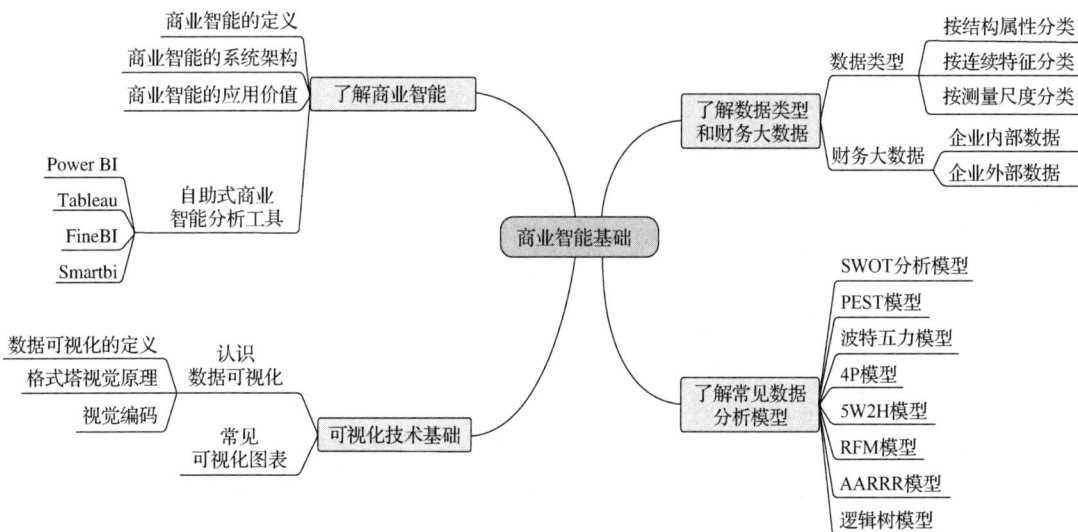

情境案例

中国民生银行（以下简称"民生银行"）于 1996 年 1 月 12 日在北京正式成立，是中国第一家主要由民营企业发起设立的全国性股份制商业银行。民生银行在英国《银行家》杂志发布的 2020 年"全球 1 000 家大银行"排名中居第 23 位，在美国《财富》杂志发布的 2020 年"世界 500 强企业"排名中居第 239 位。

近年来，随着信息技术的发展，企业内部积累了大量的数据。面对日益激烈的竞争环境，各级决策者更加注重对海量数据的分析利用。

2002 年，民生银行开始信息科技建设，把离散在各个核心系统的数据进行统一的加工整合，形成可以看到全貌数据的数据仓库平台。这种传统的数据仓库模式，先是一线业务人员提出数据需求传递到分行；分行经过审核之后，如果不能解决，就要上报到总行；总行再从全口径对数据进行加工处理，然后把相关的分析结果反馈给分行。实际工作中会发现，各种数据需求不断地往上提，以至于总行的工作人员加班都处理不完。有时候，经过几周处理完毕的数据分析结果，对于业务部门已经失效。这是传统数据仓库模式的主要弊病。

2015 年前后，"阿拉丁"平台诞生，它是一个开放、自由、可扩展、面向一线业务人员的云平台，可以容纳很多应用产品、开发工具、报表工具、数据挖掘分析和数据探索工具。从数据层面看，"阿拉丁"后台整合了大量不同的数据源，包括结构化和非结构化的，甚至实时的流动数据等。基于平台功能和海量数据，一线人员可以衍生出大量切合分行一线业务需求的应用，支持其做相关的工作，如客户管理、舆情管理、精准营销等。

"阿拉丁"平台上线以来，分行业务人员基于此平台进行了很多有价值的探索与应用，比如，潜在高价值客户挖掘、ATM 机合理布局、工资卡客户挖掘、基于地理信息的客户精准营销等。

下面我们来看一下工资卡客户挖掘这个应用案例。

民生银行各分行的一线财务人员每天会看到大量的客户转账记录，之前并没有人关注这些信息。"阿拉丁"平台上线后，一线财务人员通过 Smartbi 分析工具将转账交易情况做了一个简单的归类，发现有些客户存在一个很有意思的情况，就是每个月定期往其他银行账号上转钱，而且转账金额基本差不多。经过抽样了解发现，这些客户都是中小企业的会计，他们每月定期通过民生银行给自己的员工发工资。业务人员通过数据分析和挖掘，积极开展精准营销，为银行带来了大量工资卡客户。这些都是业务人员通过开放的"阿拉丁"平台接触到数据之后，利用自身的业务经验，再结合数据工具创造出的价值。

目前，"阿拉丁"平台已经为民生银行培养了近千人规模的数据分析挖掘团队，使得更多一线业务人员贡献业务经验，形成了更大的数据分析产品群落，最终获得效益的提升。

案例来源：中国民生银行和 Smartbi 官方网站。

项目学习

任务一 了解商业智能

在信息化飞速发展的今天，企业内外部的各类信息系统都积累了大量的数据。这些数据是企业的重要资产，其中蕴含了许多有价值的信息。如何从数据中充分挖掘有价值的信息，提高决策水平，满足不同层次、不同部门和行业应用的需求，已经成为各类组织关注的焦点。商业智能（Business Intelligence，BI）可以把各种数据及时转换为有价值的信息，帮助决策者作出正确的决策。

子任务一 商业智能的定义

从 20 世纪 90 年代开始，商业智能已经被众多企业广泛关注。商业智能的概念最早由高德纳咨询公司的分析师霍华德·德雷思纳（Howard Dresner）于1996 年提出，他认为商业智能描述了一系列的概念和方法，可以应用基于数据的分析系统辅助商业决策的制定。商业智能技术为企业提供了迅速收集、分析数据的方法，可以把这些数据转化为有用的信息，提高企业决策的质量。

微课 1-1-1

微软公司认为：商业智能是指任何尝试获取、分析企业数据，以便更清楚地了解市场和客户，改进企业流程，更有效地参与竞争的过程。商业智能是下列软件工具的集合：终端客户查询和报告工具、在线分析处理工具、数据挖掘软件、数据集市、数据仓库（Data Warehouse，DW）产品和主管信息系统。

甲骨文公司认为：商业智能是一种商务战略，能够持续不断地对企业的经营理念、组织结构和业务流程进行重组，实现以客户为中心的自动化管理。

SAP 公司认为：商业智能是指收集、存储、分析和访问数据，以帮助企业更好地作出决策的技术。

IBM 公司认为：商业智能是一系列技术支持的简化信息收集、分析过程的策略集合。

帆软公司认为：商业智能是利用数据仓库、数据可视化与分析技术，将指定的数据转化为信息和知识的解决方案，其价值体现为满足企业不同人群对数据查询、分析和探索的需求，使企业实现对业务的监测和洞察，从而支持企业管理决策，提升企业管理水平，提高企业业务运营效率。

复旦大学赵卫东教授认为，商业智能是融合了先进信息技术与创新管理理念的结合体，集成了企业内外的数据，加工处理并从中提取能够创造商业价值的信息和知识，面向企业战略并服务于管理层、业务层，指导企业经营决策，提升企业竞争力。

从以上观点可以看出，各界对商业智能的定义都倾向于从技术、应用的角度，更多的是从商业智能的过程去描述并理解商业智能。所以，商业智能不仅是指一套技术，更是一套完整的解决方案，商业智能的本质就是数据智能。

子任务二 商业智能的系统架构

商业智能需要将企业积累的大量数据处理成信息，再转化为知识，最后通

微课 1-1-2

过可视化方式将信息和知识展现给企业相关人员，便于企业进行商务决策。一个完整的商业智能架构体系包括数据获取层、数据管理层、数据分析层和数据展示层，如图 1-1 所示。

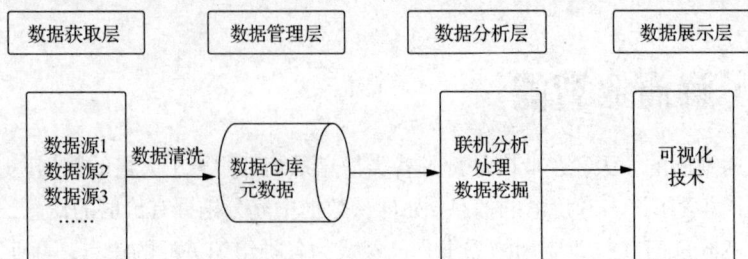

图 1–1　商业智能架构体系

1. 数据获取层

商业智能的基础是数据。获取什么样的数据及如何获取数据，是商业智能系统数据获取层的主要工作内容。

从数据来源看，数据获取层中的数据通常包括企业内部的数据和企业外部的数据。企业内部的数据包括来自财务系统、采购系统、销售系统、生产系统等 ERP 系统的数据，以及办公自动化系统（OA）的数据。企业外部的数据包括政策数据、市场数据、行业数据、竞争对手的数据、各类统计数据等。

从数据存储结构上看，数据获取层中的数据分为结构化数据和非结构化数据两种。结构化数据主要是以二维表格形式存储的数据。非结构化数据主要包括所有格式的办公文档、文本、图片、音频和视频文件等。

从数据存储形式上看，数据获取层中的数据包括.xlsx 文件、.txt 文件、.csv 文件和各类数据库文件等。目前的商业智能系统都能直接读取并连接各种类型的结构化数据。

商业智能系统获取数据后，还要经过数据清洗（Extract Transform Load，ETL）操作。ETL是将业务系统的数据经过抽取、转换之后加载到数据仓库的过程，目的是将企业中分散、零乱、标准不统一的数据整合到一起，为企业的决策提供分析依据。ETL 是商业智能分析过程中重要的一个环节。

2. 数据管理层

数据管理层主要通过数据仓库和元数据（Meta Data）管理方式实现对数据的管理。

经过 ETL 处理的数据被加载到数据仓库中。数据仓库是面向主题的，其中的数据按照一定的主题域进行组织。主题是指客户使用数据仓库进行决策时所关心的重要方面。一个主题通常与多个操作型信息系统相关。数据仓库是集成的，有些数据来自分散的操作型数据，系统需要将这些数据从原来的数据中抽取出来，进行加工与集成，然后才能进入数据仓库。数据仓库中的数据是在对原有分散的数据进行抽取、清理的基础上，经过系统加工、汇总和整理得到的。数据分析人员必须消除元数据中的不一致性，以保证数据仓库内的信息是关于整个企业的一致的全局信息。数据仓库的数据主要供企业决策分析之用，所涉及的数据操作主要是数据查询，一旦某个数据进入数据仓库以后，一般情况下都将被长期保留。也就是说，数据仓库中一般有大量的查询操作，但修改和删除操作很少，通常只需要定期加载、刷新即可。数据仓库中的数据通常包含历史信息，系统记录了企业从过去某一时点（如开始应用数据仓库的时点）到当前各个阶段的信息。通过这些信息，管理人员可以对企业的发展历程和未来趋势作出定量分析和预测。

为了便于管理数据仓库中的数据，我们引入了元数据的概念。元数据是指在数据仓库建设过程中所产生的与数据源定义、目标定义和转换规则等相关的关键数据。同时，元数据还包含关于数据含义的商业信息，所有这些信息都应当妥善保存，并很好地管理，为数据仓库的发展和使用提供方便。

3. 数据分析层

数据分析层主要包括联机分析处理（Online Analytical Processing，OLAP）和数据挖掘（Data Mining，DM）两种分析工具。联机分析处理与数据挖掘是相辅相成的，它们都是进行决策分析不可缺少的工具。

联机分析处理是以海量数据为基础的复杂分析技术。它支持各级管理决策人员从不同的角度、快速灵活地对数据仓库中的数据进行复杂查询和多维分析处理，并且能以直观易懂的形式将查询和分析结果展现给决策人员。联机分析处理使用的逻辑数据模型为多维数据模型。数据挖掘是从海量数据中提取隐含在其中的、人们事先不知道但又可能有用的信息和知识的过程。数据挖掘的数据有多种来源，包括数据仓库、数据库或其他数据源。

从上述定义可以看出，联机分析处理是验证型分析工具，而数据挖掘是预测型分析工具。

4. 数据展示层

数据展示层主要是通过可视化技术将分析内容以各种图表的方式展示出来，供企业决策人员、管理人员、分析人员、业务人员等相关人员进行洞察和决策。可视化技术是以图像处理技术为基础，将数据转换为图形或图像形式，显示到屏幕上，并进行交互处理的理论方法和技术。它涉及计算机视觉图像处理、计算机辅助设计、计算机图形学等多个领域，并逐渐成为一种研究数据表示、数据综合处理、决策分析等一系列问题的综合技术。企业数据分析的内容包括利润分析、收入分析、成本分析、资产分析、运营分析、投融资分析等，需要展示哪些指标和内容，与企业战略、经营管理需要有密切关系。

子任务三　商业智能的应用价值

商业智能可以帮助管理者减少收集、处理信息的时间，把更多精力用于决策上。商业智能的价值主要体现在以下几个方面。

1. 增强业务洞察能力

商业智能可以减少经营者收集数据、获取信息所花费的时间，加速决策过程，使正确的信息于正确的时间在信息系统中流向各类相关人员。决策者通过监控关键绩效指标（Key Performance Indicator，KPI），可以掌控业务执行的状况，以便及时调整策略。例如，管理者通过 KPI 监控销售人员最新的销售信息、任务额信息和任务完成度信息，可随时掌握企业的营收完成情况。

微课 1-1-3

2. 优化企业营销策略

企业通过构建商业智能分析模型，可以深入挖掘消费者行为，从而制定适当的营销策略。"啤酒和尿布"的故事，就是著名的零售企业沃尔玛通过商业智能分析发现了尿布销售额和啤酒销售额具有一定的相关性，于是管理层作出决策，将尿布和啤酒这两种看上去不相关的商品摆放在一起销售，从而提高企业的销售业绩。

> **小知识："啤酒和尿布"的故事**
>
> 　　沃尔玛拥有世界上最大的数据仓库系统，其中存储了各门店的详细原始交易数据。为了能够准确了解客户在各门店的购买习惯，沃尔玛在这些原始交易数据的基础上，利用数据挖掘技术对这些数据进行分析和挖掘。一个意外的发现是：跟尿布一起购买最多的商品竟是啤酒！经过大量实际调查和分析，揭示了美国人隐藏在"啤酒与尿布"背后的一种行为模式：在美国，一些年轻的爸爸下班后经常要到超市购买婴儿尿布，而他们中有 30%～40% 的人同时也会为自己买一些啤酒。产生这一现象的原因是：美国的妈妈们常叮嘱她们的丈夫下班后为小孩买尿布，而丈夫们在买尿布后又随手带回了他们喜欢的啤酒。
>
> 　　这就是著名的"啤酒和尿布"的故事。沃尔玛正是根据这一发现，及时调整营销策略，在尿布旁边摆放啤酒，从而大大增加了两种商品的销售收入。

3. 提高市场响应能力

企业借助商业智能的大数据整合能力，将行业信息、政策法规等信息融入商业智能系统，通过适当的模型以预测市场变化，精简流程，确定需要改进的环节，从而适应外部环境的变动。

4. 加强风险管理能力

企业可通过商业智能风险预警模型，发现企业存在的潜在风险，如经营风险、财务风险、纳税风险等。当出现这些风险预警时，企业可随时调整其经营策略来应对、规避、降低各类风险。例如，就贷款业务而言，银行可以应用数据挖掘技术对客户进行信用分析，发现其中的欺诈行为特征，作为有效的预警机制，为银行减少损失。

5. 改善客户关系管理

很多企业正在逐渐由"以产品为中心"转化为"以客户为中心"。企业应用商业智能中的在线分析处理和数据挖掘等技术，对客户的交易记录等相关资料进行处理与挖掘，并对客户行为进行分类，然后针对不同类型的客户制订相应的服务策略。这类应用就叫作"客户智能"。电信企业利用分析模型对客户行为、信用度等进行评估，对不同类型的客户提供有针对性的服务，从而提高客户的满意度和忠诚度。

子任务四　自助式商业智能分析工具

自助式商业智能分析工具不再只面向 IT 部门的技术人员，而是面向更多不具备 IT 背景的业务、财务分析人员。与传统商业智能分析工具相比，自助式商业智能分析工具更灵活，并且更易于使用。下面介绍几种自助式商业智能分析工具。

微课 1-1-4

1. Power BI

Power BI 是微软官方推出的可视化数据探索和交互式报告工具。Power BI 能让静态数据转化为动态报表，是一个让非专业数据分析人员也可以有效整合企业数据，并快速准确地提供商业智能分析的数据可视化"神器"。

Power BI 应用包括 Windows 桌面应用程序（Power BI Desktop）、云端在线服务（Power BI Online-Service）和移动端应用（Power BI Mobile）。

2. Tableau

Tableau是一个可视化分析平台，它改变了使用数据解决问题的方式，使个人和组织能够充分利用自己的数据。作为现代商业智能市场的领先产品，Tableau分析平台使人们能够更加轻松地探索和管理数据，更快地发现和共享各种有价值的见解。

Tableau是斯坦福大学一个计算机科学项目的成果。该项目旨在改善分析流程，并让人们能够通过可视化技术更轻松地使用数据。自成立以来，Tableau公司一直不断进行研发投资，开发各种解决方案来帮助所有需要使用数据的人更快地找到答案，发现意想不到的见解。Tableau在2019年被Salesforce收购，但其使命不变：帮助人们查看并理解自己的数据。

Tableau以其简单易用、极速高效、视图美观、轻松实现数据融合等优势，帮助人们使用数据推动变革，其家族产品包括Tableau Desktop、Tableau Server、Tableau Online、Tableau Public和Tableau Reader。

3. FineBI

FineBI是帆软软件有限公司推出的一款商业智能产品。业务人员使用该产品可以自主分析企业的信息化数据，帮助企业发现并解决存在的问题，协助企业及时调整策略，作出更好的决策，增强企业的可持续竞争力。FineBI定位于自助式大数据分析工具，能够帮助企业的业务人员和数据分析师开展以问题为导向的探索式分析。

FineBI产品的优势是：业务人员和数据分析师可以自主制作仪表板，进行探索分析。数据取自业务，并应用于业务，让需要分析数据的人可以自主处理、分析数据。

FineBI的系统构架包括4个部分。

（1）数据处理。数据处理服务用来对原始数据进行抽取、转换、加载，并为分析服务生成数据仓库FineCube。

（2）即时分析。业务人员和数据分析师可以快速创建图表使数据可视化，还可以添加过滤条件筛选数据并即时排序，使数据分析更加快捷。

（3）多维度分析。FineBI可以提供各种分析挖掘功能和预警功能，如任意维度切换、添加、多层钻取、排序、自定义分组、智能关联，等等。

（4）仪表盘（Dashboard）。仪表盘可以提供各种样式的图表服务，配合各种业务需求展现数据。

4. Smartbi

Smartbi是思迈特软件公司旗下的产品，可以满足客户对企业级报表进行数据可视化分析、自助分析、数据挖掘建模、AI智能分析等方面的需求。Smartbi软件在国内商业智能领域处于领先地位，产品广泛应用于金融、制造、零售、地产等众多行业。

Smartbi产品系列主要包括四大平台。

（1）大数据分析平台。大数据分析平台可以对接各种业务数据库、数据仓库和其他大数据分析平台，对数据进行加工处理、分析挖掘和可视化展现，满足客户的各种数据分析应用需求，如可视化分析、探索式分析、复杂报表、应用分享，等等。

（2）数据化运营平台。数据化运营平台可以围绕业务人员提供企业级数据分析工具和服务，满足不同类型业务客户的需求，还可以在Excel或者浏览器中实现全自助的数据提取、数据处理、数据分析和数据共享服务，具有很强的适用性。

（3）大数据挖掘平台。通过深度数据建模，大数据挖掘平台可以为企业提供预测能力支持、文本分析、五大类算法和数据预处理功能，并为客户提供流程式建模、拖曳式操作和可视化配置体验等一站式服务。

（4）SaaS 分析云平台。SaaS 分析云平台是全新一代云端数据分析平台，可以提供快速搭建数据分析应用的自助式服务，还可以分享深刻见解，提升团队的决策能力。

任务二　可视化技术基础

可视化主要是借助图形化手段，清晰有效地传达与沟通信息。本任务我们首先介绍可视化的原理，然后介绍实践中常见的可视化图表。

子任务一　认识数据可视化

数据可视化是关于数据视觉表现形式的科学技术。

微课 1-2-1

1. 数据可视化的定义

人类从外界获取的信息中，有 83% 来自视觉，11% 来自听觉，6% 来自其他。由此可以看出，视觉是获取信息最重要的通道，超过 50% 的人脑功能用于视觉的感知，包括解码可视信息、高层次可视信息处理和思考可视符号。可视化是一种映射，可以把客观世界的信息映射为易于被人类感知的视觉模式。这里的视觉模式指的是能够被感知的图形、符号、颜色、纹理等。数据可视化就是将工作中处理的各类数据映射为视觉模式，来探索、解释隐藏在数据背后的信息，在保证信息传递的基础上寻求美感，用数据讲"故事"。因此，数据可视化既是一门科学，又是一门艺术。

数据可视化的作用包括数据表达、数据操作和数据分析。数据表达是数据可视化最原始的作用。数据表达常见的形式有文本、图表、图像、地图等。有些时候，用可视化方式比文字方式表达更直观，更易于理解。借助有效的图形，可以在较小的空间中呈现大规模的数据。数据操作是以计算机提供的界面、接口等为基础完成人与数据的交互需求。当前基于可视化的人机交互技术发展迅速，包括自然交互、可触摸、自适应界面和情景感应等在内的多种新技术极大地丰富了数据操作的方式。数据分析的任务通常包括定位、识别、区分、分类、聚类、分布、排列、比较关联等。将信息以可视化的方式呈献给客户，可以直接提升客户对信息认知的效率，并引导客户从可视化结果中分析、推理出有效信息，帮助人们挖掘数据背后隐藏的信息与客观规律，有助于知识和信息的传播。

南丁格尔玫瑰图是经典的数据可视化作品之一，如图 1-2 所示。

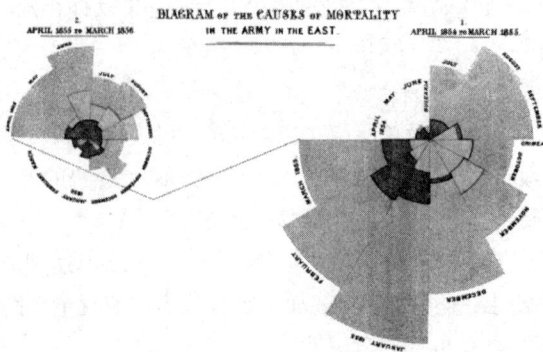

图 1-2　南丁格尔玫瑰图

> **小知识：南丁格尔玫瑰图**
>
> 南丁格尔玫瑰图由世界上第一个真正的女护士——弗洛伦斯·南丁格尔发明。
>
> 19 世纪 50 年代，欧洲大陆爆发了克里米亚战争。南丁格尔主动申请担任战地护士。当时的医院卫生条件极差，伤员死亡率高达 42%，直到 1855 年政府机构派人到医院改善整体的卫生环境后，死亡率才降至 2.5%。南丁格尔注意到这件事，认为政府应该改善战地医院的条件来拯救更多年轻的生命。由于担心不受重视，她发明了一种色彩缤纷的图（见图 1-2），使人们能够对数据产生更加深刻的印象。图 1-2 中的蓝色区域表示原本可避免感染但最终死亡的士兵人数；红色区域表示因受伤过重而死亡的士兵人数；黑色区域表示死于其他原因的士兵人数。其中，右侧较大的玫瑰图展现的是 1854 年 4 月至 1855 年 3 月因医疗条件差而导致死亡的人数明显偏高；而左侧的玫瑰图展现的则是 1855 年 4 月至 1856 年 3 月在南丁格尔游说英国政府加强公众医疗卫生建设和相关投入后的死亡人数。我们从中可以看出，因医疗条件差而导致的死亡人数明显下降。
>
> 因此，南丁格尔玫瑰图成为数据可视化图表的典范。

2. 格式塔视觉原理

格式塔视觉原理可以帮助我们理解如何通过视觉认识周围世界的规则，它解释了在呈现图形元素时人类有组织感知的模式和对象，如图 1-3 所示。

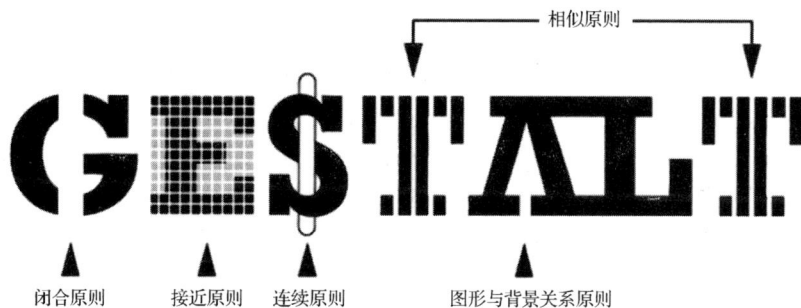

图 1-3　格式塔视觉原理

格式塔原理包括一个基本点、两个假设、五个原则。一个基本点是指人类的视觉是整体的。两个假设分别是捆绑假设和关联假设。捆绑假设认为每个复合体都是由基本内容和片段组成；而关联假设则认为，如果任意对象或场景频繁与另一对象或场景一同出现，那么人们通常倾向于在其中一个对象或场景出现时召唤另一个。五个原则分别为相似原则、闭合原则、接近原则、连续原则、图形与背景关系原则。

- 相似原则：如果其他因素相同，那么相似的元素看起来归属同一组。
- 闭合原则：如果元素属于封闭图形的一部分，视觉系统通常自动将其感知为一个整体。
- 接近原则：距离相近的元素通常被认为属于同一组。
- 连续原则：如果定向的单元和组是相互连接在一起的，视觉上通常视之为一个整体。
- 图形与背景关系原则：元素被视为图形（视觉焦点）或背景（图像中的背景）。

3. 视觉编码

视觉编码是一种将视觉信息映射成可视化元素的技术。Bertin 视觉编码是其中比较常用的一种。

Bertin 视觉编码也叫 Bertin 视觉变量，共分为七大变量，分别是位置、大小、形状、数值、色相、方向和纹理，如图 1-4 所示。

- 位置：根据位置的不同判断趋势和群组。
- 大小：通过图形的大小，反映某一变量取值的大小。
- 形状：形状不同，可以表示不同的分组。
- 数值：指颜色的饱和度数值。同一颜色的饱和度不同，则变量的取值不同。
- 色相：也指色调，即颜色。颜色不同，分组不同。
- 方向：表示趋势的不同，也可用作比较。
- 纹理：表示分组的不同，与色相类似。

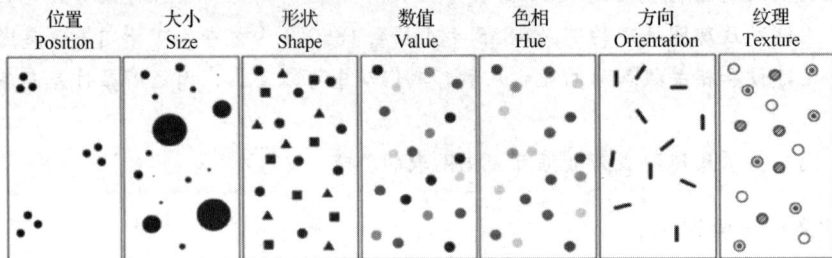

图 1-4　Bertin 视觉编码

子任务二　常见可视化图表

在进行数据可视化时，选择什么样的图表可以达到最佳效果，可以从两个方面考虑：①数据想表达什么；②各个类型图表的特性是什么。可视化专家安德鲁·阿伯拉（Andrew Abela）给出过一个图表选择思维导图。电子表格应用大会首席讲师明月将图表选择思维导图进行优化，总结出图形选择决策树，将数据的展示分成比较、序列、描述、构成 4 种，如图 1-5 所示。

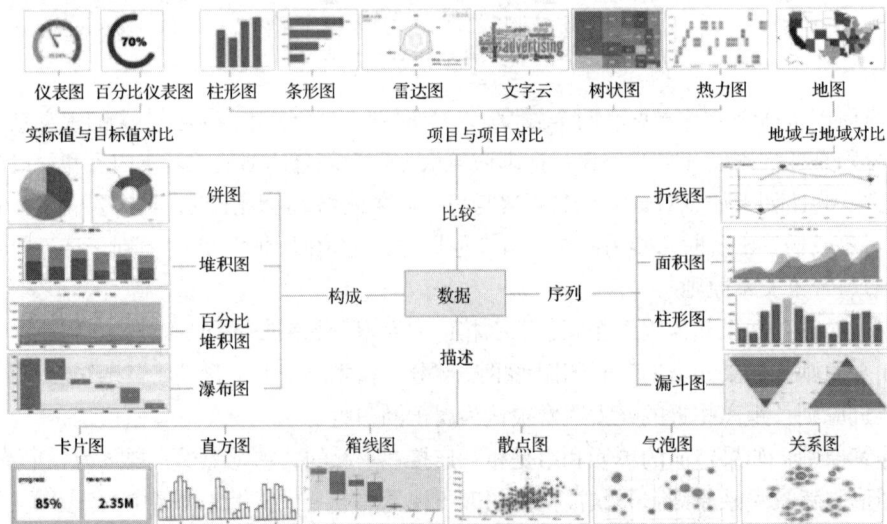

微课 1-2-2

图 1-5　图形选择决策树

资料来源："明月说数据"微信公众号

进行数据可视化时，用户究竟选择哪种图表更方便呈现数据背后的含义，我们根据实际应用效果作了以下总结，如表 1-1 所示。

表 1-1　　　　　　　　　　　　　　　图表选择参考

分类	子分类	图表	解释
比较	实际值与目标值对比	仪表图（或称油量表）、马表图	实际值与目标值的比较，关注目标值的完成情况
		百分比仪表图（或称进度图）	实际值相对于目标值的占比情况（比如 90%）
	项目与项目对比	柱形图	适合 1～2 个维度数据的比较（数据不多的情形）
		条形图	适合 1～2 个维度数据的比较（数据较多的情形）
		雷达图	适合 3 个或更多维度数据的对比
		文字云（或称词云图）	过滤大量低频文本，快速提取高频文本
		树状图	用矩形大小比较同维度下不同的数据
		热力图	通过颜色深浅来表示两个维度数据的大小
	地域与地域对比	地图	不同地域间的数据比较，点越大，数据值越大
序列	连续、有序类别的数据波动（趋势）	折线图 面积图 柱形图	常用于显示随时间变化的数值；折线图和面积图可以展示多个维度的变化数据
	各阶段递减过程	漏斗图	将数据自上而下分成几个阶段，每个阶段的数据都是整体的一部分
描述	关键指标	卡片图（或称指标卡）	突出显示关键数据
	数据分组差异	直方图	将数据根据差异进行分类展示
	数据分散	箱线图（或称盒须图）	展示数据的分散情况（最小值、中位数、最大值等）
	数据相关性	散点图、气泡图	识别变量之间的关系
	人或事物之间的关系	关系图	表示人或事物之间的关系
构成	占比	饼图、环形图、南丁格尔玫瑰图	展现某一维度下不同数值的占比情况
	多类别部分到整体	堆积图、百分比堆积图	展现多个维度下某一维度不同数值的部分和整体情况
	各成分分布情况	瀑布图	表达最后一个数据点的数据演变过程

💡 **说明**

上述分类并非绝对，某些图形不只是属于一种分类，可能会有交叉。比如，柱形图既可以用作比较，也可以用作序列。表 1-1 所述仅供图表选择时作为参考。

任务三　了解数据类型和财务大数据

大数据（Big Data）本身是一个比较抽象的概念，单从字面来看，它表示规模庞大的数据。针对大数据，目前存在多种不同的理解和定义。维基百科对"大数据"的解释是：大数据或称巨量数据、海量数据、大资料，指的是所涉及的数据量规模巨大到无法通过人工在合理时间内实现截取、管理、处理并整理成为人类所能解读的信息。维克托·迈尔-舍恩伯格和肯尼斯·克耶编写的《大数据时代》一书认为，大数据具有 4V 特征，即规模性（Volume）、高速性（Velocity）、多样性（Variety）、价值性（Value）。根据 IDC 发布的《数字化世界：从边缘到核心》白皮书，IDC

预测全球数据量将从 2018 年的 33ZB 增至 2025 年的 175ZB。

子任务一　数据类型

数据是一种对客观事物的逻辑归纳，是事实或观察的结果。随着科学技术的发展，凡是可以电子化记录的都是数据，如社交网络产生的社交数据，购物网站产生的大量客户及购物数据，物联网技术催生的车联网数据，等等。数据的内涵越来越广泛，不仅包括像 GDP、股市指数、人口数量等数值型数据，还包括文本、声音、图像、视频等非数值型数据。数据类型有 3 种常见的分类方法，分别是按结构属性分类、按连续特征分类与按测量尺度分类。

微课 1-3-1

1. 按结构属性分类

按结构属性分类，数据可以分为结构化数据与非结构化数据两种。它们不仅存储形式不同，在数据处理和数据分析的方法上也大相径庭。

结构化数据通常是指存储在数据库里，可以用二维表结构来表示的数据。从数据存储角度看，Excel 表格数据，SQL Server 数据库和 Oracle 数据库中的数据，都是结构化数据；从应用的角度看，企业 ERP 系统数据、企业会计信息系统数据、银行交易记录数据等，也是结构化数据，它们大多存储在大型数据库中，用户可以方便地检索、分析和处理。

非结构化数据通常是指不能用二维表结构来表示和存储的数据。相对于结构化数据而言，非结构化数据没有统一的规则，涉及音（视）频、图片、文本等形式。例如，利用一定手段从网站抓取的新闻数据、某个电影的评价数据等，都需要通过一定的方法，将这些数据量化为结构化数据，才能进行有效的分析。

2. 按连续特征分类

按连续特征分类，数据又可以分为连续型数据与离散型数据。连续型数据与离散型数据的区别，可以用线、点来区分理解。

连续型数据是指在一定区间内可以连续取值的数据。例如，人的身高、体重数值，气温度数，电影票房收益等。

离散型数据也被称为不连续数据，其取值只能用自然数或整数表达。例如，硬币的正反面取值、某人的学历取值等。

3. 按测量尺度分类

按数据的测量尺度，数据可分为 4 类，即定类数据、定序数据、定距数据和定比数据。

（1）定类数据表现为类别，用于标识数据所描述的主体对象的类别或者属性名称。定类数据只能用来标识事物类别或名称，不区分顺序，无法描述大小、高度、重量等信息，不能进行任何运算，包括比较运算。比如，人的性别分为男性和女性两类，量化后可分别用 0 和 1 表示；企业按行业分类，分为旅游业、教育业、制造业、建筑业、金融业等，分别用数字 1，2，3，4，5 表示。这些数字只是代号，不能区分大小或进行任何数学运算。

（2）定序数据表现为类别，但有顺序，也称为序列数据，用于对事物所具有的属性按顺序进行描述。定序数据虽然可以用数字或者序号来排列，但并不代表数据的大小，只代表数据之间的顺序关系。例如，人的受教育程度分为高中毕业、大学本科毕业、硕士研究生毕业、博士研究生毕业，分别用 1，2，3，4 表示，这些只代表顺序，按照大小正序排列，但不能进行计算。定序数据不仅具有定类数据的特点，可以将所有的数据按照互斥穷尽原则（MECE 原则）加以分类，而且各类型之间具有某种意义上的等级差异，从而形成一种确定的排序。

> **小知识：MECE 原则**
>
> MECE（Mutually Exclusive Collectively Exhaustive，相互独立、完全穷尽）是麦肯锡咨询顾问芭芭拉·明托在《金字塔原理》中提出的一个思考工具。
>
> 分析问题时，在把整体层层分解为要素的过程中，工作人员应遵循"相互独立、完全穷尽"的基本法则，确保每一层的要素之间"不重叠、不遗漏"。
>
> MECE 原则是一种简洁有力的思维工具。SWOT 分析、波特五力模型、波士顿矩阵、平衡计分卡等都是建立在 MECE 原则基础之上的战略分析工具。

（3）定距数据是由定距尺度计量形成的，表现为数值，可以进行加减运算，不能进行乘除运算。定距数据没有绝对零点，比如温度计的零点是人为指定的，并不能说 20℃就是 10℃的两倍，但可以说 20℃比 10℃高 10℃。

（4）定比数据是由定比尺度计量形成的，表现为数值，既可以进行加减运算，也可以进行乘除运算。定比数据代表数据的最高级，既有测量单位，也有绝对零点（可以取值为 0）。比如，小明的体重是 60 千克，小刚的体重是 30 千克，我们可以说小明的体重是小刚体重的 2 倍。

由此可以看出，定类数据和定序数据表现为分类，属于定性数据；定距数据和定比数据表现为数值，属于定量数据。

子任务二　财务大数据

如何界定企业的财务大数据，不同学者持有不同的观点。本书作者认为，企业的财务大数据主要包括企业内部的数据和企业外部的数据两种。

微课 1-3-2

1. 企业内部数据

企业内部与财务相关的大数据主要来自 ERP 系统或会计信息系统中的财务、业务数据，例如用友 U8、金蝶 K3、SAP 等系统中的数据，以及存储在 Access、SQL Server、Oracle 等数据库中的数据。在做数据分析时，我们需要将这些数据从信息系统中导出。

2. 企业外部数据

企业外部与财务相关的大数据主要包括政策法规文件、行业数据、客户（供应商）数据、国家统计数据等。

企业内部数据的获取相对容易，企业外部数据主要来自公开的网站。

> **小知识：获取企业外部数据的一般途径**
>
> 就各种结构化数据而言，我们可以通过国家统计局网站获取各种宏观经济数据，通过中国人民银行网站获取各种金融统计数据，通过财政部网站获取其定期公布的各种财政数据，通过上海证券交易所网站和深圳证券交易所网站获取各种证券交易数据，还可以通过一些权威的财经类网站，如新浪财经获取各种相关数据。此外，一些金融数据库，如 Wind 数据库、锐思数据库、CSMAR 数据库等也可以提供各种有价值的数据，但是这些数据库需要购买方可使用。
>
> 对于非结构化数据，我们通常可以通过各上市公司的公告信息或者证券交易所的公告获取。一些行政法规、处罚公告、法律文书等也可以通过相关网站获取。

任务四　了解常见数据分析模型

我们在做数据分析时，会用到许多分析模型。常见的数据分析模型有以下几种：用于企业战略分析的 SWOT 分析模型；用于外部宏观环境分析的 PEST 模型；用于外部微观环境分析的波特五力模型；用于厘清业务问题思路的逻辑树模型；用于市场营销的 4P 模型；用于产品运营管理的 AARRR 模型；用于客户分析与评价的 5W2H 模型、RFM 模型等。

子任务一　SWOT 分析模型

SWOT 分析法也叫态势分析法，20 世纪 80 年代初由美国旧金山大学的管理学教授韦里克提出，经常被用于企业战略制定、竞争对手分析等场合。

SWOT 分析模型是产业研究中最常用的分析工具之一，是对企业内部的优势（Strength）与劣势（Weakness）、外部环境的机会（Opportunity）与威胁（Threat）进行综合分析，并结合企业的经营目标对备选战略方案作出系统评价，最终制定出一种正确的经营战略，如图 1-6 所示。

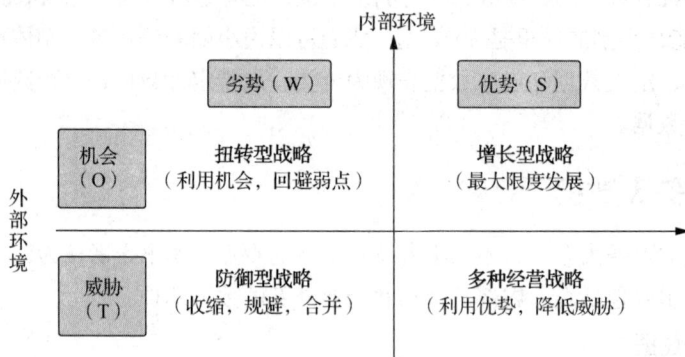

微课 1-4-1

图 1-6　SWOT 分析模型

子任务二　PEST 模型

PEST 模型是战略咨询顾问用来帮助企业分析其外部宏观环境的一种方法。宏观环境又称一般环境，是指影响一切行业和企业的各种宏观力量。不同行业和企业会根据自身特点和经营需要对宏观环境因素进行分析，虽然分析的具体内容会有差异，但一般都应对政治（Politics）、经济（Economic）、社会（Society）和技术（Technology）这四大类影响企业的主要外部环境因素进行分析。PEST 模型如图 1-7 所示。

1. 政治环境

政治环境包括一个国家的社会制度，执政党的性质，政府的方针、政策、法令等。

2. 经济环境

经济环境主要包括宏观和微观两个方面的内容。宏观经济环境主要指一个国家的人口数量及其增长趋势，国民收入、国内生产总值及其变化情况，以及通过这些指标能够反映的国民经济发展水平和发展速度。微观经济环境主要指企业所在地区或所服务地区的消费者的收入水平、消费偏好、储蓄情况、就业程度等因素。这些因素直接决定着企业目前及未来的市场规模。

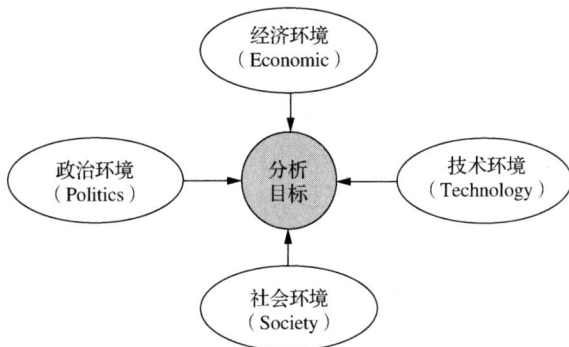

图 1-7 PEST 模型

3. 社会环境

社会环境包括一个国家或地区的居民受教育程度和文化水平、宗教信仰、风俗习惯、价值观念等。

4. 技术环境

技术环境除了包括与企业直接相关的技术手段的发展变化外，还包括：①国家对科技开发的投资和支持重点；②该领域技术发展动态和研究开发费用总额；③技术转移和技术商品化速度；④专利及其保护情况等。

子任务三 波特五力模型

波特五力模型由美国管理学家迈克尔·波特（Michael Porter）于 20 世纪 80 年代初提出，是企业制定竞争战略时经常利用的战略分析工具。波特五力分析属于外部环境分析中的微观环境分析，主要用来分析本行业的企业竞争格局，以及本行业与其他行业之间的关系。

根据波特的观点，一个行业中的竞争，不只是在原有竞争对手之间进行，而是存在 5 种基本的竞争力量（供应商的议价能力、购买者的议价能力、潜在竞争者进入的能力、替代品的替代能力、行业内竞争者现在的竞争能力），这 5 种竞争力量的状况及综合强度决定着行业的竞争激烈程度。5 种力量的不同组合变化，最终影响行业利润潜力的变化。

波特五力模型如图 1-8 所示。

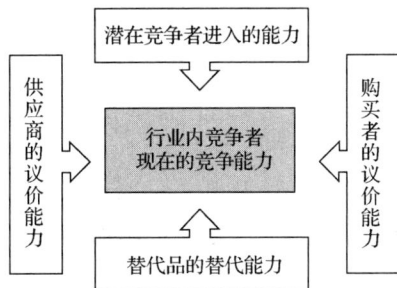

图 1-8 波特五力模型

子任务四　4P 模型

4P 模型产生于 20 世纪 60 年代的美国，是随着营销组合理论的提出而出现的，如图 1-9 所示。营销组合实际上有几十个要素，杰罗姆·麦卡锡于 1960 年在其《基础营销》一书中将这些要素概括为 4 类：产品（Product）、价格（Price）、渠道（Place）、促销（Promotion），即著名的 4P 模型。1967 年，菲利普·科特勒在其畅销书《营销管理：分析、规划与控制》中进一步确认了以 4P 为核心的营销组合方法，具体分析如下。

- 产品：注重产品开发，要求产品有独特的卖点，把产品的功能诉求放在第一位。
- 价格：根据不同的市场定位，制订不同的价格策略。产品的定价依据是企业的品牌战略，注重品牌的含金量。
- 渠道：企业并不直接面对消费者，而是注重经销商的培育和销售网络的建立，企业与消费者的联系是通过分销商来进行的。
- 促销：企业注重通过销售行为的改变来刺激消费者，以短期行为（如打折、买一送一等）吸引其他品牌的消费者或促进提前消费，从而获得销售的增长。

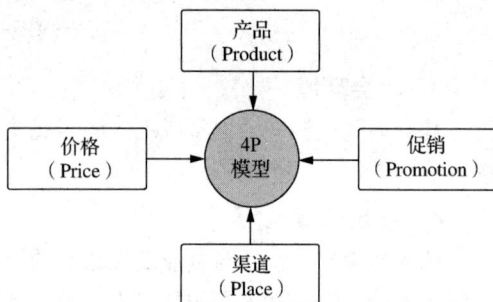

图 1-9　4P 模型

子任务五　5W2H 模型

5W2H 模型是围绕时间、地点、人物、事件、原因、方式方法、程度 7 个要素，即为什么（Why）、什么事（What）、谁（Who）、什么时候（When）、什么地方（Where）、如何做（How）、什么价格（How much），发现解决问题的线索，如图 1-10 所示。

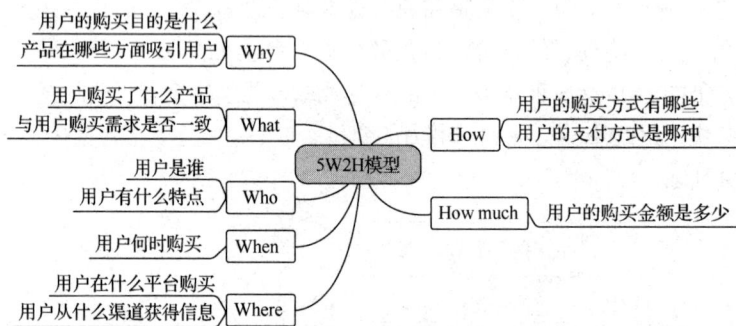

图 1-10　5W2H 模型

微课 1-4-2

5W2H 模型简单、方便，易于理解，主要用于客户行为分析、业务问题分析和营销活动等，对于企业决策和制订活动措施非常有帮助，也方便考虑问题时查漏补缺。

子任务六　RFM 模型

挖掘客户价值对企业来说至关重要。有的公司看中客户的消费能力，有的公司则看中客户的忠诚度。各公司的业务目的不同，客户价值的体现自然也不同。RFM 模型是企业衡量客户价值和客户创利能力的重要工具和手段。

具体来说，RFM 模型是根据客户最近一次消费（Recency）、消费频率（Frequency）和消费金额（Monetary）计算出 RFM 值，并通过这三个维度来评估客户的价值，如图 1-11 所示。

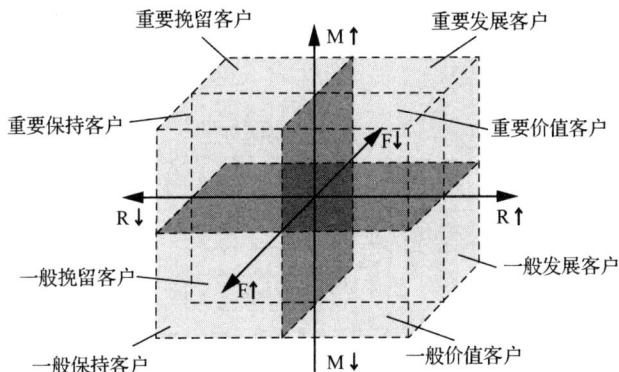

微课 1-4-3

图 1-11 RFM 模型

- 最近一次消费（R）：客户距离上一次消费的时间间隔。R 值越大，表示客户最近一次消费的时间距离现在越久。R 指标反映了客户对品牌的熟悉度和回购频率。
- 消费频率（F）：客户在一段时间内的消费次数。F 值越大，表示客户在最近一段时间交易的次数越多。F 指标反映了客户对品牌的忠诚度及购买习惯是否养成。
- 消费金额（M）：客户在一段时间内的消费金额。M 值越大，表示客户的消费能力越强。M 指标反映了客户的价值和产品认可度。

RFM 分析就是根据客户活跃程度和交易金额的贡献，进行客户价值细分的一种方法。RFM 分析的主要作用是识别优质客户，从而提供个性化的沟通和营销服务，为更多的营销决策提供有力支持。

子任务七 AARRR 模型

AARRR 模型是一套客户分析模型，主要是从传统的成本分析转化成客户价值分析，从而确立一些新的数据指标体系。AARRR 模型是一种漏斗模型，对应不同的阶段，帮助企业更好地理解获取客户和留存客户的原理，如图 1-12 所示。

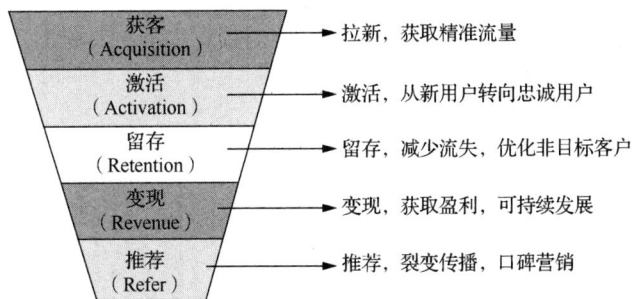

图 1-12 AARRR 模型

子任务八 逻辑树模型

逻辑树又称为问题树、演绎树或者分解树，是麦肯锡公司提出的一种分析问题、解决问题的重要方法。逻辑树模型是把已知的问题比作树干，然后考虑哪些问题或者任务与已知问题有关，并将这些问题或子任务比作逻辑树的树枝；一个大的树枝还可以继续延伸出更多小树枝，并逐步列出与已知问题相关联的所有问题。逻辑树模型如图 1-13 所示。

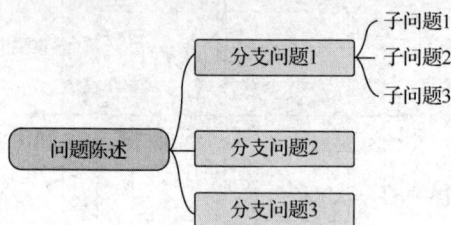

图 1-13 逻辑树模型

逻辑树的作用主要有三个方面：一是逻辑树能厘清思路，避免进行重复和无关的思考；二是能保证解决问题的过程完整；三是逻辑树能将工作细分，确定各部分的优先顺序，把责任明确到具体部门。

通常情况下，进行逻辑树分析可分成 7 个步骤。

（1）确认要解决的问题。

（2）分解问题，运用树枝的逻辑层层展开。

（3）剔除次要问题。

（4）制订详细的工作计划，并将计划按日期排开。

（5）进行关键分析。关键驱动点要通过头脑风暴等方法找到解决方案。

（6）综合分析调查结果，建立论证。

（7）陈述工作过程，进行交流沟通。

巩固提高

一、单选题

1. 联机分析处理的英文简称是（　　　）。

    A. OLAP　　　　　　　B. OLDP　　　　　　　C. DM　　　　　　　D. DW

2. 史上经典的南丁格尔玫瑰图与下列（　　　）事件相关。

    A. 因受伤过重而死亡的士兵人数下降

    B. 结束了克里米亚战争

    C. 改善战地医疗条件，令因为医疗条件差导致死亡的人数明显下降

    D. 设立了护士领域的最高奖项"南丁格尔"奖

3. 格式塔原理中，"如果元素属于封闭图形的一部分，视觉系统通常自动将其感知为一个整体"，这句话体现了（　　　）原则。

    A. 相似原则　　　　B. 接近原则　　　　C. 连续原则　　　　D. 闭合原则

4. 按结构属性分类，数据类型分为（　　　）。
   - A. 定性数据和定量数据
   - B. 结构化数据与非结构化数据
   - C. 连续型数据与离散型数据
   - D. 定类数据、定序数据、定距数据、定比数据

5. SWOT 分析中，当企业拥有外部机会同时又拥有内部优势时，可以采取（　　　）。
   - A. 防御型战略
   - B. 扭转型战略
   - C. 增长型战略
   - D. 多种经营战略

二、多选题

1. 一个完整的商业智能系统的构架包括（　　　）。
   - A. 数据获取层
   - B. 数据管理层
   - C. 数据分析层
   - D. 数据展示层

2. "啤酒和尿布"的故事能够体现商业智能（　　　）的价值。
   - A. 增强业务洞察能力
   - B. 优化企业营销策略
   - C. 加强风险管理能力
   - D. 改善客户关系管理

3. 下列属于国产自助式商业智能工具的有（　　　）。
   - A. FineBI
   - B. Power BI
   - C. Smartbi
   - D. Tableau

4. 能够呈现实际值与目标值比较的图表有（　　　）。
   - A. 仪表图
   - B. 马表图
   - C. 柱形图
   - D. 树状图

5. 营销理论中的 4P 模型包括（　　　）。
   - A. 产品（Product）
   - B. 渠道（Place）
   - C. 价格（Price）
   - D. 支付（Pay）

三、判断题

1. "数据仓库"的英文简称是 DM。（　　　）
2. 视觉编码是一种将视觉信息映射成可视化元素的技术。（　　　）
3. 定距数据可以进行乘除运算，而定比数据不可以。（　　　）
4. 在界定财务大数据时，只包括来自企业内部信息系统的业务、财务数据，不包括来自外部的政策法规、行业数据等。（　　　）
5. RFM 分析就是根据客户活跃程度和交易金额的贡献，进行客户价值细分的一种方法。（　　　）

四、思考题

1. 阐述商业智能构架体系的组成。
2. 商业智能的应用价值有哪些？
3. 阐述格式塔原理的一个基本点、两个假设和五个原则各是什么。
4. Bertin 视觉编码或 Bertin 视觉变量包括哪些内容？
5. 选择图表进行数据可视化时应考虑哪些因素？
6. 数据类型的分类方法有哪些？如何界定财务大数据？
7. 常见的数据分析模型有哪些？谈谈你对 SWOT 分析模型、PEST 模型、RFM 模型的认识。

五、实训题

请从 Power BI、Tableau、FineBI、Smartbi 官方网站上查找一个商业智能应用的典型案例，仔细研究该案例，并将研究成果制作成 PPT 与大家分享。

建议： 可以从以下几个方面制作 PPT。

- 项目背景
- 项目目标
- 技术构架
- 建设方案
- 项目价值

以上框架只做参考，读者可根据研究案例的特点自行设计。

认识 Power BI

学习目标

- 知识目标
  - ◇ 理解自助式商业智能分析和传统商业智能分析的区别。
  - ◇ 了解 Power BI 的特点。
  - ◇ 熟悉 Power BI 的应用模式和系列组件。
  - ◇ 掌握 Power BI Desktop 的组成。
  - ◇ 掌握 Power BI Desktop 3 种视图的区别。
- 能力目标
  - ◇ 能够下载并安装桌面应用程序 Power BI Desktop。
  - ◇ 能够注册 Power BI Desktop 账号并登录使用。

项目导图

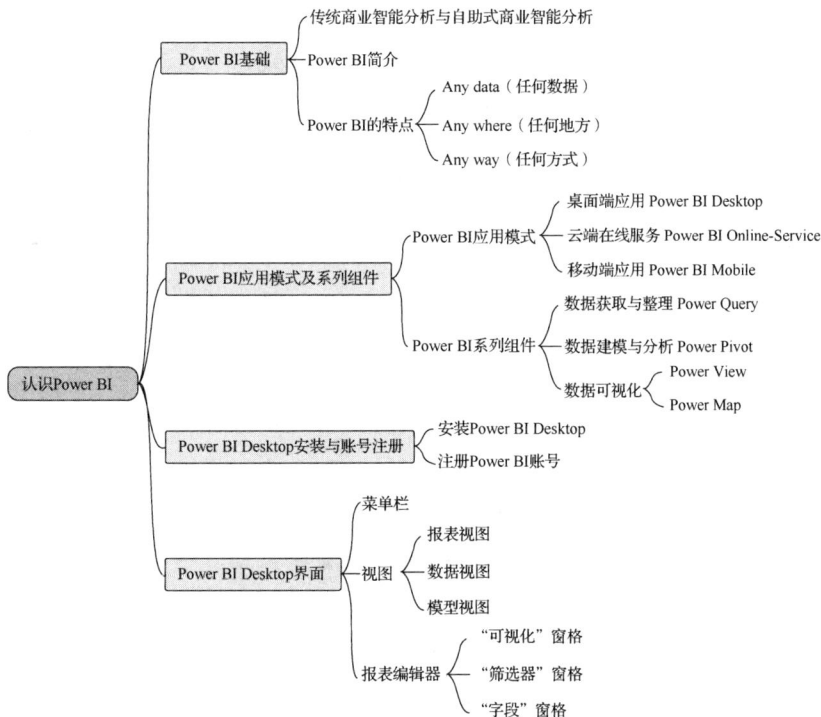

情境案例

　　在当今互联网时代，由于大数据研究热潮的兴起，以及数据挖掘、机器学习等技术的改进，各种数据可视化应用层出不穷。如何让大数据分析结果生动呈现，成了一个具有挑战的课题。随之也出现了大量的商业可视化分析工具，微软公司的 Power BI 是其中应用范围较广、使用便捷、呈现效果较好的可视化分析工具之一。

　　Power BI 是一种商业分析解决方案，可对数据进行可视化分析、在组织中共享见解或将见解嵌入应用或网站中；可连接数百个数据源，并使用实时仪表板和报表让数据变得更加生动，提升数据的价值。

　　2021 年 2 月 18 日，国际著名咨询机构高德纳公司发布的《商业智能和分析平台魔力象限》（*Magic Quadrant for BI and Analytics Platforms*）年度报告显示，微软公司连续 14 年入选最具领导力和超前愿景的商业智能公司，如图 2-1 所示。

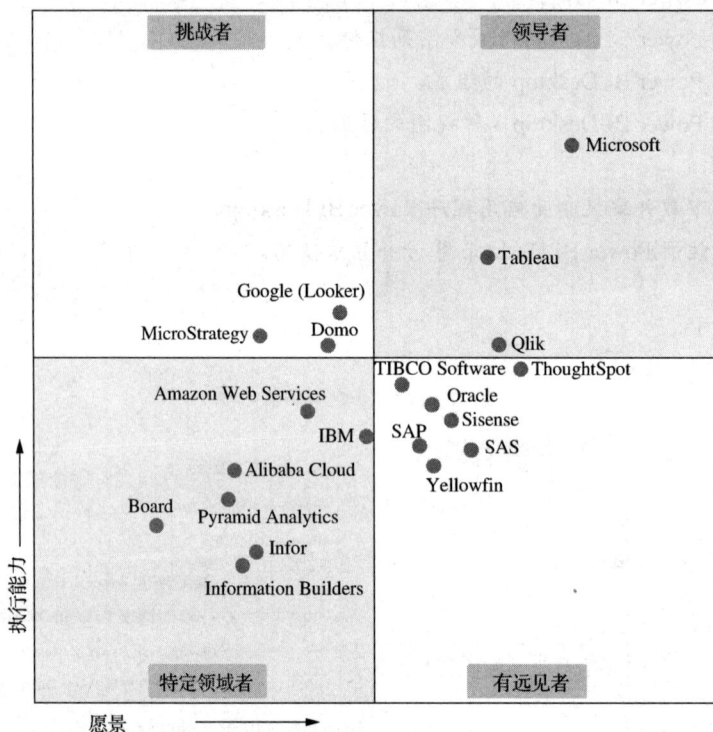

图片来源：高德纳公司（2021年2月）

图 2-1　2021 年商业智能和分析平台魔力象限

　　从图 2-1 可以看出，横轴表示愿景，包括厂商拥有的产品底层技术基础、市场领导能力、创新能力和外部投资能力等；纵轴表示执行能力，即落实和实施的能力，包括产品的使用难度、市场服务的完善程度和技术支持能力、管理团队的经验和能力等。

　　从高德纳的报告中，我们可以看到商业智能市场已经到达了一个转折点，并且是个根本性的转变。传统的大型数据库服务商代表 Oracle、IBM、SAP 的商业智能产品统统被移出领导者象限，这说明市场的需求越来越多地倾向于可视化和自助式分析，并从过去集中的 IT 组织自上而下的商业智能分析平台，转变为由业务部门主导的自助式商业智能分析平台。微软公司凭借其产品 Power BI 的创新获得了高德纳的认可。

Power BI 在产品愿景和执行能力方面都取得了显著增长。更重要的是，Power BI 实现了一项重大目标，即"商业智能大众化，商业智能人人可用"。微软公司不仅希望商业智能分析成为企业的标配，而且能为每个人所用，即"人人都是数据分析师"。

项目学习

任务一 Power BI 基础

Power BI 是一个让非数据分析人员也能做到有效地整合企业数据，并快速准确地提供商业智能分析的数据可视化"神器"和自助式商业智能分析工具。Power BI 既是员工的个人报表和数据可视化工具，还可用作项目组、部门或整个企业背后的分析和决策引擎。

微课 2-1-1

子任务一 传统商业智能分析与自助式商业智能分析

商业智能是指通过获取、处理原始数据，从而产生对商业行为有价值的洞察。

传统商业智能分析工具通常是指企业内部由 IT 部门主导的分析平台，面向的是有 IT 技术背景的人员（如企业信息技术部门的人员），部署开发的周期非常长。IT 部门往往需要理解业务部门的需求，然后制作相关报表，报表格式也较为固定，分析不灵活、不及时，无法满足业务部门的需求。代表性的产品如 Oracle BI、SAP BO 等均提供了丰富的功能，适合打造大型统一平台。

自助式商业智能分析工具不再面向 IT 部门的技术人员，而是面向不具备 IT 背景的业务、财务分析人员。与传统商业智能分析工具相比，自助式商业智能分析工具更灵活，且更易于使用。商业智能探索的核心和目的不仅仅是提供一串串数字、一张张报表，更重要的是能解释数字背后的商业行为，进行深层次的数据挖掘。在自助式商业智能分析工具的帮助下，业务、财务人员可以凭借自己的专业知识，对各种可能的情况进行探索，挖掘数字背后的秘密。比如，业务人员通过报表可以看出今年的利润较上年下降了。在分析利润下降的原因时，业务人员可以层层分解：是收入下降了，还是费用上升了？下降和上升的影响因素有哪些？是什么原因造成的？业务人员借助自助式商业智能分析工具，很容易回答上述问题，并且省时高效。这类问题若是按照传统商业智能分析的方式，业务、财务部门向 IT 部门提出数据分析需求，然后由技术人员实现，业务、财务人员再进行验证，那么解决问题的时间可能长达数周甚至数月。

Power BI 作为一种自助式商业智能分析工具，不是单纯的数据可视化软件。它整合了数据清洗、数据建模和数据可视化功能，很容易上手，能减轻部门的负担，让业务、财务人员能够自助完成数据分析，使数据分析与业务结合更密切，分析更精准。

子任务二 Power BI 简介

什么是 Power BI？微软公司官方给出的解释是：Power BI 是一系列软件服务、应用和连接器的集合，它们协同工作，将不相关的数据源转化为合乎逻辑、视觉上逼真的交互式见解。无论数据是简单的 Excel 电子表格，还是基于云和本地混合数据仓库的集合，Power BI 都可以让用户轻松地连接到数据源，直观地看到（或发现）重要内容，与任何希望参与的人进行共享，如图 2-2 所示。

微课 2-1-2

图 2-2　Power BI 应用

　　Power BI 简单且快速，能够从 Excel 电子表格或本地数据库快速创建见解。同时，Power BI 也是可靠的企业级分析工具，可以进行丰富的建模和实时分析，以及自定义开发。

　　简单来说，Power BI 就是可以从各种数据源中提取数据，对数据进行整理分析，然后生成精美的图表，并且可以在 PC 端和移动端（手机、PAD）与他人共享的一个工具。

子任务三　Power BI 的特点

　　正如 Power BI 宣传片中提到的，Power BI 可以在 3A（Any data，Any where，Any way）场景中应用。

1. Any data（任何数据）

　　Power BI 可以支持各种数据源，包括文件（如 Excel、CSV、XML、JSON、文本等文件及文件夹），数据库（如 Access、SQL Server、Oracle、DB2、MySQL 等），以及各种微软云数据库和其他外部数据源（如 R 脚本、Hadoop 文件、Web 等），如图 2-3 所示。

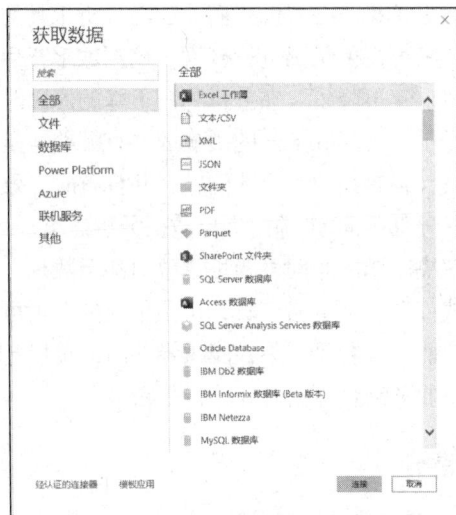

图 2-3　Power BI 可以连接的数据库

2．Any where（任何地方）

Power BI 支持用户可以在任何地方编辑和修改报表，而不仅仅是在桌面端 Power BI Desktop 中编辑和发布报表。微软公司还提供了一种功能丰富的在线编辑工具，通过模型的发布，可以对组合发布的报表使用分享功能，并发送到指定邮箱或者嵌入业务系统中，非常方便，如图 2-4 所示。

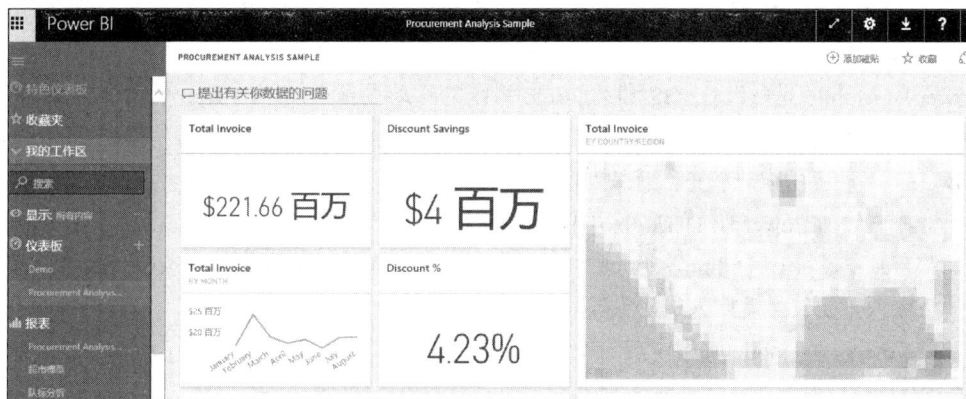

图 2-4 Power BI 可以应用的场景

3．Any way（任何方式）

无论开发者、使用者还是领导，都可以随时在 PC 端、移动端根据赋予的权限查询、探索、分析相关数据，并作出决策，如图 2-5 所示。

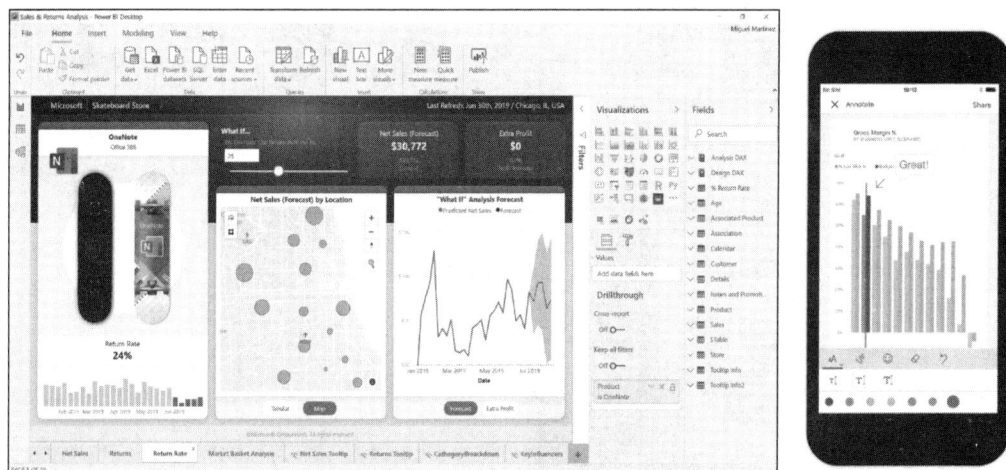

图 2-5 Power BI 的应用方式

任务二 Power BI 应用模式及系列组件

Power BI 有 3 种应用模式，并包括一系列组件，下面我们分别进行介绍。

子任务一 Power BI 应用模式

项目一中讲过，Power BI 应用包括 Windows 桌面端应用（Power BI Desktop）、云端在线服务

（Power BI Online-Service）和移动端应用（Power BI Mobile）。

Power BI Desktop 是安装在 PC 端的桌面应用程序，可在 PC 端进行数据获取、数据整理、数据建模、数据可视化等一系列数据分析工作。

Power BI Online-Service 属于在线云服务，不受时间、地点限制，可以在线进行数据分析工作，同时亦可将桌面端的可视化分析报表发布到在线服务上，共享给组织内外的相关人员。

微课 2-2-1

Power BI Mobile 是可以在 iOS 和 Android 系统的移动设备上使用的 App 软件，一般供相关业务人员和领导在 App 中查看可视化报表数据。

Power BI 3 种应用模式的一般流程如图 2-6 所示。

- 将数据导入 Power BI Desktop，并创建报表。
- 发布到 Power BI Online-Service，可在该服务中创建新的可视化效果或构建仪表板。
- 与他人（尤其是差旅人员）共享仪表板。
- 在 Power BI Mobile 应用中查看共享仪表板和报表。

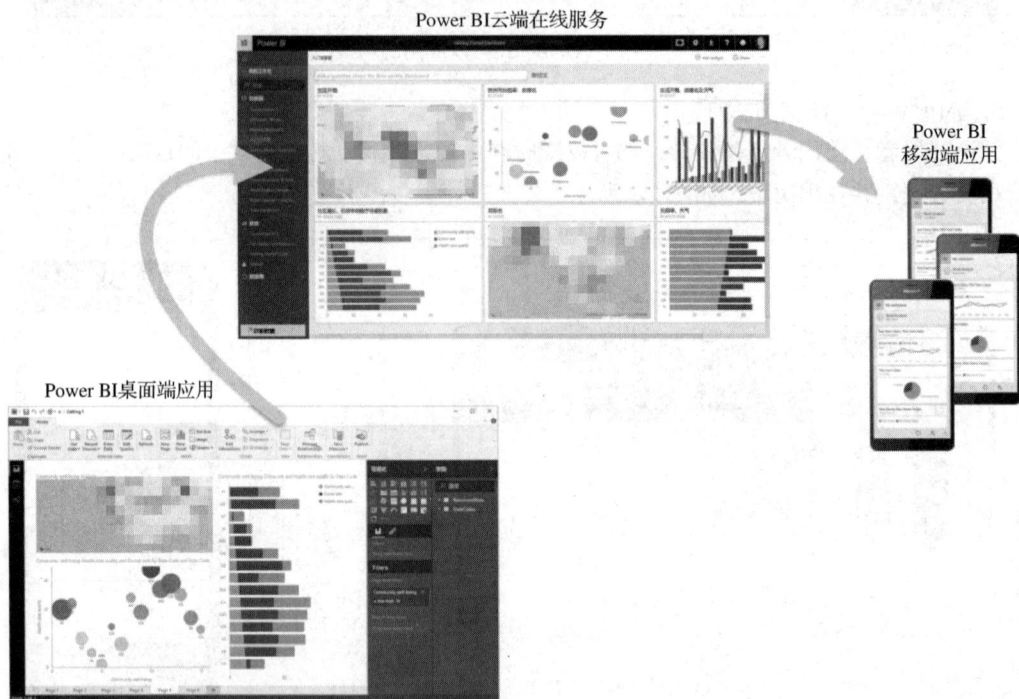

图 2-6　Power BI 3 种应用模式的一般流程

子任务二　Power BI 系列组件

Power BI 的前身可以追溯到 Power Pivot for Excel 2010。Power Pivot 分析引擎是一个列式存储的内存数据库，可以将自助式商业智能分析工具引入每个员工的桌面，使原先使用 Excel 数据透视表的业务分析人员能够执行更复杂的数据分析。到 Excel 2013 版推出时，Power View 交互式报表、Power Map 三维

微课 2-2-2

地图和负责抓取整理数据的 Power Query 一起出现，Power BI 家族的"成员"增加到 4 位。Power BI Desktop 则整合了前面 4 个插件，成为真正意义上的自助式商业智能分析工具和数据可视化"神器"。它使最终用户在不需要专业技术人员介入的情况下，只要掌握简单的工具就能快速上手商业数据分析及数据可视化，实现了"人人可以进行商业智能分析"的愿景。

Power BI Desktop 和 Power Query、Power Pivot、Power View、Power Map 4 个插件的关系如图 2-7 所示。

- Power BI Desktop 通过调用 Power Query 获取和整理数据。
- Power BI Desktop 通过调用 Power Pivot 进行数据建模和分析。
- Power BI Desktop 通过调用 Power View 和 Power Map 进行数据可视化，生成各类交互式报表和地图。

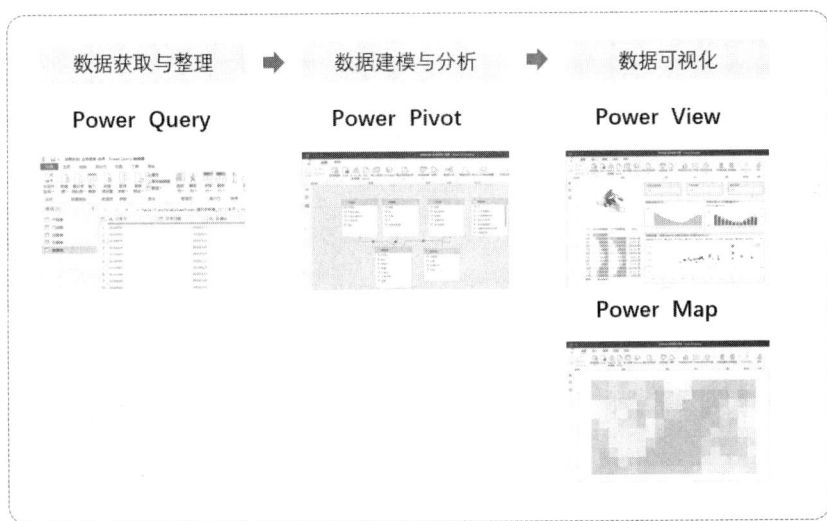

图 2-7　Power BI 系列组件

任务三　Power BI Desktop 安装与账号注册

Power BI Desktop 的安装与账号注册非常方便，下面我们分别进行介绍。

子任务一　安装 Power BI Desktop

Power BI Desktop 是一款完全免费的产品，用户可登录 Power BI 官方网站下载免费安装程序，然后在本地计算机自行安装。

步骤 01 打开 Power BI 中文版官方网站，将页面下拉到最后，在"下载"列表中单击 "Power BI Desktop"链接，如图 2-8 所示。

步骤 02 在打开的页面中，单击"免费下载"按钮，如图 2-9 所示。

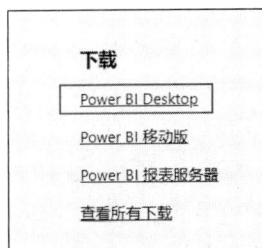

图 2-8　Power BI Desktop 下载链接

图 2-9　Power BI 下载页面

步骤 03）选择语言"中文（简体）"，并单击"下载"按钮，如图 2-10 所示。

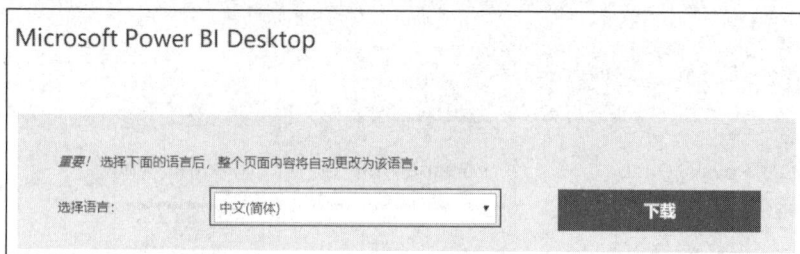

图 2-10　选择语言

步骤 04）根据个人计算机的操作系统选择 32 位或者 64 位安装包，如图 2-11 所示。再单击"Next"按钮，即可进行安装包的下载。

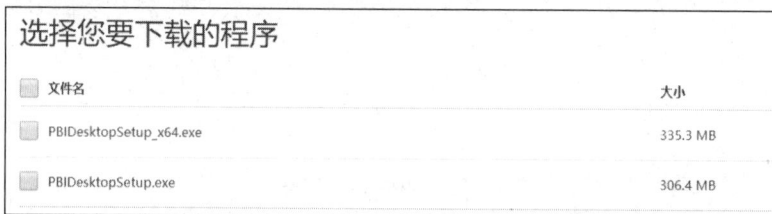

图 2-11　选择要下载的程序

步骤 05）双击安装程序，根据系统提示操作即可。如果是 Windows 10 操作系统，还可以直接在 Microsoft Store 中找到 Power BI Desktop 直接安装。

步骤 06）安装完成后，桌面会生成■图标。双击此图标，即可启动 Power BI Desktop 应用程序。

子任务二　注册 Power BI 账号

用户若想将 Power BI Desktop 制作的可视化报表进行在线发布、查看和编辑，就需要启动 Power BI Online-Service 功能。在线的可视化报表若想在手机中查看，则需使用 Power BI Mobile 功能。用户若只想使用 Power BI Desktop，则可以不注册 Power BI 账号；用户若还想使用 Power BI Online-Service 和 Power BI Mobile，则必须注册 Power BI 账号。

在启动 Power BI Desktop 时，系统会要求注册并登录 Power BI 账号。用户在 Power BI 官网可以注册免费使用 60 天的 Power BI Pro 专业版账号。

在 Power BI 官网注册账号的步骤如下。

步骤 01 打开 Power BI 中文版官方网站，单击"开始免费使用"按钮，如图 2-12 所示。

图 2-12 "开始免费使用"按钮

步骤 02 在打开的页面中，单击"免费试用"按钮，如图 2-13 所示。

图 2-13 "免费试用"按钮

步骤 03 在打开的页面中，输入工作电子邮件地址进行注册，如图 2-14 所示。

图 2-14 注册账号

📝 **注意**

这里必须输入工作电子邮件地址，即企业邮箱。163、126、QQ 等公共邮箱和个人邮箱均不能注册。

步骤 04 根据系统提示输入密码和个人信息。密码必须包含大写字母、小写字母、数字和规定的特殊符号。

账号注册成功后，不仅可以使用 Power BI Desktop 功能，亦可使用 Power BI Online-Service 和 Power BI Mobile 功能。

任务四 Power BI Desktop 界面

Power BI Desktop 界面由菜单栏、视图和报表编辑器 3 部分构成，如图 2-15 所示。

微课 2-4-1

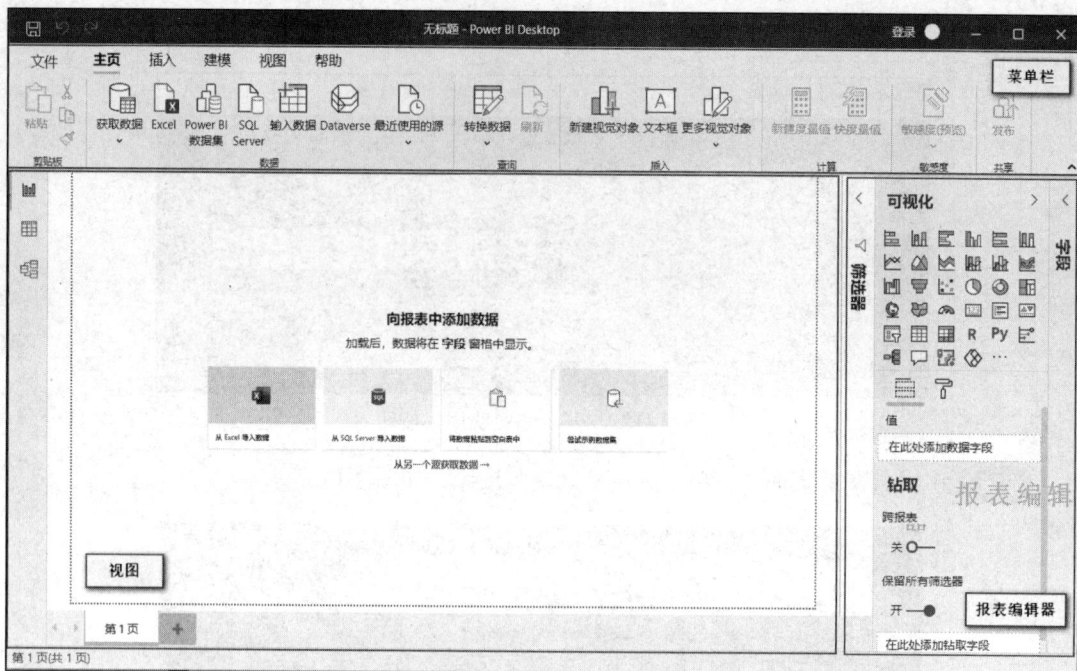

图 2-15　Power BI Desktop 界面

子任务一　菜单栏

菜单栏主要有"文件""主页""插入""建模""视图""帮助"等菜单，可用于数据可视化的基本操作。

子任务二　视图

Power BI Desktop 中有 3 种视图，分别是报表视图、数据视图和模型视图。下面按照操作的顺序逐一介绍。

1. 报表视图

在报表视图中，用户可以创建任意数量的具有可视化图表的报表页。每一个报表页的初始状态就是一张空白的画布，在画布上可以插入文本、图形、图片，以及条形图、柱形图、地图等各种可视化对象。

在 Power BI Desktop 中，单击窗口左侧的"报表"按钮 ，可以看到类似图 2-16 所示的报表视图页面。

2. 数据视图

数据视图显示的是获取并整理后的数据。用户通过数据视图可检查、浏览和了解 Power BI Desktop 模型中的数据。在需要创建、计算度量值时，或者需要识别数据类型时，数据视图可发挥重要作用。

在 Power BI Desktop 中，单击窗口左侧的"数据"按钮 ，可以看到类似图 2-17 所示的数据视图页面。

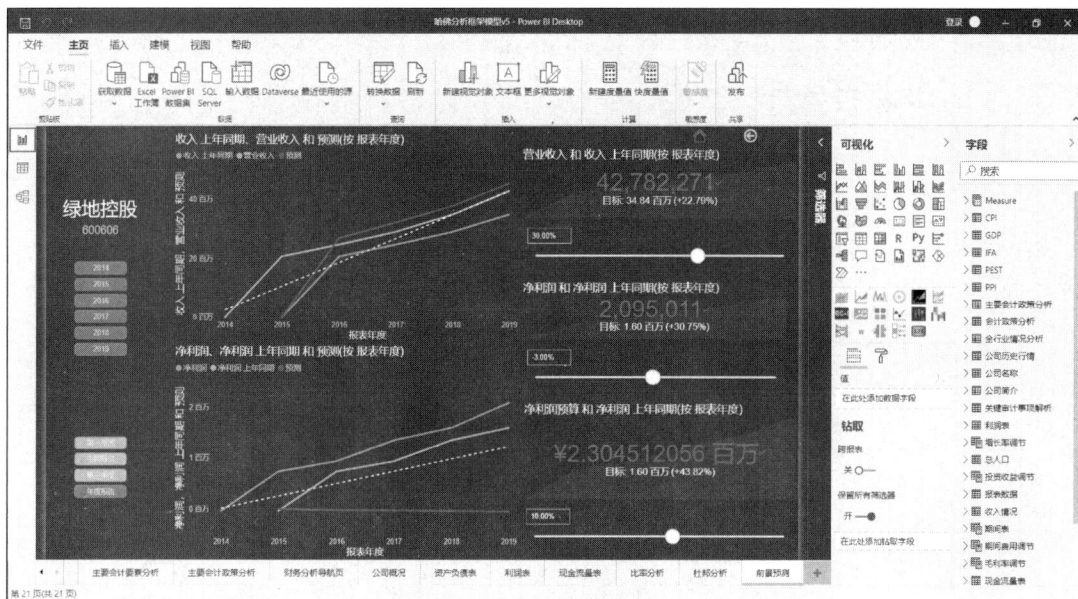

图 2-16　报表视图举例

图 2-17　数据视图举例

3. 模型视图

模型视图用于显示模型中的所有表、列和关系。在模型视图中可以建立表和表之间的关联，即数据建模。数据建模是数据可视化的基础，因此非常重要。

在 Power BI Desktop 中，单击窗口左侧的"模型"按钮 ，可以看到类似图 2-18 所示的模型视图页面。

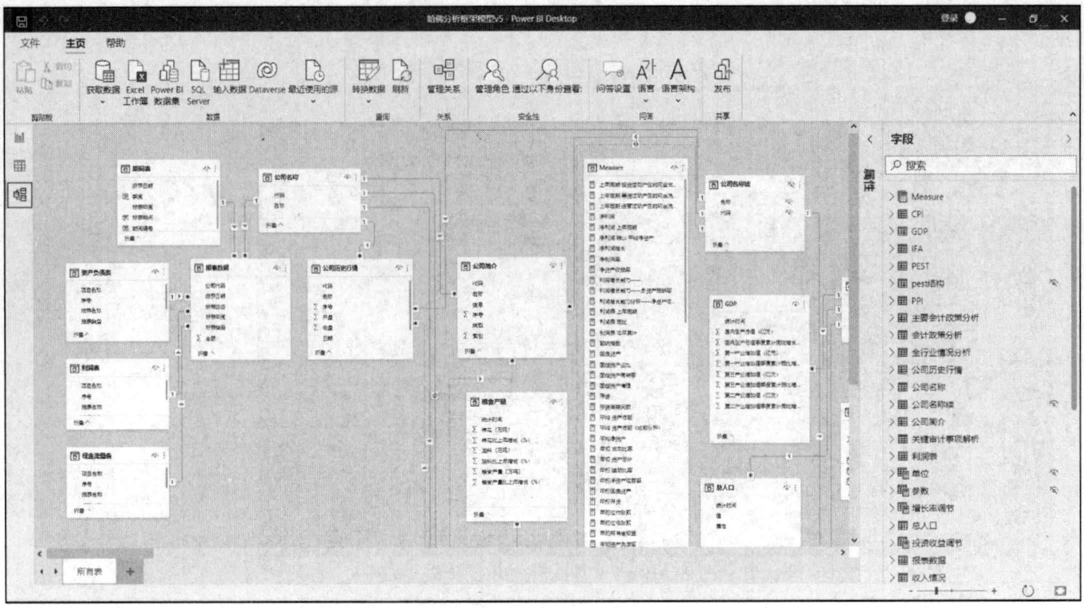

图 2-18　模型视图举例

子任务三　报表编辑器

报表编辑器由"可视化""筛选器""字段"3 个窗格组成。"可视化"和"筛选器"用于控制可视化对象的外观和编辑交互，包括可视化图表类型、格式设置以及筛选器设置等；"字段"则管理用于可视化效果的基础数据。报表编辑器各个窗格中显示的内容会随着报表画布中可视化对象的不同而发生变化。

1. "可视化"窗格

"可视化"窗格提供了饼图、折线图、散点图、地图、切片器等可视化图表类型，如图 2-19 所示。

用户单击窗格下方的"字段"按钮 ▦ ，可以设置可视化图表的参数；单击"格式"按钮 🖌 ，可以设置可视化图表的格式。

图 2-19　"可视化"窗格

2. "筛选器"窗格

"筛选器"窗格主要用于查看和设置视觉级、页面级和报告级筛选器,对可视化图表对象之间的编辑交互范围进行控制,如图 2-20 所示。

图 2-20 "筛选器"窗格

3. "字段"窗格

"字段"窗格主要用于显示数据模型中的表、字段和度量值,并根据需要将相应的字段和度量值拖放到"可视化"窗格的参数设置中或"筛选器"窗格的筛选设置中,用以创建动态可视化效果,如图 2-21 所示。

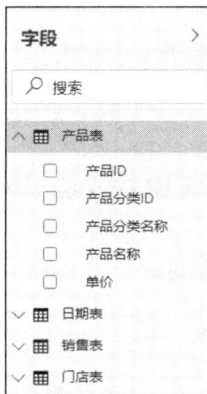

图 2-21 "字段"窗格

巩固提高

一、单选题

1. Power BI 的 Windows 桌面端应用程序是( )。

    A. Power BI Online-Service   B. Power BI Mobile

    C. Power BI App   D. Power BI Desktop

2. Power BI Online-Service 是一种( )应用模式。

    A. 移动端   B. PC 端   C. 云端   D. 服务器端

3. Power BI Desktop 通过调用（　　　）进行数据建模和分析。

    A. Power Query　　　　B. Power Map　　　　C. Power Pivot　　　　D. Power View

4. （　　　）显示的是获取并整理后的数据，通过它可以检查、浏览和了解 Power BI Desktop 模型中的数据。

    A. 报表视图　　　　　B. 编辑视图　　　　　C. 数据视图　　　　　D. 模型视图

5. （　　　）是"报表"视图的按钮。

    A. 📊　　　　　　　　B. ▦　　　　　　　　C. 🗄　　　　　　　　D. 🔧

二、多选题

1. Power BI 的 3A 特点是（　　　）。

    A. Any time　　　　　B. Any data　　　　　C. Any where　　　　　D. Any way

2. 2021 年国际著名咨询机构高德纳公司发布的《商业智能和分析平台魔力象限》中，处于领导者象限的公司有（　　　）。

    A. Tableau　　　　　　B. Microsoft　　　　　C. Qlik　　　　　D. SAP

3. Power BI 应用模式包括（　　　）。

    A. 桌面端应用　　　　B. 云端在线服务　　　C. 授权应用　　　　　D. 移动端应用

4. Power BI 整合了（　　　）插件。

    A. Power Query　　　　B. Power Pivot　　　　C. Power View　　　　D. Power Map

5. Power BI Desktop 的视图类型包括（　　　）。

    A. 报表视图　　　　　B. 编辑视图　　　　　C. 数据视图　　　　　D. 模型视图

三、判断题

1. 自助式商业智能分析工具不再只面向 IT 部门的技术人员，而是面向不具备 IT 背景的业务、财务分析人员。（　　　）

2. Power BI Desktop 通过调用 Power Query 来获取和整理数据。（　　　）

3. 账号注册成功后，仅可使用 Power BI Desktop 功能，不能使用 Power BI Online-Service 和 Power BI Mobile 功能。（　　　）

4. "可视化"和"筛选器"用于控制可视化对象的外观和编辑交互，包括可视化图表类型、格式设置、筛选器设置等。（　　　）

四、思考题

1. 阐述传统商业智能分析和自助式商业智能分析各有什么特点。

2. Power BI 的应用模式有哪几种？它们有何区别？

3. Power BI Desktop 的系列组件包括哪些？各有何作用？

4. Power BI Desktop 的视图包括哪几种？各有何作用？

五、实训题

1. 下载并安装桌面端应用程序 Power BI Desktop。

2. 注册个人的 Power BI Desktop 账号。

项目三
快速实践 Power BI

项目导图

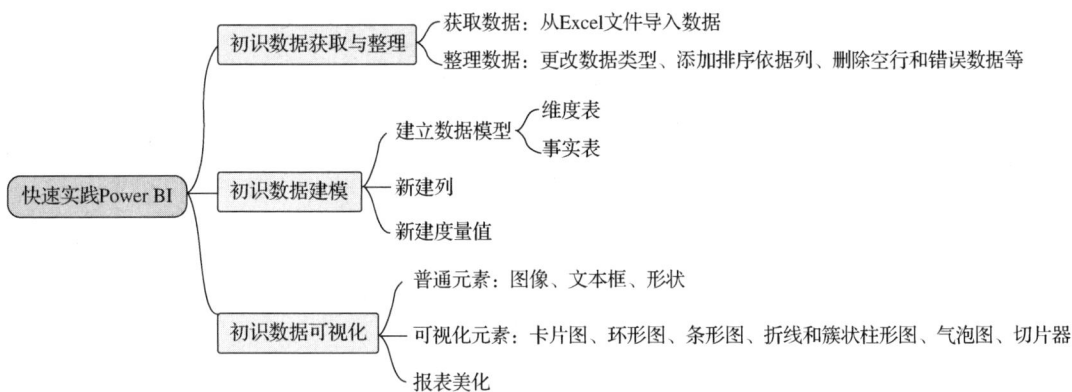

```
                          ┌── 获取数据：从Excel文件导入数据
        初识数据获取与整理 ─┤
                          └── 整理数据：更改数据类型、添加排序依据列、删除空行和错误数据等

                          ┌── 建立数据模型 ─┬── 维度表
                          │                └── 事实表
快速实践Power BI ── 初识数据建模 ─┼── 新建列
                          └── 新建度量值

                          ┌── 普通元素：图像、文本框、形状
                          │
        初识数据可视化 ────┼── 可视化元素：卡片图、环形图、条形图、折线和簇状柱形图、气泡图、切片器
                          │
                          └── 报表美化
```

情境案例

1. 企业简介

烘焙工坊是长春市一家烘焙连锁企业,在全国 20 个省份共拥有 22 家店铺,主要制作并销售面包和饼干两类产品,同时代销部分饮料。该连锁企业制作并销售的面包有吐司面包、牛角面包和全麦面包 3 种,饼干有曲奇饼干和苏打饼干两种;代销的饮料有可乐和果汁两种。

烘焙工坊从其各店的 POS 信息系统中提取并整理了门店数据、日期数据、

微课 3-0-1

产品数据和销售数据（2019 年和 2020 年），希望利用 Power BI 的可视化分析功能，通过各店相关数据的横向、纵向对比分析，找到存在的问题，发现新的销售增长点。

2. 案例数据

案例数据\项目三\烘焙工坊-案例数据.xlsx

（说明：本书所有案例数据可从教学资源中获取，以下不再重复说明）

（1）工作表数据。"烘焙工坊-案例数据.xlsx"文件包括产品表、日期表、门店表和销售表 4 张工作表。

① 产品表包括"产品分类ID""产品分类名称""产品ID""产品名称""单价"共 5 个字段和 7 条数据（记录），如图 3-1 所示。

	A	B	C	D	E
1	产品分类ID	产品分类名称	产品ID	产品名称	单价
2	11	面包	1001	吐司面包	23
3	11	面包	1002	牛角面包	18
4	11	面包	1003	全麦面包	12
5	12	饼干	2001	曲奇饼干	8
6	12	饼干	2002	苏打饼干	6
7	13	饮料	3001	可乐	2
8	13	饮料	3002	果汁	4

图 3-1 产品表

② 日期表包括"日期""年""月""季度"共 4 个字段和 731 条数据。部分数据如图 3-2 所示。

	A	B	C	D
1	日期	年	月	季度
2	2019/1/1	2019年	1月	第1季度
3	2019/1/2	2019年	1月	第1季度
4	2019/1/3	2019年	1月	第1季度
5	2019/1/4	2019年	1月	第1季度
6	2019/1/5	2019年	1月	第1季度
7	2019/1/6	2019年	1月	第1季度
8	2019/1/7	2019年	1月	第1季度

图 3-2 日期表（部分）

③ 门店表包括"店铺ID""店铺名称""省份名称"共 3 个字段和 22 条数据。部分数据如图 3-3 所示。

	A	B	C
1	店铺ID	店铺名称	省份名称
2	101	哈尔滨市	黑龙江省
3	102	长春市	吉林省
4	103	吉林市	吉林省
5	104	沈阳市	辽宁省
6	105	大连市	辽宁省
7	106	北京市	北京市

图 3-3 门店表（部分）

　　④ 销售表包括"订单号""订单日期""店铺 ID""产品 ID""会员 ID""数量"共 6 个字段和 24 812 条数据。部分数据如图 3-4 所示。

	A	B	C	D	E	F
1	订单号 ▾	订单日期 ▾	店铺ID ▾	产品ID ▾	会员ID ▾	数量 ▾
2	N2000001	2019/1/1	111	3002	1495	3
3	N2000002	2019/1/1	104	3002	8769	2
4	N2000003	2019/1/1	110	3002	3613	5
5	N2000004	2019/1/1	110	1001	5860	8
6	N2000005	2019/1/1	104	2002	4684	6
7	N2000006	2019/1/1	102	3002	9356	5

图 3-4　销售表（部分）

　　（2）工作表类型。为了便于数据建模和数据分析，Power BI 将数据表分为维度表和事实表两类。维度表的主要特点是包含类别属性信息，数据量较小。本项目案例中的产品表、日期表和门店表就属于维度表。事实表的主要特点是含有多列数值类型的数据，能够提取度量值（在任务二中介绍）信息，数据量较大。本项目案例中的销售表就属于事实表。

　　财务人员在进行数据分析时，一般是通过维度表中的不同维度来分析事实表中的各类度量值数据。本项目案例就是通过产品表中的"产品分类""产品名称"，日期表中的"年""月""季度"，以及门店表中的"店铺名称""省份名称"等维度，来分析销售表中的"金额"和"数量"等数据。

🖥 项目学习

任务一　初识数据获取与整理

　　本任务主要包括获取数据和整理数据两部分内容。获取数据是指从各种数据源获取数据。整理数据也叫数据清理或数据清洗，是指通过各种方法将获取的数据整理成正确的数据格式和内容，保证数据满足可视化的要求。

子任务一　获取数据

　　Power BI 可以从文件、数据库、Web 网页等几十种数据源中获取各类数据，其中从 Excel 工作簿中获取数据是最常见的方式。本任务将从"案例数据\项目三\烘焙工坊-案例数据.xlsx"文件中获取可视化分析的数据。

【任务实现】

步骤 01　在"主页"选项卡的"数据"组中单击 🔲 按钮，或者从视图栏中单击"从 Excel 导入数据"链接，如图 3-5 所示。

微课 3-1-1

步骤 02 打开"案例数据\项目三\烘焙工坊-案例数据.xlsx"文件，单击"打开"按钮，如图 3-6 所示。

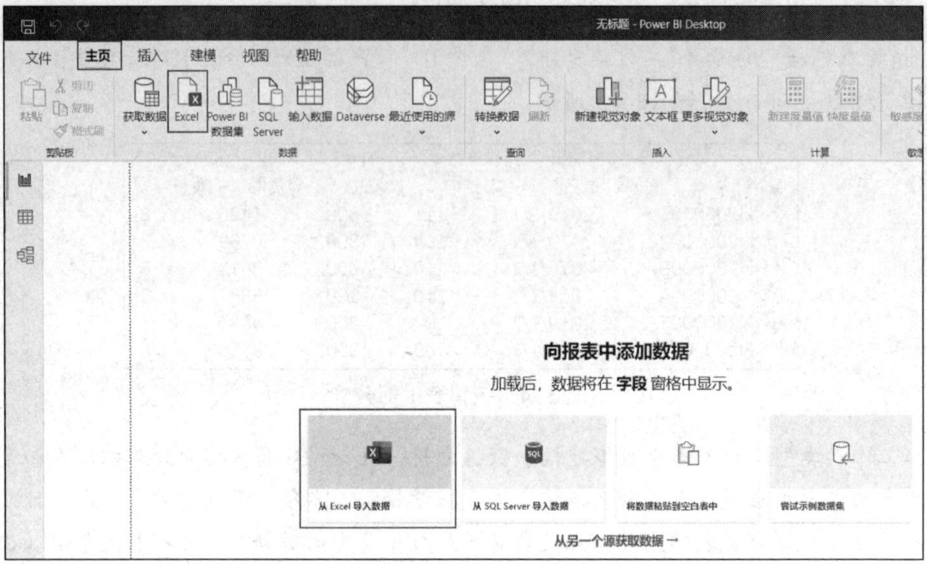

图 3-5 获取数据

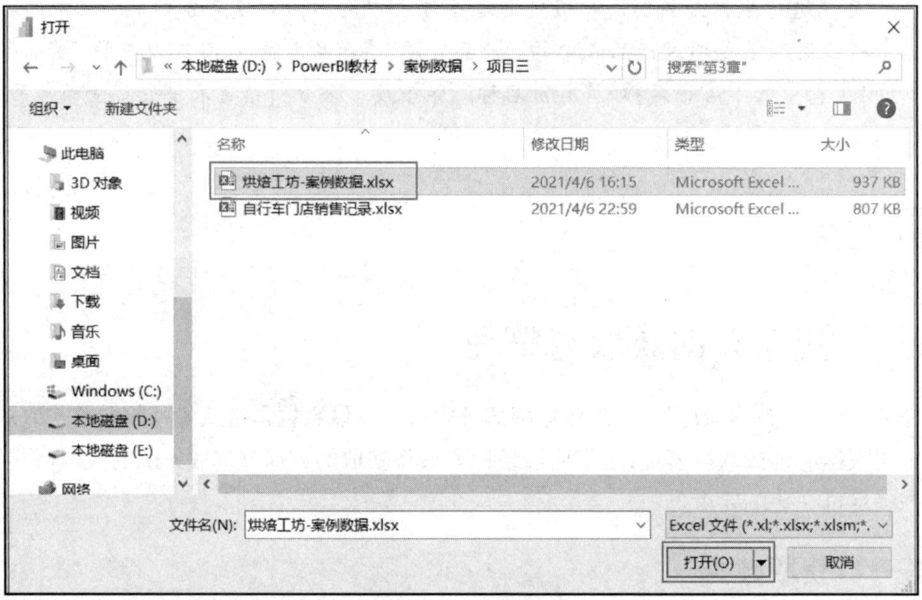

图 3-6 选择文件

步骤 03 选中"产品表""门店表""日期表""销售表"4 张表，再单击"加载"按钮，如图 3-7 所示。

步骤 04 单击左上角的 按钮，选择相应的存储位置，并输入文件名"烘焙工坊-快速可视化分析"（扩展名默认为 pbix），然后单击"保存"按钮，如图 3-8 所示。至此，操作人员即得到所需的分析数据。

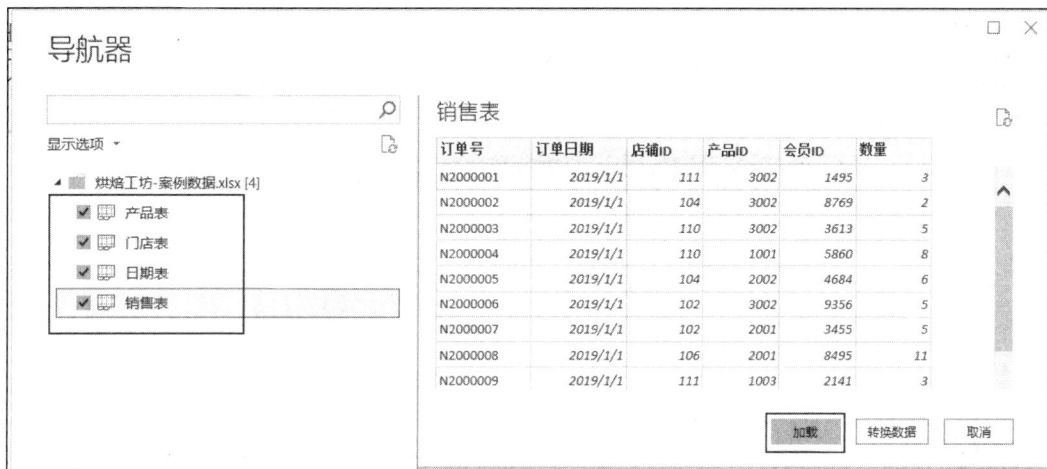

图 3-7　加载数据

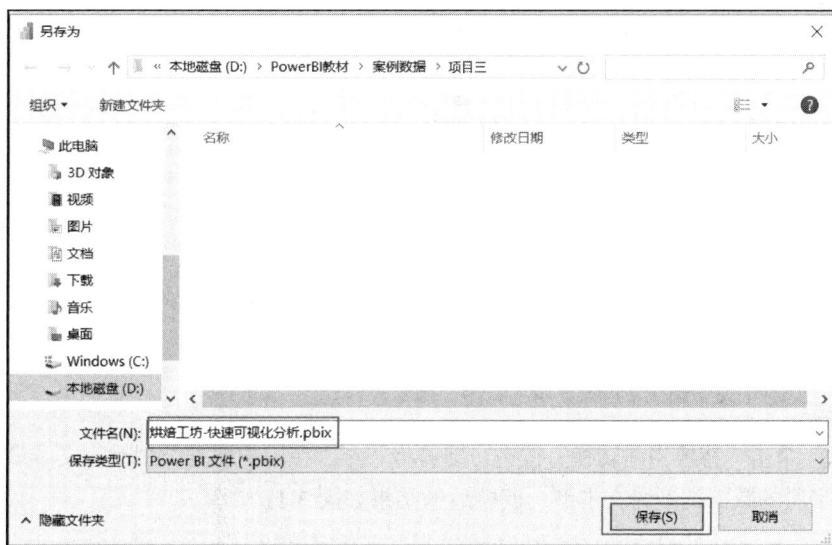

图 3-8　保存文件

子任务二　整理数据

下面我们通过调整字段类型、添加排序依据列和删除无用数据来介绍 Power BI 中整理数据的方法。

1. 更改数据类型

导入 Power BI 中的数据表，原表的数据类型可能会改变，而且表中可能存在空行、空值等情况，因此需要在集成的 Power Query 编辑器中整理数据。整理数据的方法主要有筛选、填充、替换、转置、列操作等。本任务整理数据的思路如下。

（1）产品表、门店表和销售表的数据相对完整，不需调整。

（2）日期表中"年"和"月"的字段类型为日期型，需将其调整为文本型，与原表类型一致。

【任务实现】

步骤 01 执行"主页"→"查询"→"转换数据"→"转换数据"命令，如图 3-9 所示，进入"Power Query 编辑器"窗口。

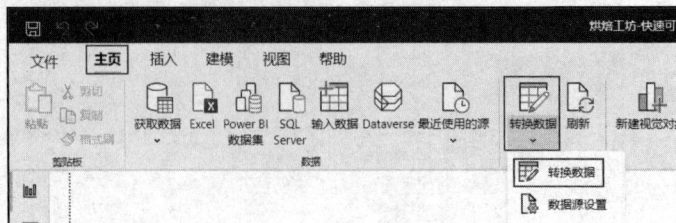

图 3-9 "转换数据"命令

步骤 02 选中"日期表"，再单击"年"字段前的 按钮，从下拉菜单中选择"文本"选项，如图 3-10 所示。

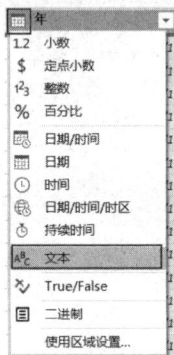

图 3-10 调整数据格式

步骤 03 单击"替换当前转换"按钮，即可将"年"字段的数据类型改为文本型。同理，可调整"月"字段的数据类型为文本型。调整后的结果如图 3-11 所示。

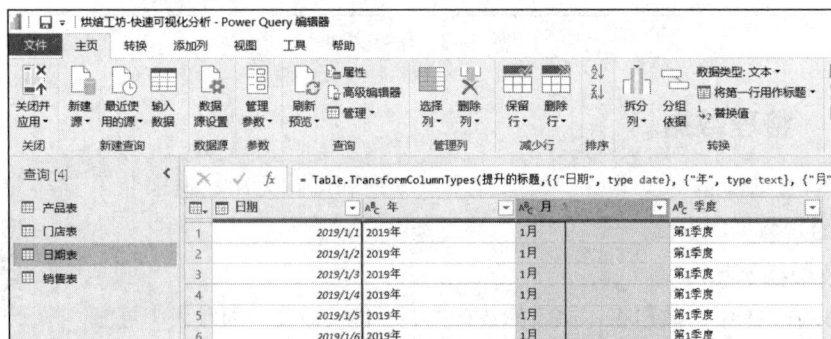

图 3-11 调整后的结果

2. 添加排序依据列

"月"字段当前是按文本排序的，这样的顺序不正确。对"月"字段设置排序依据列，即可正确排序。表 3-1 清晰阐明了对"月"字段按默认排序和设置排序依据列后排序结果的差别。

表 3-1　　　　　　　　　　　"月"字段不同排序方式的结果

排序方式（升序）	结果
默认	10月、11月、12月、1月、2月、3月、4月、5月、6月、7月、8月、9月
设置排序依据列	1月、2月、3月、4月、5月、6月、7月、8月、9月、10月、11月、12月

本任务需将"月"字段复制一份，然后将数据中的"月"字拆分掉，只保留整数部分作为月份排序的依据。

【任务实现】

步骤 01 在 Power Query 编辑器中，选中"月"字段，执行"添加列"→"常规"→"重复列"命令，如图 3-12 所示。

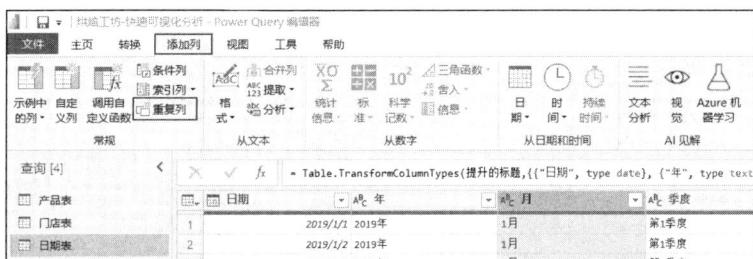

图 3-12 "重复列"命令

步骤 02 系统将自动添加与月份数据相同的列，执行"转换"→"文本列"→"拆分列"→"按字符数"命令，如图 3-13 所示。

图 3-13 按字符数拆分列

步骤 03 在打开的窗口中输入字符数为"1"，并选中"一次，尽可能靠右"单选按钮，然后单击"确定"按钮，如图 3-14 所示。

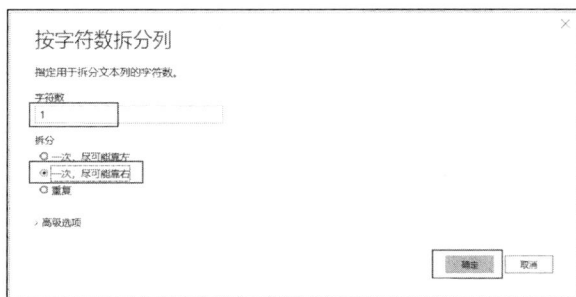

图 3-14 设置字符数和拆分样式

步骤 04 系统将复制的"月"列拆分成两列：月份整数单独一列，"月"字单独一列，如图 3-15 所示。

日期	ABC 年	ABC 月	ABC 季度	1²₃ 月 - 复制.1	ABC 月 - 复制.2
1	2019/1/1 2019年	1月	第1季度	1	月
2	2019/1/2 2019年	1月	第1季度	1	月
3	2019/1/3 2019年	1月	第1季度	1	月
4	2019/1/4 2019年	1月	第1季度	1	月
5	2019/1/5 2019年	1月	第1季度	1	月
6	2019/1/6 2019年	1月	第1季度	1	月
7	2019/1/7 2019年	1月	第1季度	1	月

图 3-15　拆分结果

步骤 05 选中"月-复制 2"列，单击鼠标右键，从弹出的快捷菜单中选择"删除"选项，删除该列。然后再双击"月-复制 1"列，将其改名为"月排序依据"，如图 3-16 所示。

日期	ABC 年	ABC 月	ABC 季度	1²₃ 月排序依据
1	2019/1/1 2019年	1月	第1季度	1
2	2019/1/2 2019年	1月	第1季度	1
3	2019/1/3 2019年	1月	第1季度	1
4	2019/1/4 2019年	1月	第1季度	1
5	2019/1/5 2019年	1月	第1季度	1
6	2019/1/6 2019年	1月	第1季度	1
7	2019/1/7 2019年	1月	第1季度	1

图 3-16　重命名列

!!! **提示**

在 Power Query 编辑器中，系统会自动记录已经应用（操作）过的步骤。若要回退某一步骤，可选中该步骤并单击鼠标右键，从弹出的快捷菜单中选择"删除"选项，或者单击该步骤前的 ✕ 按钮，即可删除操作过的步骤，如图 3-17 所示。

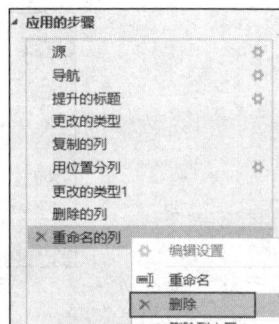

图 3-17　删除已经应用过的步骤

3. 删除空行和错误数据

导入的数据表，尤其是事实表（如"销售表"），其数据较多，可能存在未发现的空行或错误数据，此时可以通过 Power Query 编辑器将其删除。此操作多用于行数较多的数据表。

【任务实现】

步骤 01 在 Power Query 编辑器中，选中"销售表"，执行"主页"→"减少行"→"删除行"→"删除空行"和"删除错误"命令，如图 3-18 所示。

步骤 02 执行"文件"→"关闭"→"关闭并应用"命令，退出 Power Query 编辑器。

图 3-18　删除空行和删除错误

任务二　初识数据建模

Power BI 突破了单表限制，可以从多个表格、多种来源的数据中，根据不同的维度、不同的逻辑来聚合分析数据；而提取数据的前提是要将这些数据表建立关系，这个建立关系的过程就是数据建模。简单来说，数据建模就是建立维度表和事实表之间关系的过程。数据建模后，还可以通过新建列、新建度量值等方式建立各类分析数据，用于可视化分析。

子任务一　建立数据模型

本任务我们将建立维度表（产品表、日期表、门店表）和事实表（销售表）之间的关联，有相同字段的两张表会自动建立关联关系。产品表通过"产品 ID"与销售表自动关联；门店表通过"店铺 ID"与销售表自动关联；日期表通过"日期"与销售表中的"订单日期"对应，从而建立与销售表的关联。

了解了各表之间的关联后，可以通过产品分类、产品名称、年、月、季度、店铺名称和省份名称进一步分析烘焙工坊各店铺的销售数据及其他相关数据。各维度表与事实表之间的关联如图 3-19 所示。

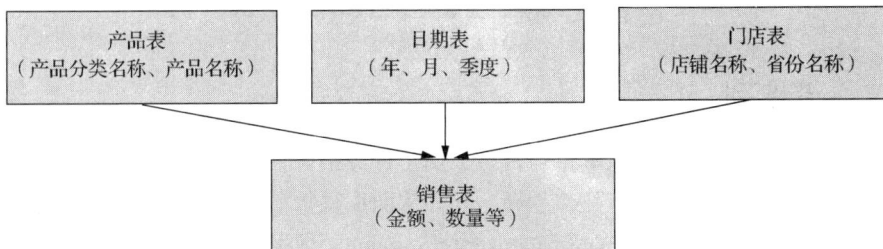

微课 3-2-1

图 3-19　维度表与事实表的关联

【任务实现】

步骤 01　单击 Power BI Desktop 窗口左侧的"模型"按钮，即可显示各表之间的关联关系。产品表、门店表与销售表自动建立关联，将上述 3 个维度表拖曳到事实表（销售表）的上方，则模型视图如图 3-20 所示。

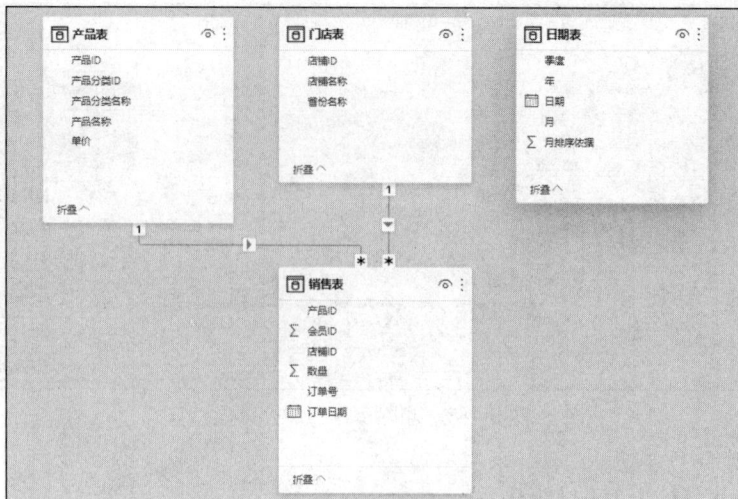

图 3-20　模型视图

步骤 02 将日期表中的"日期"字段拖曳到销售表的"订单日期"字段，即可建立日期表与销售表之间的关联，如图 3-21 所示。

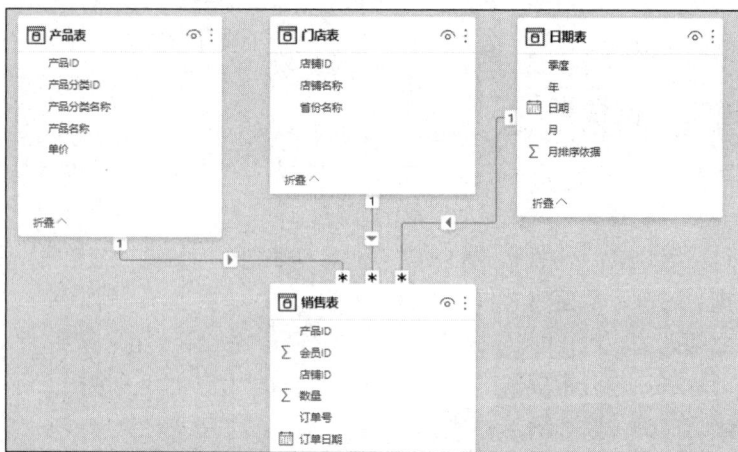

图 3-21　创建日期表与销售表之间的关联

子任务二　新建列

由于本案例中销售表只有"数量"列，为了便于计算销售金额，可将产品表中的"单价"列引入销售表并新建"金额"列，从而反映每笔订单的销售金额。新建的两列均需设置 DAX（Data Analysis Expression，数据分析表达式）公式。有关 DAX 公式的内容将在项目五中详细介绍。

单价=RELATED('产品表'[单价])
金额='销售表'[数量]*'销售表'[单价]

微课 3-2-2

【任务实现】

步骤 01 单击 Power BI Desktop 窗口左侧的"数据"按钮▦，选择窗口右侧的"销售表"，然后单击"订单号"字段右侧的下拉按钮 ，从弹出的下拉菜单中选择"以升序排序"选项，如图 3-22 所示。

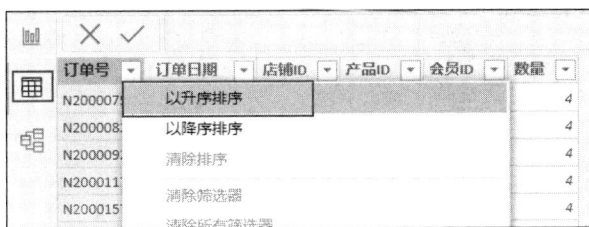

图 3-22 字段排序

步骤 02 执行"表工具"→"计算"→"新建列"命令，如图 3-23 所示。

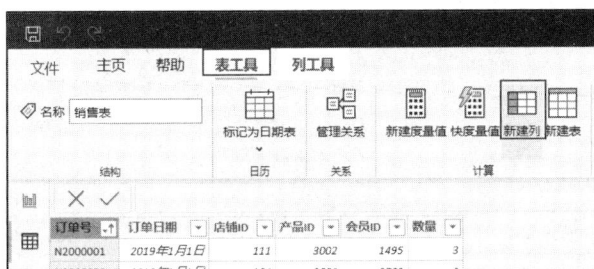

图 3-23 新建列

步骤 03 在公式编辑栏输入公式"单价=RELATED('产品表'[单价])"，如图 3-24 所示。

图 3-24 输入"单价"公式

步骤 04 继续新建列，在公式编辑栏输入公式"金额='销售表'[数量]*'销售表'[单价]"，如图 3-25 所示。

图 3-25 输入"金额"公式

子任务三 新建度量值

度量值可以说是 Power BI 数据建模的核心，指的是用 DAX 公式创建一个虚拟字段的数据值。度量值不改变源数据，也不改变数据模型，它可以随着不

微课 3-2-3

同维度的选择而变化，一般在报表交互时使用。因此，度量值又被称为"移动的公式"。

本任务共设置 4 个度量值，分别是"销售金额""销售数量""营业店铺数量""单店平均销售额"。它们的 DAX 公式分别如下。

销售金额=SUM('销售表'[金额])

销售数量=SUM('销售表'[数量])

营业店铺数量= DISTINCTCOUNT('销售表'[店铺 ID])

单店平均销售额=[销售金额]/[营业店铺数量]

【任务实现】

步骤01 选择"销售表"，执行"表工具"→"计算"→"新建度量值"命令，如图 3-26 所示。此外，我们在"主页"选项卡的"计算"组中也可以找到"新建度量值"命令。

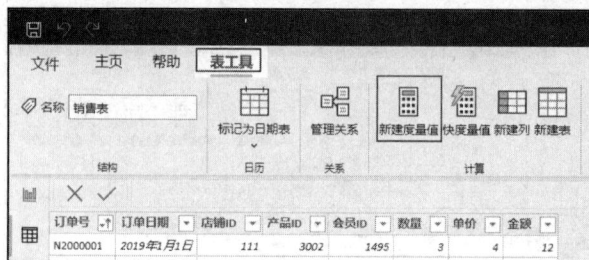

图 3-26 "新建度量值"命令

步骤02 在公式编辑栏输入度量值公式"销售金额=SUM('销售表'[金额])"，如图 3-27 所示。

图 3-27 输入"销售金额"度量值公式

步骤03 在右侧"字段"窗格下方可查看到新增的"销售金额"度量值，如图 3-28 所示。

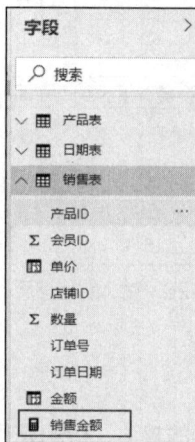

图 3-28 查看"销售金额"度量值

步骤04 同理，可设置"销售数量""营业店铺数量""单店平均销售额"3个度量值的公式。

任务三 初识数据可视化

数据可视化就是在 Power BI 报表页插入各种图表等可视化元素来展示数据。Power BI 自带的图表元素有条形图、柱形图、散点图、折线图、卡片图、切片器等。用户也可以从相关网站下载个性化的图表元素，进行更加炫酷的可视化展示。

子任务一 插入图像、文本框、形状

为了体现不同公司的可视化内容和风格，我们通常会在可视化界面加上公司的标识（Logo），这时就会用到插入图像和文本框功能。插入竖线、横线等形状将不同的可视化元素进行分割，能够使可视化界面更加清晰、明确。

本任务将插入"烘焙工坊"的 Logo 图像和文字。图像文件与本项目案例源文件来自同一文件夹。另外，我们还要在 Logo 下插入一条横线。

微课 3-3-1

【任务实现】

步骤01 单击窗口左侧的"报表"按钮 ，然后执行"插入"→"元素"→"图像"命令，选择要插入的图像文件，即可插入烘焙工坊的 Logo 图像，如图 3-29 所示。按同样的方法，分别单击"文本框"和"形状"按钮，可插入烘焙工坊的店铺名称和线条。

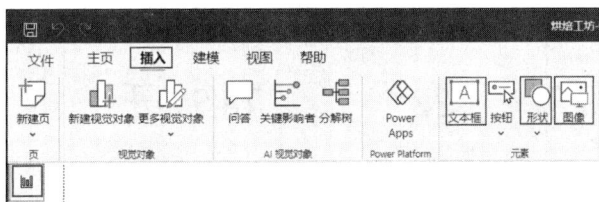

图 3-29 插入图像、文本框和形状

步骤02 插入的线条默认是竖线。选中该线条，在窗口右侧的"设置形状格式"窗格中，设置线条颜色并旋转 90°，如图 3-30 所示，通过旋转功能即可将竖线调整为横线。若所用 Power BI Desktop 版本中默认插入线条为横线，此步可略。

步骤03 将添加的各个元素调整到合适的位置和大小，最终得到的结果如图 3-31 所示。

图 3-30 设置线条的格式

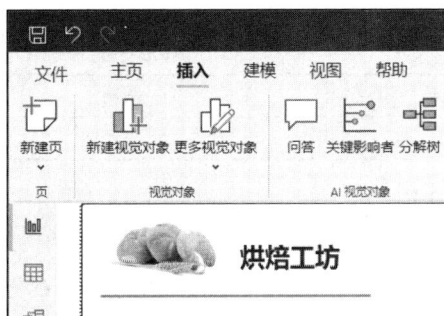

图 3-31 最终结果

子任务二　插入卡片图

卡片图通常用于突出显示可视化分析的关键数据，比如收入、利润、完成率等指标。本任务将"销售金额""销售数量""营业店铺数量""单店平均销售额"4 个度量值以卡片图形式呈现。

【任务实现】

步骤01 单击窗口右侧"可视化"窗格中的"卡片图"按钮，然后将"字段"窗格中"销售表"的"销售金额"度量值拖曳到卡片图中。再单击"格式"按钮，在"数据标签"栏设置文本大小为 25 磅，结果如图 3-32 所示。

微课 3-3-2

2 百万
销售金额

图 3-32　插入卡片图

步骤02 同理，设置"销售数量""营业店铺数量""单店平均销售额"3 个度量值的卡片图，调整其大小及合适位置，结果如图 3-33 所示。

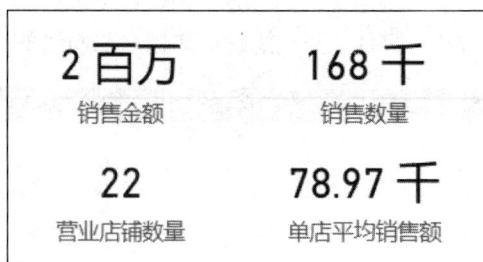

2 百万	168 千
销售金额	销售数量
22	78.97 千
营业店铺数量	单店平均销售额

图 3-33　插入其他卡片图并调整大小及位置

子任务三　插入环形图

环形图也叫圆环图，它形如中间挖空的饼图，依靠环形的长度来表达比例的大小。本任务将在环形图中显示不同产品的销售金额占比情况。环形图的可视化参数设置如表 3-2 所示。

微课 3-3-3

表 3-2　　　　　　　　　　　　环形图的可视化参数设置

参数名称	图例	值
属性值	产品名称	销售金额

【任务实现】

步骤01 单击窗口右侧"可视化"窗格中的"环形图"按钮，根据表 3-2 中的可视化参数设置将"字段"窗格中的相关字段拖曳到"可视化"窗格的相应参数中，如图 3-34 所示。

步骤02 得到的环形图可视化结果如图 3-35 所示。用户可将其调整到合适位置，并设置数据显示格式。

图 3-34 设置环形图的属性

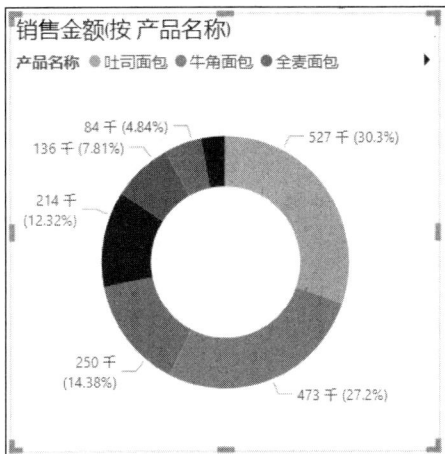

图 3-35 环形图的可视化效果

子任务四 插入条形图

条形图可利用条形的长度反映数据的差异，通常适用于多个项目的分类排名比较。本任务将在条形图中显示不同产品分类下的销售额，并按销售额大小进行排序。条形图的可视化参数设置如表 3-3 所示。

微课 3-3-4

表 3-3 条形图的可视化参数设置

参数名称	轴	图例	值
属性值	产品分类名称	产品分类名称	销售金额

【任务实现】

步骤 01 单击窗口右侧"可视化"窗格中的"堆积条形图"按钮，根据表 3-3 中的可视化参数设置将"字段"窗格的相关字段拖曳到"可视化"窗格的相应参数中，如图 3-36 所示。

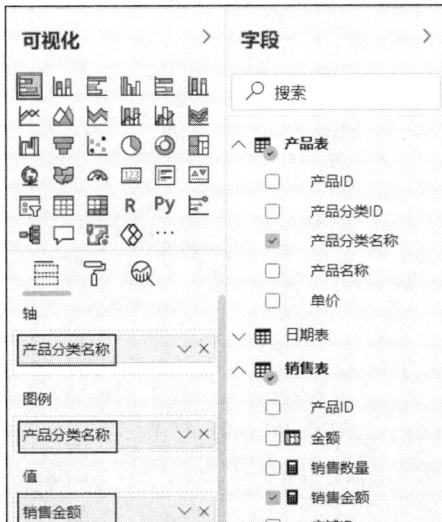

图 3-36 设置条形图的属性

步骤 02 单击"可视化"窗格中的"获取更多视觉对象"按钮 ⋯，从弹出菜单中选择"以降序排序"选项，则销售金额可按降序排序，如图 3-37 所示。

图 3-37　条形图的可视化效果

子任务五　插入折线和簇状柱形图

折线图可以显示随时间变化的连续数据，非常适用于显示在相同时间间隔下的数据变化趋势。簇状柱形图可以利用柱形的高度反映数据差异。本任务将在折线和簇状柱形图中显示不同月份的销售金额和销售数量。折线和簇状柱形图的可视化参数设置如表 3-4 所示。

微课 3-3-5①

表 3-4　　　　　　　　　折线和簇状柱形图的可视化参数设置

参数名称	共享轴	列值	行值
属性值	月	销售金额	销售数量

【任务实现】

步骤 01 单击窗口右侧"可视化"窗格中的"折线和簇状柱形图"按钮 ，根据表 3-4 中的参数设置将"字段"窗格中的相关字段拖曳到"可视化"窗格的相应参数中，如图 3-38 所示。

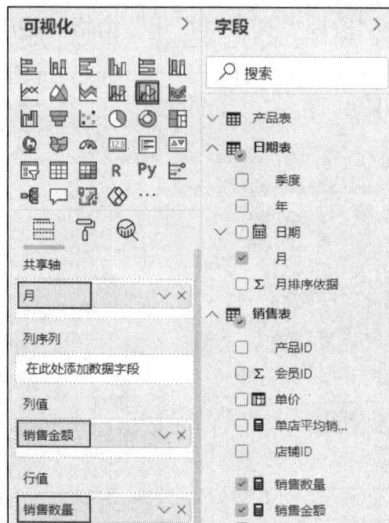

图 3-38　设置折线和簇状柱形图的属性

---

① 本微课视频中操作演示部分使用折线和堆积柱形图来完成，实际效果与使用折线和簇状柱形图是一样的。

步骤 02 单击"可视化"窗格中的 ⋯ 按钮，从弹出菜单中选择"以升序排序"选项，排序方式选择"月"，如图 3-39 所示。

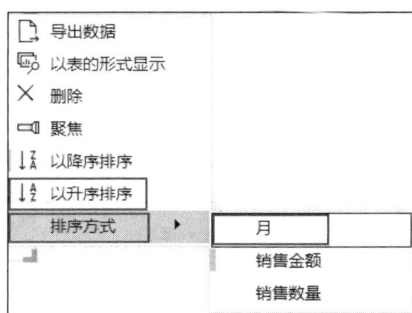

图 3-39 按月以升序排序

步骤 03 选中日期表中的"月"字段，再执行"列工具"→"排序"→"按列排序"→"月排序依据"命令，如图 3-40 所示。

图 3-40 "月排序依据"命令

步骤 04 设置后的折线和簇状柱形图的可视化效果如图 3-41 所示。

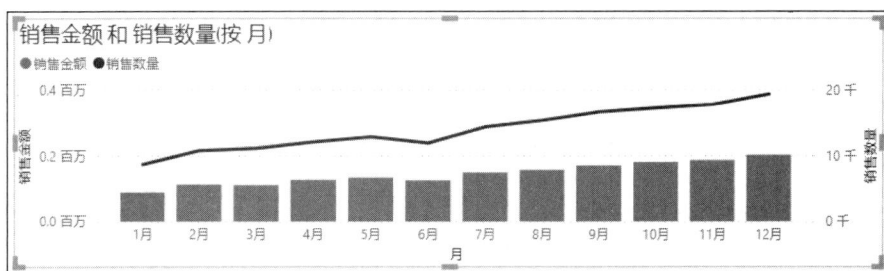

图 3-41 折线和簇状柱形图的可视化效果

子任务六 插入气泡图

气泡图是一种特殊的散点图，主要通过横纵坐标值和气泡大小来展现数据的分布情况。气泡图表现数据的维度多且图形美观，通过增加时间轴还可动态展示数据。本任务将在气泡图中显示不同月份的销售金额和销售数量的动态变化情况。气泡图的可视化参数设置如表 3-5 所示。

微课 3-3-6

表 3-5   气泡图的可视化参数设置

参数名称	图例	X轴	Y轴	大小	播放轴
属性值	店铺名称	销售金额	销售数量	销售金额	月

【任务实现】

（步骤）**01** 单击窗口右侧"可视化"窗格中的"散点图"按钮 ▦，根据表 3-5 中的参数设置将窗口右侧"字段"窗格的相关字段拖曳到"可视化"窗格的相应参数中，如图 3-42 所示。

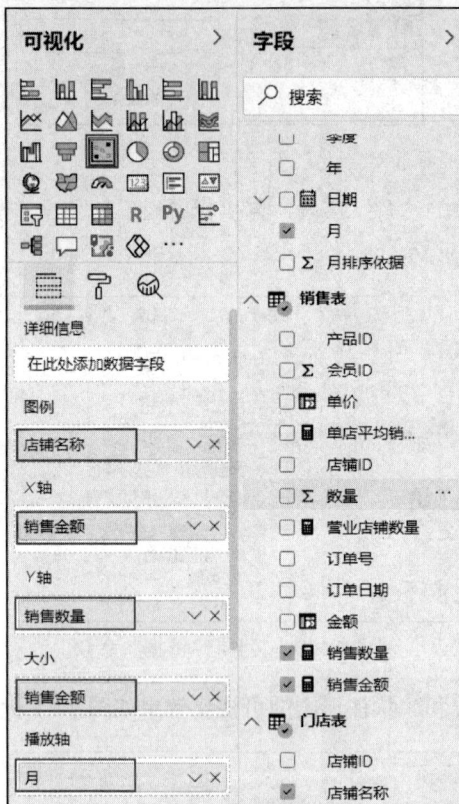

图 3-42   设置气泡图的属性

（步骤）**02** 生成的气泡图可视化效果如图 3-43 所示。

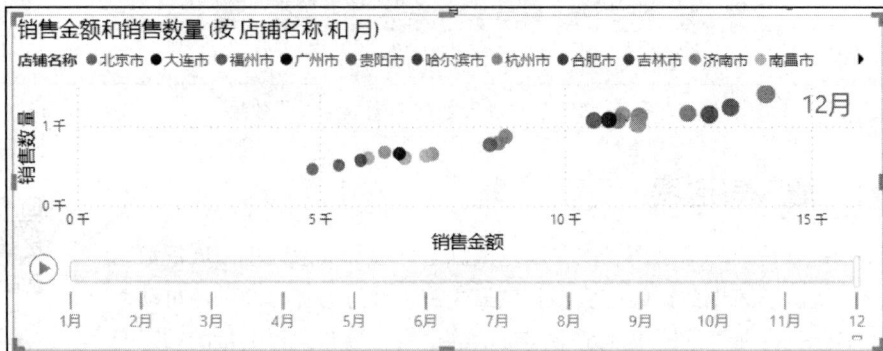

图 3-43   气泡图的可视化效果

子任务七　插入切片器

切片器是画布中的视觉筛选器，是报表中的一种可视化图形元素。切片器本身不为了展示数据，而是作为展示数据时的各种维度选择。本任务将设置"年"和"店铺名称"切片器，通过切片器中不同年度、不同店铺的选择来展示各类分析数据。

微课 3-3-7

【任务实现】

步骤 01 单击窗口右侧"可视化"窗格中的"切片器"按钮 ，然后将右侧"日期表"中的"年"拖曳到左侧"可视化"窗格下方的"字段"参数中，如图 3-44 所示。

图 3-44　设置切片器的属性

步骤 02 选中切片器，然后单击"可视化"窗格中的"格式"按钮 ，并将切片器的"边框"设为"开"，如图 3-45 所示。最终得到的"年"切片器可视化效果如图 3-46 所示。

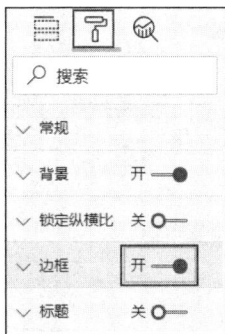

图 3-45　设置切片器的格式

图 3-46　"年"切片器的可视化效果

步骤 03 用同样的方法，设置"店铺名称"切片器，结果如图 3-47 所示。

图 3-47　"店铺名称"切片器的可视化效果

子任务八　报表美化

设置好报表中的各类可视化元素后，需调整各类可视化元素的位置，以及格式、主题风格等，使其更加美观、醒目。本任务将为环形图、条形图、折线和簇状柱形图、气泡图 4 类可视化元素的标题设置背景色，并将标题文字反向突出显示。

微课 3-3-8

【任务实现】

步骤 01　分别选中环形图、条形图、折线和堆积柱形图、气泡图，将其调至合适的位置，然后单击"可视化"窗格中的"格式"按钮，将背景色设置为"白色，20%较深"，文本大小设置为"12 磅"，如图 3-48 所示。

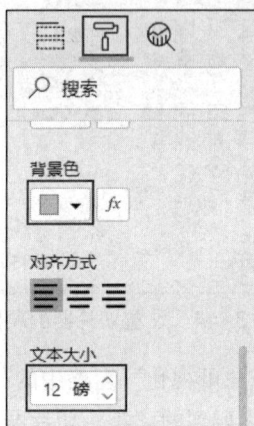

图 3-48　设置图形的格式

步骤 02　美化后的报表（整体）如图 3-49 所示。

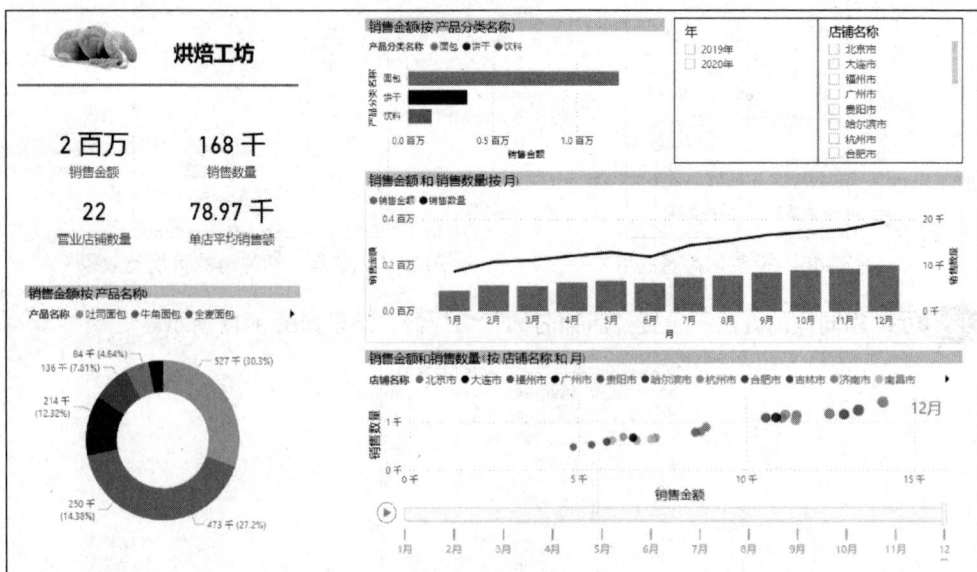

图 3-49　报表页显示效果

巩固提高

一、单选题

1. 在"烘焙工坊"案例中，下列属于事实表的是（　　　）。

    A. 产品表　　　　　　B. 销售表　　　　　　C. 日期表　　　　　　D. 门店表

2. 为了便于数据建模和数据分析，Power BI 将数据表分为（　　　）两类。

    A. 一维表和二维表　　B. 一维表和事实表　　C. 二维表和维度表　　D. 维度表和事实表

3. Power BI 文件的扩展名是（　　　）。

    A. .xlsx　　　　　　　B. .docx　　　　　　　C. .pbix　　　　　　　D. .pptx

4. Power BI 整理数据是在集成的（　　　）程序中完成的。

    A. Power Map　　　　B. Power View　　　　C. Power Query　　　　D. Power Pivot

5. 某日期表的"月"字段类型为文本型，其值包括"3 月""5 月""1 月""10 月"，若对"月"字段以升序排序，则排序后的结果为（　　　）。

    A. 1 月，3 月，5 月，10 月　　　　　　　　B. 1 月，10 月，3 月，5 月

    C. 3 月，5 月，10 月，1 月　　　　　　　　D. 10 月，1 月，3 月，5 月

6. 将日期表的"月"字段值（如"12 月"）拆分成数字和文字两列，本项目中采用的拆分方法是（　　　）。

    A. 按位置　　　　　　B. 按字符数　　　　　C. 按分隔符　　　　　D. 按数字

7. （　　　）通常用于突出显示可视化分析的关键数据。

    A. 折线图　　　　　　B. 卡片图　　　　　　C. 切片器　　　　　　D. 条形图

8. 在条形图中，若要不同产品分类名称的条形显示不同的颜色，如图 3-50 所示，则需要将产品分类名称设置到（　　　）属性中。

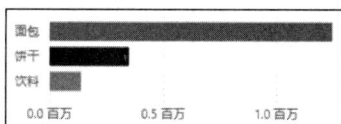

图 3-50　设置条形颜色

    A. 轴　　　　　　　　B. 分类　　　　　　　C. 图例　　　　　　　D. 值

9. 在可视化元素中，💠代表的是（　　　）。

    A. 切片器　　　　　　B. 筛选器　　　　　　C. 漏斗图　　　　　　D. 卡片图

10. 能够设置可视化元素格式的按钮是（　　　）。

    A. ▦　　　　　　　　B. 🖌　　　　　　　　C. ▤　　　　　　　　D. ◇

二、多选题

1. 在"烘焙工坊"案例中，下列属于维度表的是（　　　）。

    A. 销售表　　　　　　B. 产品表　　　　　　C. 日期表　　　　　　D. 门店表

2. Power BI 中，下列关于事实表的说法正确的是（　　　）。

    A. 事实表一般含有多列数值类型的数据

  B. 事实表一般仅含有一列数值类型的数据

  C. 事实表的数据通常较多

  D. 事实表的数据通常较少

3. Power BI 的数据类型有（ ）。

  A. 小数   B. 整数   C. 数组   D. 日期

4. Power BI 中整理数据的方法有（ ）。

  A. 筛选   B. 填充   C. 替换   D. 转置

5. 下列关于度量值的说法正确的是（ ）。

  A. 度量值是用 DAX 公式创建一个虚拟字段的数据值

  B. 度量值通常取自维度表

  C. 度量值不改变源数据

  D. 度量值可以改变数据模型

6. 下列关于切片器的说法正确的是（ ）。

  A. 切片器不是报表中的一种可视化图形元素

  B. 切片器本身不为了展示数据

  C. 切片器是展示数据时的各种维度选择

  D. 通过切片器可以实现数据的动态展示

三、判断题

1. 维度表的主要特点是包含类别属性信息，且数据量较小。（ ）

2. 数据建模也叫数据清理或数据清洗，是指通过各种方法将获取的数据整理成正确的数据格式和内容。（ ）

3. 数据清洗之前通常要先获取数据。（ ）

4. Power BI 只能从 Excel 工作簿中获取数据。（ ）

5. Power Query 编辑器中返回上一步的操作是单击 ⬅ 按钮。（ ）

6. 数据建模就是建立维度表和事实表之间关系的过程。（ ）

7. Power BI 中，若只导入一张数据表，也需要数据建模。（ ）

8. Power BI 中，度量值可以说是 Power BI 数据建模的核心。（ ）

四、思考题

1. 简述维度表和事实表有何区别。本项目案例中哪些表属于维度表，哪些表属于事实表？

2. Power BI 商业智能分析的一般处理流程是什么？

3. 在对本项目案例进行数据可视化时，用到了哪些可视化元素，它们的作用是什么？

五、实训题

1. 请完成本项目的学习后，将图 3-49 中的报表显示结果重新设计，包括选择新的可视化元素、重新排列位置、更改显示颜色等。

2. 请跟着右侧视频对自行车销售记录数据进行探索性分析。

微课 3-4-1

案例数据\项目三\自行车门店销售记录.xlsx

分析后，请思考并回答下列问题。

（1）本案例用到了哪些数据清洗（数据整理）功能？

（2）本案例是否用到了数据建模？本案例是否设置了度量值？

（3）本案例使用了哪几种可视化元素？

（4）本案例设置了哪两种切片器？

（5）在条形图的可视化设置中，如何对销售额排名前 5 的销售代表进行排序？

项目四

数据获取与整理

学习目标

- **知识目标**
  - ◇ 理解合并查询中表的各种连接方式。
  - ◇ 熟悉 Power BI 获取数据的常用方法。
  - ◇ 熟悉 Power BI 数据整理的常用方法。
  - ◇ 掌握 Power BI 数据拆分、提取和合并等常用操作。
  - ◇ 掌握 Power BI 数据透视和逆透视的操作。
  - ◇ 掌握 Power BI 追加查询与合并查询操作。
- **能力目标**
  - ◇ 能够结合具体案例，通过 Power BI 获取各种类型的数据。
  - ◇ 能够结合具体案例，通过 Power BI 进行各种数据整理操作，使数据符合可视化要求。

项目导图

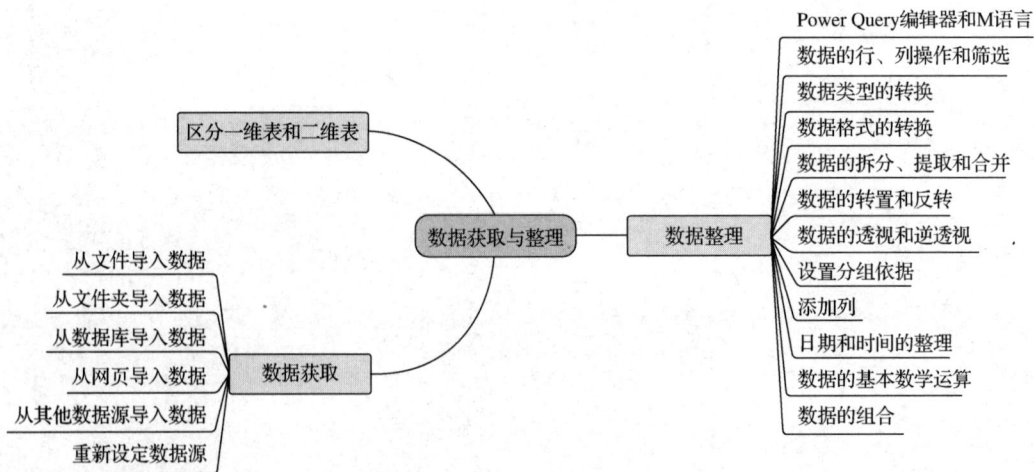

要进行数据分析，就离不开有效数据的支持。例如，数据分析人员要想通过对各项业务数据和财务数据的深入分析，了解企业的运营情况，帮助企业制订有效的生产计划和发展战略，首先必须获得有效的数据。这些数据可能来自企业 ERP 系统的业务和财务数据，也可能来自权威机构的公开数据。我们在进行数据分析时，可以将从各种数据源获取的不同格式的数据导入 Power BI，然后对这些数据进行整理，为下一步的数据分析作准备。

本项目的案例数据比较分散，主要包括的类型有 Excel 文件格式、文本文件格式、数据库文件格式和文件夹格式等。这些案例数据的原型如下。

- 某连锁店的销售数据。
- 某市实时空气质量检测数据。
- 上海市年度财政收入数据。
- 某公司 ERP 系统中的财务数据。
- NBA 中国官方网站的常规赛球员数据。
- 2006—2015 年国家财政收入年度数据。
- 某淘宝店铺的日访问量和日销售数据。
- 某健身会所的会员信息。
- 某电子公司的产品销售数据。
- 某公司的会议邀请信息和参会信息数据。

项目学习

任务一　区分一维表和二维表

微课 4-1-1

目前，大部分企事业单位从不同信息系统中获取的数据，一般都会导出为 Excel 文件格式进行数据分析。虽然 Power BI 已经具有一定的数据规范整理能力，但为进一步提高数据处理效率，提前对 Excel 数据进行一些预处理，使之更加标准化、规范化也很有必要。

Excel 表格大多为清单型表格。所谓清单型表格，是指按照一定的顺序，清晰明了地保存原始数据的表格。清单型表格的表现形式分为一维表和二维表两种。

!!! 提示

在数据分析过程中，请尽量使用一维表。实际工作中，如果取得的数据是二维表，可以采用一定的方法将其处理成一维表。处理方式有两种：第一种方式，在 Power BI 中利用逆透视功能将二维表迅速转换为一维表；第二种方式，利用数据透视表中多重数据透视功能进行处理。

清单型表格在设计时应尽量做到：字段命名统一、规范、有规律；避免多行标题、多列标题；避免合并单元格；各记录行间不要有空行、小计、合计等内容；同一列应存放同一类型的数据等。

上述原则，需要在实际工作中多加注意，这样会减少很多后期的数据清洗工作。

下面以某连锁店 4 个地区 4 个季度的销售数据为例，介绍如何区分一维表和二维表。案例数据中的"Sheet1"表为二维表，"Sheet2"表为一维表。

案例数据\项目四\1-数据整理.xlsx

【任务实现】

步骤 01 打开"案例数据\项目四\1-数据整理.xlsx"文件，单击"Sheet1"工作表，查看二维表的展现形式，如图 4-1 所示。

步骤 02 单击"Sheet2"工作表，查看一维表的展现形式，如图 4-2 所示。

地区	季度	销售额
东部	第1季	300
东部	第2季	320
东部	第3季	400
东部	第4季	450
西部	第1季	100
西部	第2季	130
西部	第3季	150
西部	第4季	180
南部	第1季	320
南部	第2季	350
南部	第3季	460
南部	第4季	500
北部	第1季	210
北部	第2季	290
北部	第3季	310
北部	第4季	370

地区	第1季	第2季	第3季	第4季
东部	300	320	400	450
西部	100	130	150	180
南部	320	350	460	500
北部	210	290	310	370

图 4-1　二维表　　　　　　　　　　图 4-2　一维表

东部地区第 1 季的销售额在图 4-1 所示的二维表中对应"第 1 季"与"东部"两个维度；在图 4-2 所示的一维表中只对应"销售额"一个维度，同一行的"东部"对应"地区"维度，"第 1 季"对应"季度"维度。

由此可以看出，所谓的一维表就是字段、记录的简单罗列；而二维表，则从两个维度来描述记录属性，并且两个字段的属性存在一定的关系。从数据分析的角度看，一维表是最适用于数据分析的数据结构，因此，用户在采集原始数据或录入数据时，应尽量采用一维表形式。Power BI 在建立模型时，可以使用一维表，也可以使用二维表。用户可根据不同分析场景进行选择，但最好选用一维表，这样可以降低数据的冗余；而在进行数据呈现时，可以更多地使用二维表或多维表形式。

任务二　数据获取

使用 Power BI Desktop 可以连接许多不同的数据源，如文件，文件夹，数据库，Azure（微软公有云上的 Azure SQL 数据库、Azure SQL 数据仓库、Azure 云端 Hadoop 的 HDinsight 等），联机服务（Salesforce、Dynamic 365 等在线服务），其他（Web 网页、R 脚本、Python 脚本、Hadoop 文件系统 HDFS 等）。

子任务一　从文件导入数据

Power BI 可以获取的数据源是"文件"类型的数据，获取的文件格式包括 Excel、文本、CSV、

XML、JSON、PDF 等。在日常工作中，公司信息技术人员需要把 ERP 系统中的业务、财务数据导出为 Excel 文件或其他文件格式，将其交给业务、财务部门的相关人员，然后由业务、财务部门的相关人员将文件加载到 Power BI 中。

在财务人员的实际工作中，从 Excel 文件中获取数据最为常见。除了 Excel 文件，Power BI 中还会用到以下格式的文件。

微课 4-2-1

- 文本文件是指以 ASCII 码方式（也称文本方式）存储的文件，比如英文字母、数字等字符。
- CSV（Comma-Separated Values，逗号分隔值）文件是指用逗号作为分隔符的文件，通常以纯文本形式存储表格数据（数字和文本）。CSV 文件由任意数量的记录组成，记录间以某种换行符分隔；每条记录由字段组成，字段间的分隔符是逗号。
- XML（eXtensible Markup Language，可扩展标记语言）文件非常适合用于网络传输，它可以提供统一的方法来描述和交换独立于应用程序或供应商的结构化数据。
- JSON（JavaScript Object Notation，JS 对象简谱）是一种轻量级的数据交换格式。它基于 ECMAScript（欧洲计算机协会制定的 JS 规范）的一个子集，采用完全独立于编程语言的文本格式来存储和表示数据。
- PDF（Portable Document Format，便携式文档格式）文件是以 PostScript 语言图像模型为基础，无论在哪种打印机上都可保证精确的颜色和准确的打印效果，即 PDF 会忠实地再现原稿的每一个字符、颜色及图像。

下面以空气质量检测数据为例介绍从 Excel 文件获取数据的方法。

案例数据\项目四\2-数据整理.xlsx

【任务实现】

步骤 01 打开 Power BI Desktop 应用程序，执行"主页"→"数据"→"获取数据"→"Excel"命令，如图 4-3 所示。

图 4-3 从 Excel 文件获取数据

步骤 **02** 打开"案例数据\项目四"文件夹，选择"2-数据整理.xlsx"文件，然后单击"打开"
按钮，如图 4-4 所示。

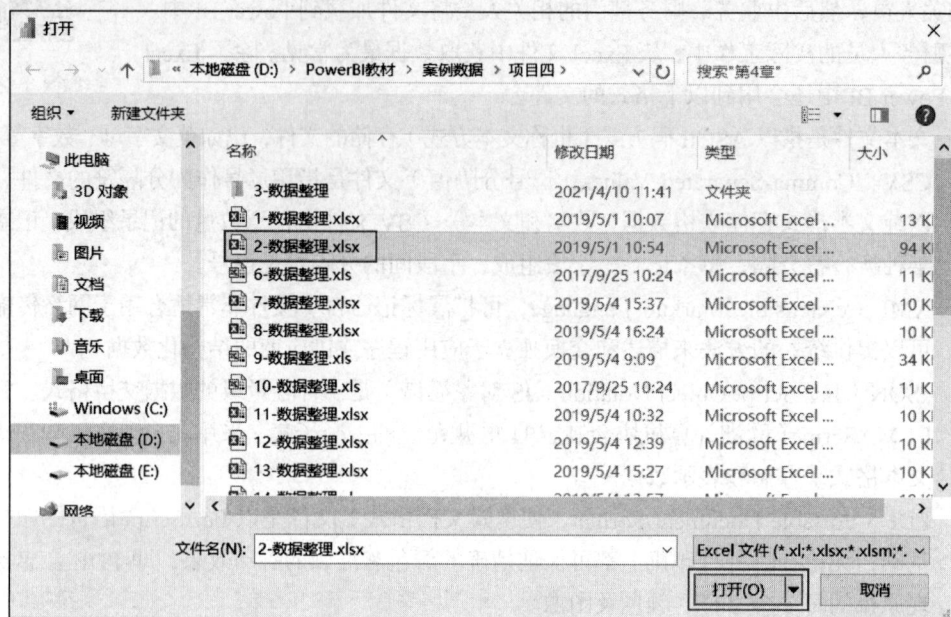

图 4-4　选择文件

步骤 **03** 选中"Sheet1"表，则右侧窗口中会呈现"Sheet1"表中的数据，如图 4-5 所示。

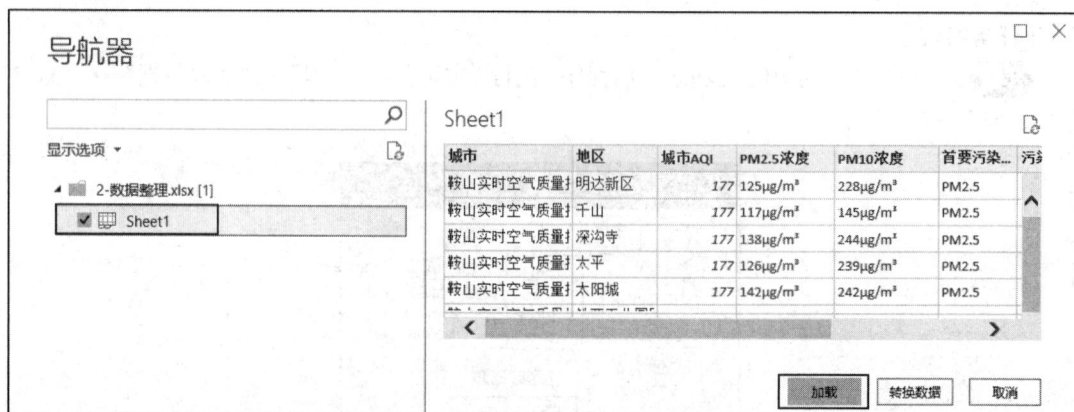

图 4-5　呈现"Sheet1"表中的数据

步骤 **04** 此时，若单击"转换数据"按钮，则进入"Power Query 编辑器"（查询编辑器）窗
口，如图 4-6 所示。用户通过该编辑器可对数据进行处理，使数据规范化。单击"关闭并应用"
按钮，可将数据加载到 Power BI Desktop 中。

此时若单击"加载"按钮，数据则被直接加载到 Power BI Desktop 中。用户可以执行"主
页"→"查询"→"转换数据"→"转换数据"命令，如图 4-7 所示，进入"Power Query 编辑器"
窗口，对数据进行处理。

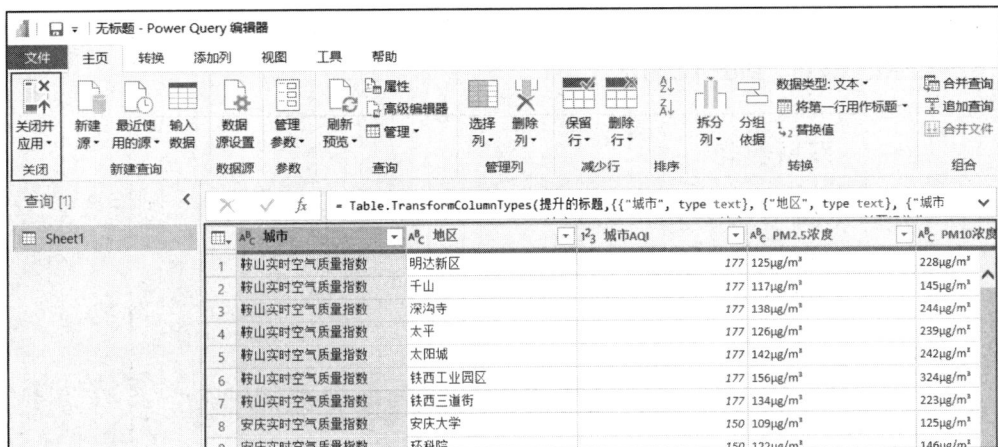

图 4-6 Power Query 编辑器

图 4-7 "转换数据"命令

子任务二 从文件夹导入数据

一些分支机构众多的企业，经常需要汇总一些业务或经营数据，通常是总部下发表单模板至各分支机构，再由各分支机构填写后返回总部，由总部进行汇总。这种情况下，如果人工汇总数据，不仅费时、费力，而且容易出现差错。这时，采用文件夹导入汇总形式，则能很好地解决这一问题。

下面以一个文件夹为例，介绍如何从文件夹中导入数据。此文件夹下共有北京市、天津市、上海市、重庆市 4 个直辖市的年度财政收入数据，分别存放在 4 个 Excel 工作簿中。

微课 4-2-2

"案例数据\项目四\3-数据整理"文件夹

【任务实现】

步骤 01 打开 Power BI Desktop 应用程序，执行"主页"→"数据"→"获取数据"命令，从弹出的下拉菜单中选择"更多"选项，打开"获取数据"窗口。选择右侧的"文件夹"选项，然后单击"连接"按钮，如图 4-8 所示。

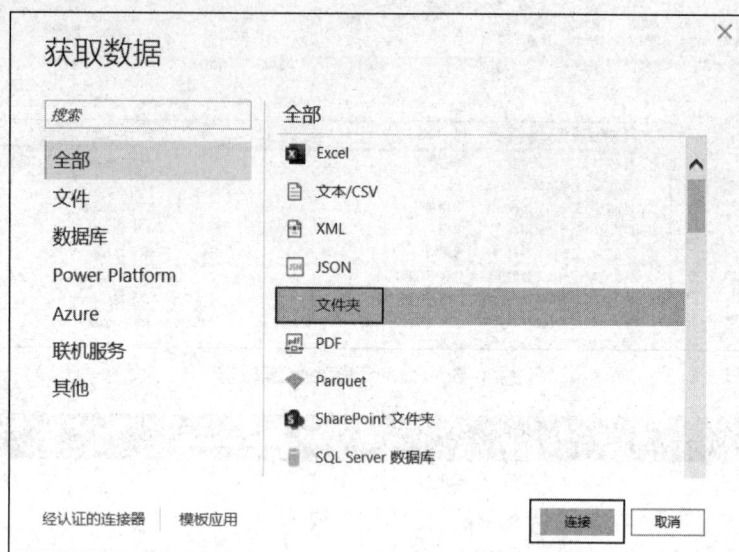

图 4-8　从文件夹获取数据

步骤 02　在打开的"文件夹"窗口中，单击"浏览"按钮，设置需要连接的文件夹，然后单击"确定"按钮，如图 4-9 所示。

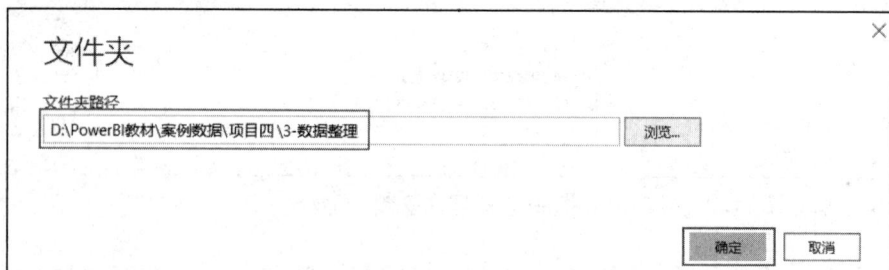

图 4-9　选择文件夹

步骤 03　此时窗口中将显示 4 个被连接的 Excel 文件，如图 4-10 所示。

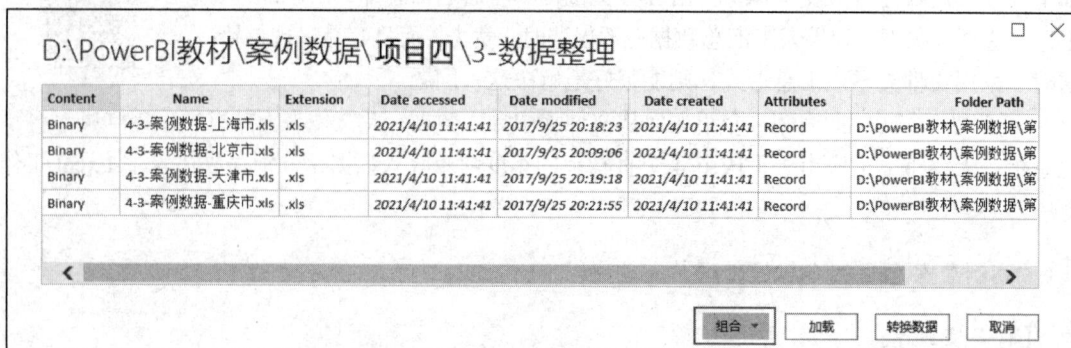

D:\PowerBI教材\案例数据\ **项目四** \3-数据整理

Content	Name	Extension	Date accessed	Date modified	Date created	Attributes	Folder Path
Binary	4-3-案例数据-上海市.xls	.xls	2021/4/10 11:41:41	2017/9/25 20:18:23	2021/4/10 11:41:41	Record	D:\PowerBI教材\案例数据\第
Binary	4-3-案例数据-北京市.xls	.xls	2021/4/10 11:41:41	2017/9/25 20:09:06	2021/4/10 11:41:41	Record	D:\PowerBI教材\案例数据\第
Binary	4-3-案例数据-天津市.xls	.xls	2021/4/10 11:41:41	2017/9/25 20:19:18	2021/4/10 11:41:41	Record	D:\PowerBI教材\案例数据\第
Binary	4-3-案例数据-重庆市.xls	.xls	2021/4/10 11:41:41	2017/9/25 20:21:55	2021/4/10 11:41:41	Record	D:\PowerBI教材\案例数据\第

图 4-10　4 个被连接的 Excel 文件

步骤 04 单击"组合"按钮，从弹出的菜单中选择"合并并转换数据"选项，则将 4 个文件合并，进入"Power Query 编辑器"窗口，对数据进行整理，如图 4-11 所示。也可选择"组合"按钮下的"合并和加载"选项，直接将这 4 个文件合并加载到 Power BI Desktop 中。

图 4-11　合并后的数据

子任务三　从数据库导入数据

Power BI 对市面上所有的关系型数据库（如 Access、SQL Server、MySQL、Oracle、 SAP HANA、SAP BW 等）都能提供非常好的支持。

下面以某公司 ERP 系统中获取的财务数据为例，介绍如何从 Access 数据库中导入数据。

微课 4-2-3

案例数据\项目四\4-数据整理.mdb

【任务实现】

步骤 01 打开 Power BI Desktop 应用程序，执行"主页"→"数据"→"获取数据"命令，从弹出的下拉菜单中选择"更多"按钮，打开"获取数据"窗口。选择右侧的"Access 数据库"选项，单击"连接"按钮，如图 4-12 所示。

图 4-12　从 Access 数据库获取数据

步骤 02 在"打开"窗口中选择"案例数据\项目四\4-数据整理.mdb"文件，然后单击"打开"按钮，如图 4-13 所示。

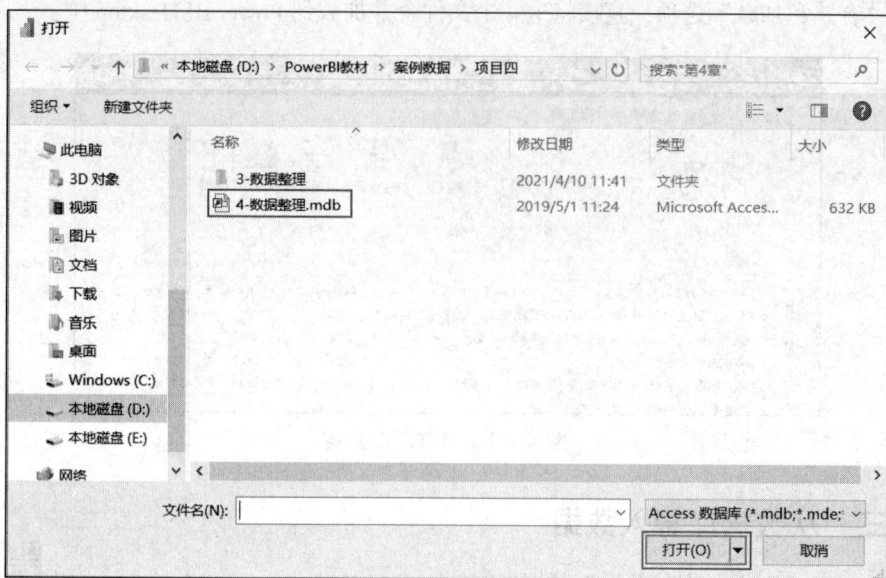

图 4-13 选择数据库文件

步骤 03 在"导航器"窗口中选择左侧的 4 张表，然后单击"加载"或"转换数据"按钮，如图 4-14 所示。

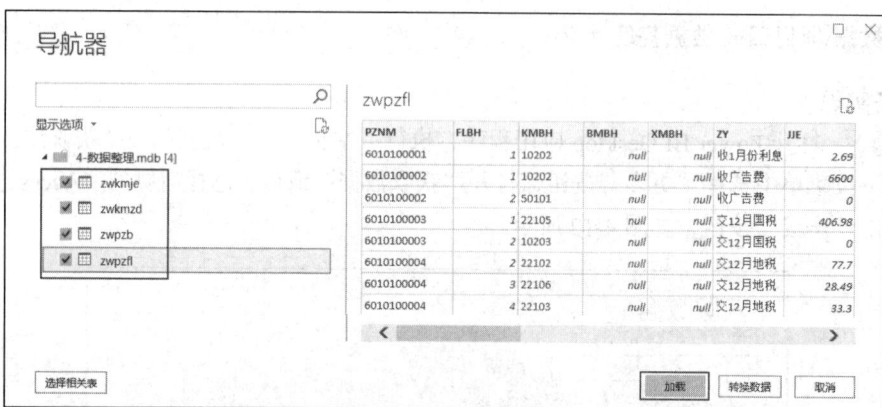

图 4-14 加载数据库

!!!提示

（1）若要导入 SQL Server 数据库文件，可执行"主页"→"数据"→"获取数据"→"SQL Server"命令，然后输入 SQL Server 服务器地址和数据库名称，数据连接模式可以选择"导入"模式或者"DirectQuery"（直接查找）模式，如图 4-15 所示。

（2）若要导入 MySQL 数据库文件，应先到 MySQL 官方网站下载相应版本的 Connet/Net 驱动程序并进行安装。

图 4-15　导入 SQL Server 数据库文件

（3）若要导入 Oracle 数据库文件，必须安装 Oracle 客户端。

（4）若要导入 SAP HANA 数据库文件，则必须在本地计算机上安装 SAP HANA ODBC 驱动程序，使 Power BI Desktop 和 SAP HANA 数据连接正常运行。用户可以从 SAP 软件下载中心下载 SAP HANA ODBC 驱动程序。

（5）若要导入 SAP Business Warehouse（BW）数据库，必须在本地计算机上先安装 SAP NetWeaver 库。用户可以直接从 SAP 软件下载中心下载 SAP NetWeaver 库。

子任务四　从网页导入数据

对于外部数据的抓取，Power BI 提供了从网页直接提取数据的功能。

下面以 NBA 中国官方网站 2020—2021 年常规赛中各球员的数据为例，介绍如何从网页中提取数据。

访问 NBA 中国官方网站，获取 2020—2021 年常规赛中球员的数据，如图 4-16 所示。

图 4-16　NBA 中国官方网站数据

【任务实现】

步骤01　打开 Power BI Desktop 应用程序，执行“主页”→“数据”→“获取数据”→“Web”

命令，如图 4-17 所示。

图 4-17　从 Web 页面获取数据

步骤 02　在 URL 栏输入 NBA 中国官方网站的 Web 地址，并单击"确定"按钮，如图 4-18 所示。

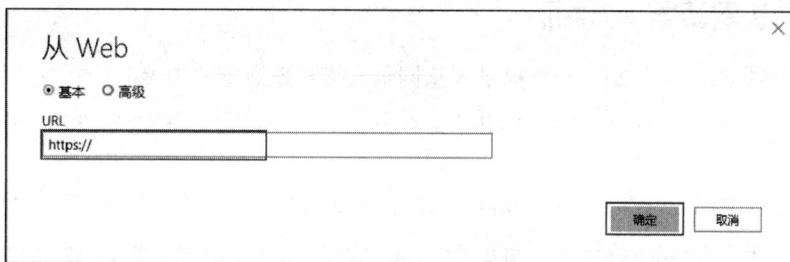

图 4-18　输入 Web 地址

步骤 03　在左侧窗口中选择"表 1"，然后单击"加载"或"转换数据"按钮，如图 4-19 所示。

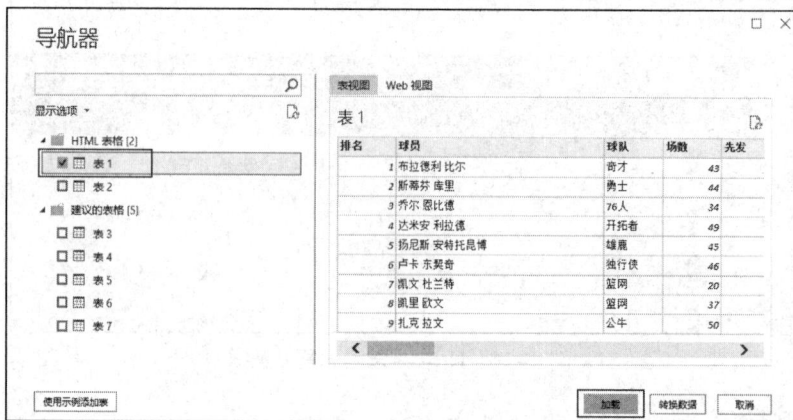

图 4-19　加载数据

子任务五　从其他数据源导入数据

Power BI 还可以从 Spark 文件、Hadoop 文件（HDFS）、R 脚本、Python 脚本等更多数据源获取数据，如图 4-20 所示。具体操作方法与从文件、数据库中获取数据的方法类似，这里不再赘述。

图 4-20　从其他数据源获取数据

子任务六　重新设定数据源

当已经设定数据源的文件发生移动时（如发送给其他人员查询、编辑，购书读者打开下载的演示文件时），因数据源文件的绝对路径发生变化，就有可能需要重新设定数据源。

执行"主页"→"查询"→"转换数据"→"数据源设置"命令，然后在打开的窗口中单击"更改源"按钮，即可根据实际情况更改数据源，如图 4-21 所示。

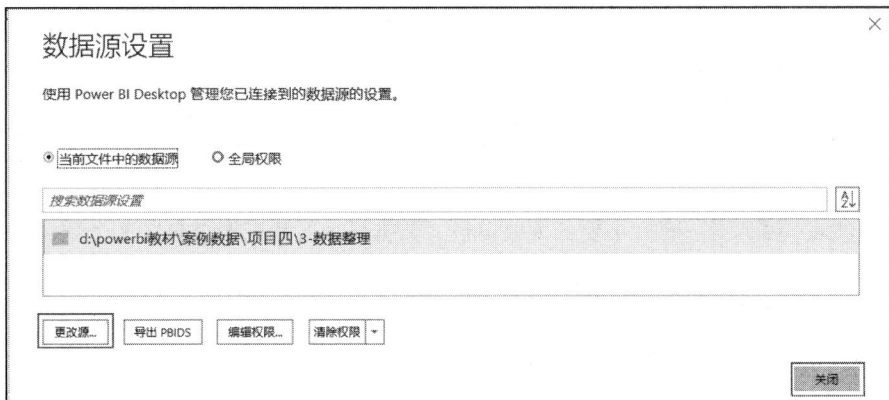

图 4-21　重新设定数据源

任务三 数据整理

数据整理也叫数据处理或数据清洗，是指对从各类数据源导入的数据，通过一定的方法将其整理成符合要求的数据，然后加载到数据模型中，进行数据可视化。Power BI Desktop 获取数据后，可以通过 Power Query 编辑器对数据进行整理和清洗，如对数据进行类型转换、拆分、提取、归并等操作，以满足可视化分析的需要。

子任务一 Power Query 编辑器和 M 语言

下面我们简单介绍一下 Power Query 编辑器和 M 语言。

1. Power Query 编辑器

Power Query 编辑器是集成在 Power BI Desktop 中的一个应用程序，当需要对数据进行整理和清洗时，系统就会打开 Power Query 编辑器。

当 Power BI Desktop 已经导入数据表后，执行"主页"→"查询"→"转换数据"→"转换数据"命令后，即可打开"Power Query 编辑器"窗口，如图 4-22 所示。

微课 4-3-1

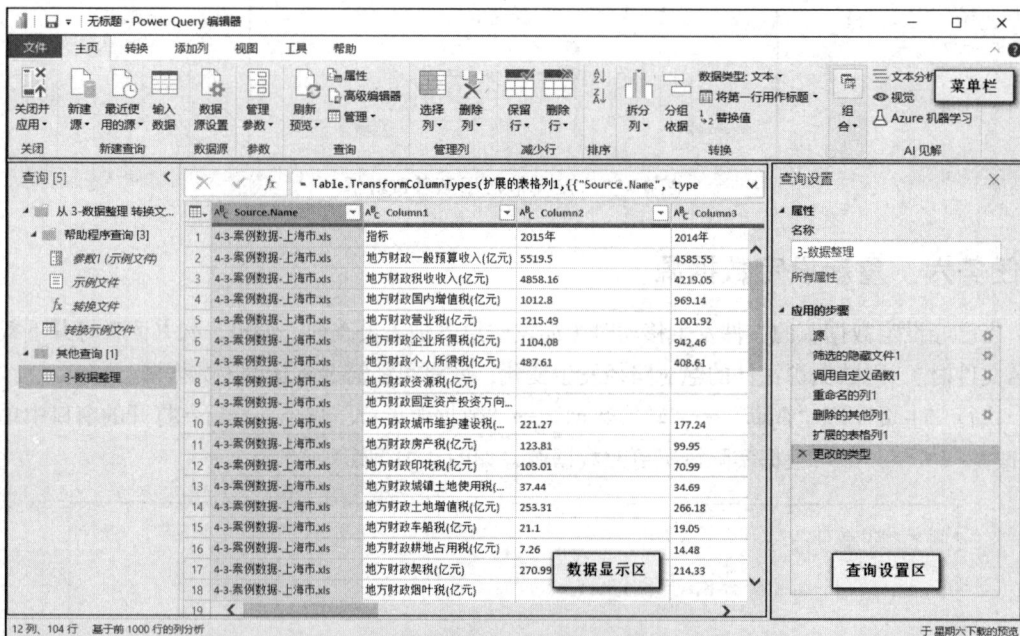

图 4-22 "Power Query 编辑器"窗口

"Power Query 编辑器"窗口主要分为菜单栏、数据显示区和查询设置区 3 个区域。

菜单栏包括"文件""主页""转换""添加列""视图""工具""帮助"等菜单项，主要执行对数据进行清理的各类操作。

数据显示区可显示每张表的编辑查询结果，并可将编辑后的、符合要求的查询结果通过"关闭并应用"命令上传到数据模型中。

查询设置区包括"属性"和"应用的步骤"两部分。项目三中讲过，在"应用的步骤"中，系统会自动记录 Power Query 编辑器的每一步操作，若想删除某一步，则单击该步骤前的 ✕ 按钮即可。用户也可单击步骤名称，查看此步骤的操作结果。

2. M 语言

在"Power Query 编辑器"窗口，通过鼠标进行的每一步操作，后台都会记录下来并生成 M 语言代码。执行"主页"→"查询"→"高级编辑器"命令，可查看自动生成的 M 语言代码，如图 4-23 所示。

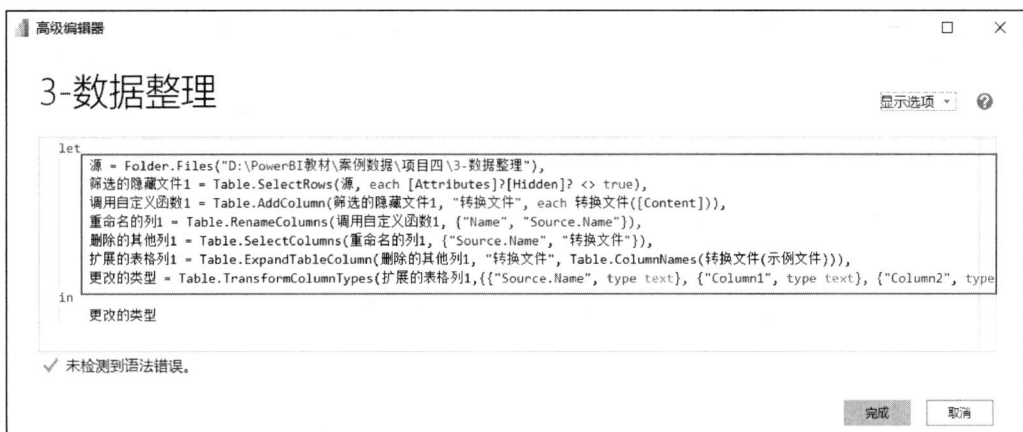

图 4-23　系统生成的 M 语言代码

M 语言的公式函数非常庞大且相对复杂，对于初学者来说，大部分的数据清洗任务通过鼠标操作就能实现，整个清洗、整理过程都是可视且可恢复的，因此不建议使用 M 语言代码。如果是高级用户且执行的数据清洗任务比较复杂，可以直接在高级编辑器中编写 M 代码实现。

子任务二　数据的行、列操作和筛选

通过数据的行、列操作和筛选，用户可将原始数据表中符合要求的数据保留，并上载到数据模型中进行数据可视化。

微课 4-3-2

1. 数据的行操作

Power Query 编辑器中的行操作主要包括"删除行"和"保留行"两种，二者的操作思路类似，操作结果相反。其中，"删除行"的操作具体包括 6 种，如表 4-1 所示。

表 4-1　　　　　　　　　　各项"删除行"操作的含义

操作	含义
删除最前面几行	删除表中的前 N 行
删除最后几行	删除表中的后 N 行
删除间隔行	删除表中从特定行开始固定间隔的行
删除重复项	删除当前选定列中包含重复值的行
删除空行	从表中删除所有空行
删除错误	删除当前选定列中包含错误（Error）的行

（1）删除表中不需要的行，并将新的表格首行提升为列标题。

下面以 2006—2015 年国家财政收入年度数据为例，介绍如何删除表中不需要的行，并将新的表格首行提升为列标题。

案例数据\项目四\6-数据整理.xlsx

【任务实现】

步骤01 加载案例数据后，在"Power Query 编辑器"窗口执行"主页"→"减少行"→"删除行"→"删除最前面几行"命令，如图 4-24 所示。

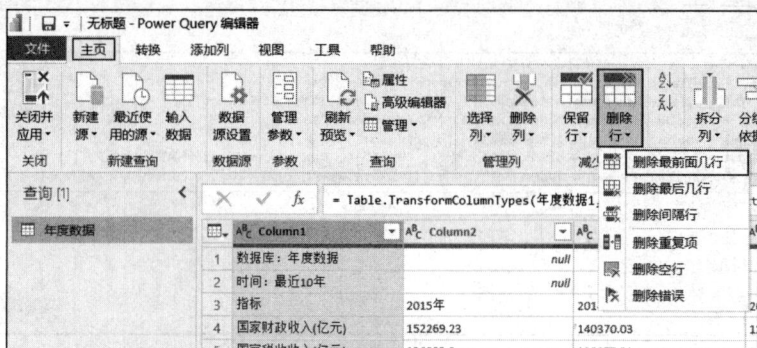

图 4-24 "删除最前面几行"命令

步骤02 在打开的窗口中可以指定要删除最前面多少行，我们在这里将行数设为"2"，并单击"确定"按钮，如图 4-25 所示。

图 4-25 输入要删除的行数

步骤03 这样即可把最前面的两行删除。按照同样的方法，我们再删除最后两行。

步骤04 执行"转换"→"表格"→"将第一行用作标题"命令，如图 4-26 所示。

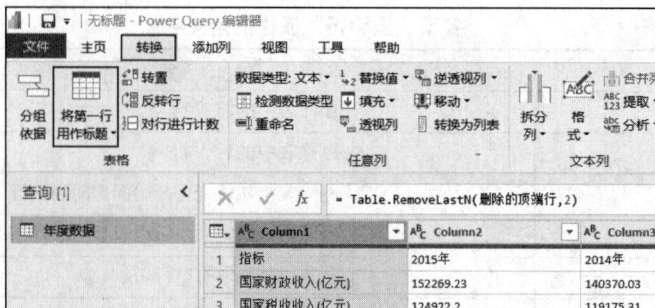

图 4-26 将第一行用作标题

步骤 05 这时即可将首行提升为列标题，结果如图 4-27 所示。

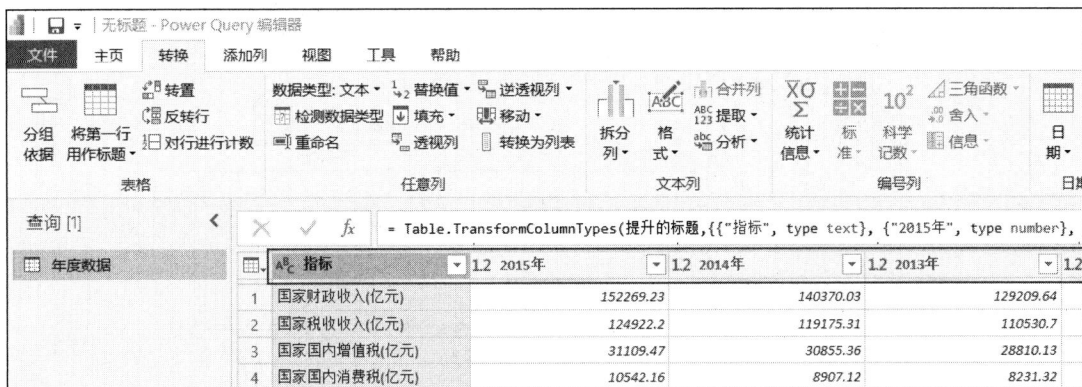

图 4-27　将首行提升为列标题

步骤 06 执行"文件"→"关闭并应用"命令，即可将整理好的数据上载到数据模型中。

（2）删除表中的错误行。

下面以某淘宝店铺的日访问量和日销售数据为例，介绍如何删除表中的错误行。

案例数据\项目四\7-数据整理.xlsx

【任务实现】

步骤 01 加载案例数据后，在"Power Query 编辑器"窗口单击"日期"字段前的 ABC123 按钮，将数据类型改为"整数"，则表中出现两个错误（Error）行，如图 4-28 所示。

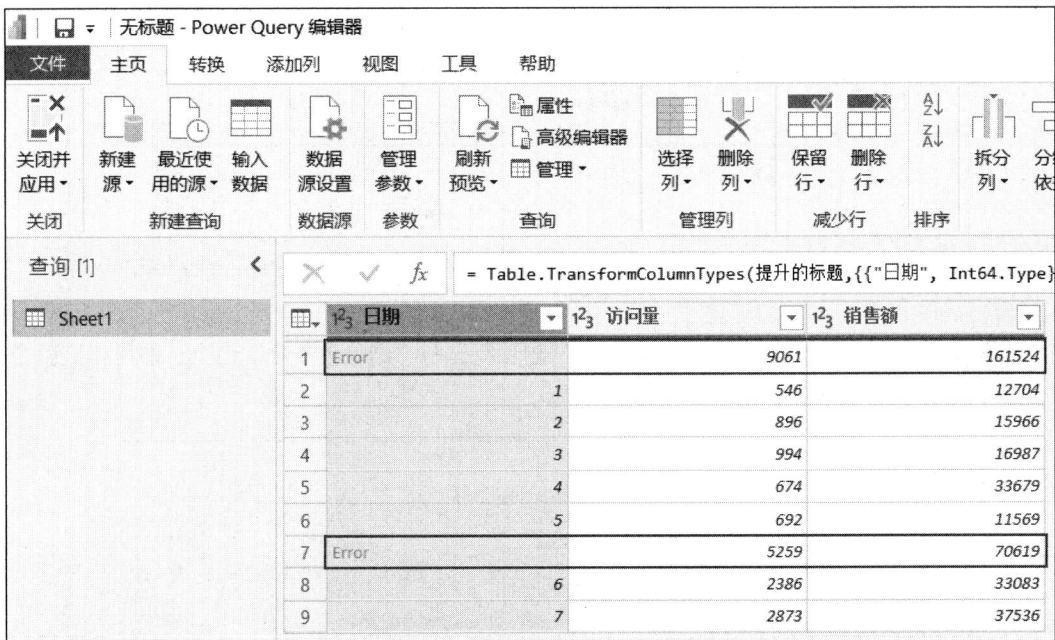

图 4-28　查看表中的错误行

步骤 02 执行"主页"→"减少行"→"删除行"→"删除错误"命令，结果如图 4-29 所示。

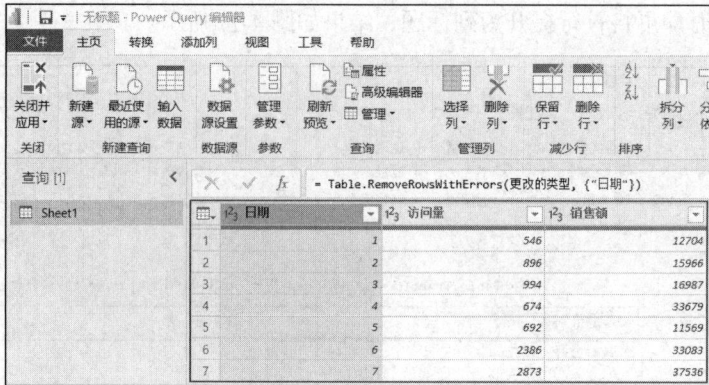

图 4-29　删除错误行

（3）删除表中的重复项。

下面以某连锁店的销售数据为例，介绍如何删除表中的重复项，目的是将客户的最大订单销售额保留在查询表中。

案例数据\项目四\8-数据整理.xlsx

【任务实现】

步骤01　加载案例数据后，在"Power Query 编辑器"窗口单击"客户名称"和"金额"字段后的▼按钮，将"客户名称"字段按升序排序，将"金额"字段按降序排序，如图 4-30 所示。

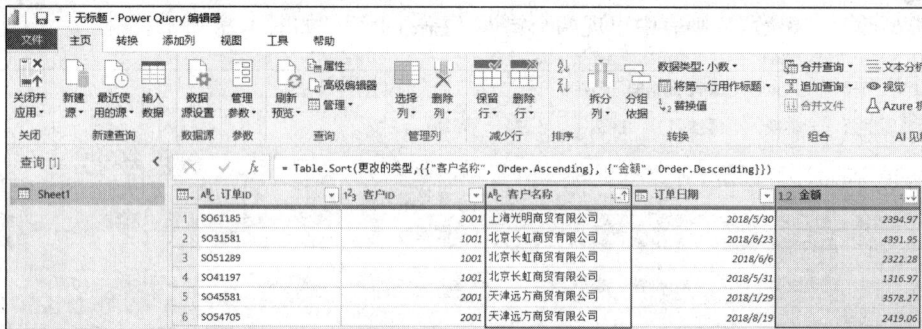

图 4-30　对字段排序

步骤02　执行"主页"→"减少行"→"删除行"→"删除重复项"命令，即可得到每个客户的最大订单销售额数据，结果如图 4-31 所示。

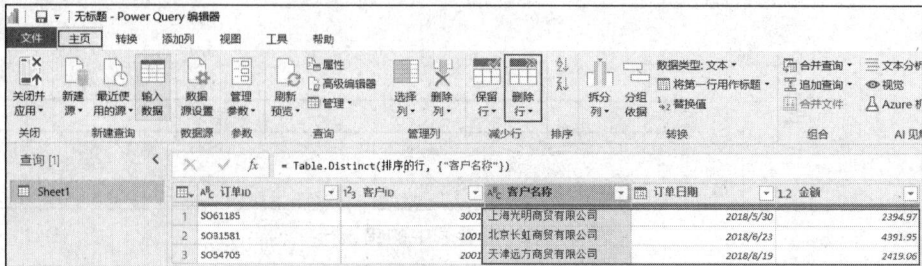

图 4-31　每个客户的最大订单销售额

2. 数据的列操作

Power Query 编辑器中的列操作主要包括"选择列"和"删除列"两种。"选择列"操作可以通过选择的方式将需要的列保留在 Power Query 编辑器中；"删除列"操作可以删除选中的列或删除选中列以外的其他列。

下面以 2006—2015 年国家财政收入年度数据为例，删除数据表中 2006—2010 年的国家财政收入年度数据。

案例数据\项目四\9-数据整理.xlsx

【任务实现】

步骤 01 加载案例数据后，在"Power Query 编辑器"窗口将首行升为标题，然后按住"Ctrl"键并依次选中 2006 年到 2010 年各列，执行"主页"→"管理列"→"删除列"→"删除列"命令，如图 4-32 所示。

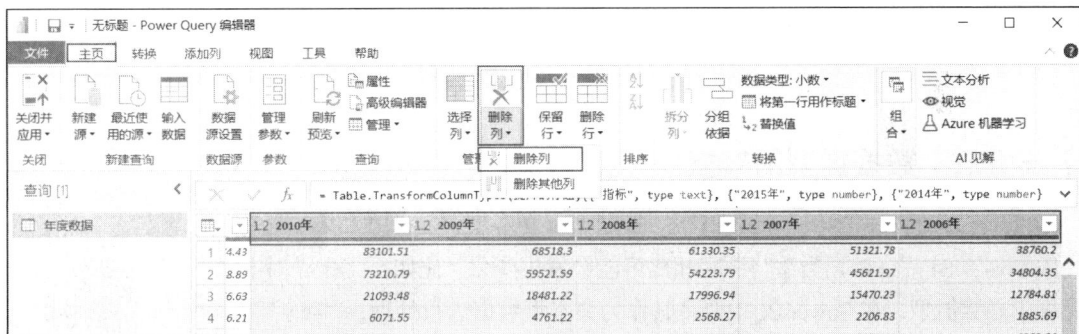

图 4-32　"删除列"命令

步骤 02 这时可以发现，窗口中只保留了 2011—2015 年的国家财政收入年度数据，2006—2010 年的数据已被删除。

此时若执行"主页"→"管理列"→"删除列"→"删除其他列"命令，则会删除 2011—2015 年的数据，保留 2006—2010 年的数据。

3. 数据的筛选操作

数据的筛选操作实质上是行操作的一种情况。通过筛选操作，可以将需要的、符合要求的数据行保留在 Power Query 编辑器中。

下面仍以 2006—2015 年国家财政收入年度数据为例，将表中不需要的数据行删除。

案例数据\项目四\10-数据整理.xlsx

【任务实现】

步骤 01 加载案例数据后，我们在"Power Query 编辑器"窗口单击第一个字段（Column1）右侧的 ▼ 按钮，可以看到"数据库：年度数据""数据来源：国家统计局""时间：最近 10 年""注：财政收入中不包括国内外债务收入。"这 4 个空值行都排在最后。

步骤 02 取消选中这 4 个空值行，然后单击"确定"按钮，如图 4-33 所示。

此时可以发现，表中不需要的前两行数据和后两行数据均已被删除。

图 4-33　删除空值行

子任务三　数据类型的转换

Power BI 的数据类型包括数值型、日期型、文本型、其他类型等。数据被导入 Power BI 后，数据类型与源表相比可能会发生变化。比如，"编码"字段在源表中是数值型，在 Power BI 中要将其作为文本型数据进行处理；"年份"字段在源表中是文本型数据"2021 年"，导入 Power BI 后会自动转换为日期型数据"2021 年 1 月 1 日"，这时我们需要将其转换为原来的文本型数据"2021 年"。

下面我们以 2021 年 1 月的"日期表"为例，将表中"年"和"月"字段数据恢复成源表中的文本型数据。

微课 4-3-3

案例数据\项目四\11-数据整理.xlsx

【任务实现】

步骤 01　加载案例数据后，我们可以看到"Power Query 编辑器"窗口的"日期表"如图 4-34 所示。

图 4-34　导入日期表

步骤 02 单击"年"字段前的按钮，从弹出的下拉菜单中选择"文本"选项，如图 4-35所示。

图 4-35　设置字段类型

步骤 03 在打开的"更改列类型"窗口中单击"替换当前转换"按钮，即可将"年"字段数据由日期型转变为文本型，如图 4-36 所示。

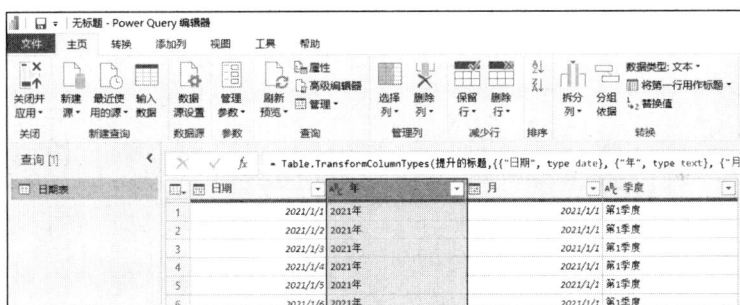

图 4-36　数据类型转换结果

步骤 04 同理，我们再把"月"字段由日期型转变为文本型。

子任务四　数据格式的转换

在对数据完成行、列操作和筛选后，我们通常还要对数据的格式进行转换。因为在实际工作中，很多数据是人工输入的，不规范的情况在所难免。比如，名字后带空格、单元格中带多行回车符、英文名称大小写不统一等。

常见的格式操作如表 4-2 所示。

微课 4-3-4

表 4-2　　　　　　　　　　　　常见的格式操作

操作	含义
小写	将所选列中的所有字母都转换为小写字母
大写	将所选列中的所有字母都转换为大写字母

续表

操作	含义
每个字词首字母大写	将所选列中每个字词的第一个字母替换成大写字母（适用于英文姓名的首字母）
修整	从所选列的每个单元格中删除前导空格和尾随空格
清除	清除所选单元格中的非打印字符（例如，行回车符）
添加前缀	向所选列中的每个值开头添加指定的字符（例如，在所有编码前加字符 Num）
添加后缀	向所选列中的每个值末尾添加指定的字符

下面以某健身会所的会员信息为例，介绍如何删除表中不正确的格式。该会员信息表中黄色标出的为不正确的格式：①中文姓名前后有空格；②中文姓名中有多行回车符；③英文姓名都为大写或小写；④"出生年份"字段中存在多余的"年"字。

案例数据\项目四\12-数据整理.xlsx

【任务实现】

步骤 01 加载案例数据后，在"Power Query 编辑器"窗口，选中"姓名"列，分别执行"转换"→"文本列"→"格式"→"修整"命令和"转换"→"文本列"→"格式"→"清除"命令，如图 4-37 所示。

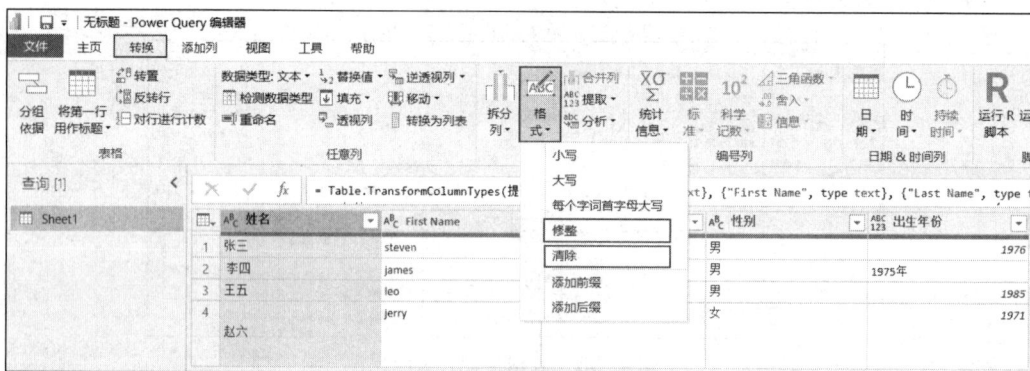

图 4-37 "修整"和"清除"命令

步骤 02 系统将清除"姓名"列中"李四"前的空格和"赵六"中的回车符，结果如图 4-38所示。

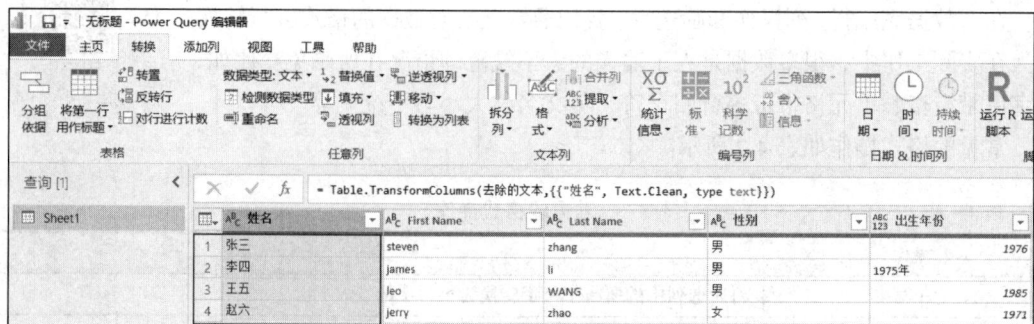

图 4-38 修整、清除后的结果

步骤03 选中"First Name"和"Last Name"两列，均执行"转换"→"格式"→"小写"命令，将英文姓名先转换成小写；然后再执行"转换"→"文本列"→"格式"→"每个字词首字母大写"命令，将英文姓名的首字母变为大写，结果如图4-39所示。

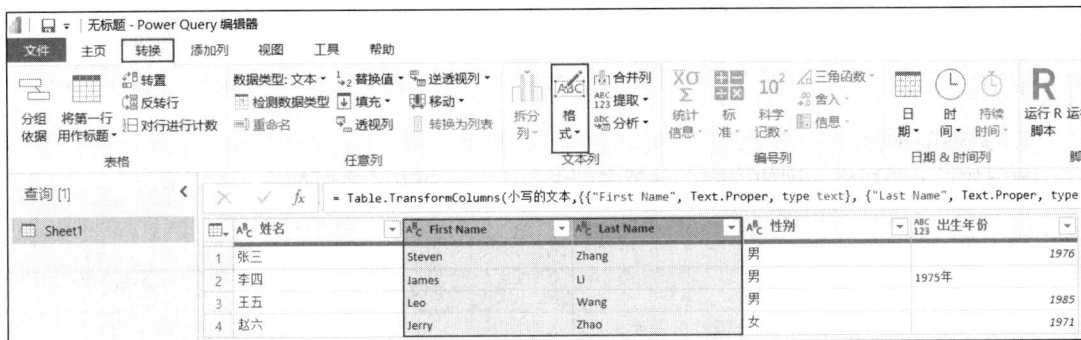

图4-39 英文名字首字母改为大写

步骤04 将"出生年份"字段先变成文本型，然后对该列执行"转换"→"任意列"→"替换值"→"替换值"命令，输入要查找的值为"年"，将其替换为空，如图4-40所示。

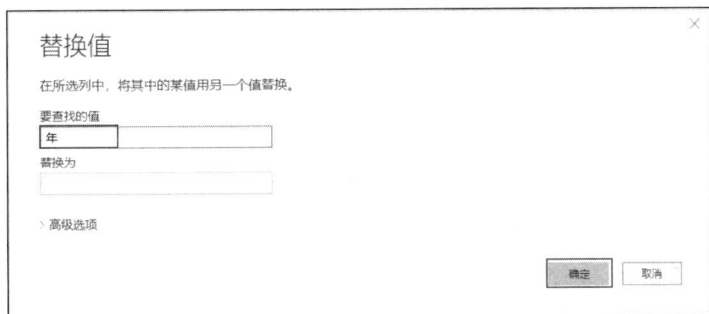

图4-40 数据替换

步骤05 单击"确定"按钮，再将"出生年份"字段变为整数型，结果如图4-41所示。

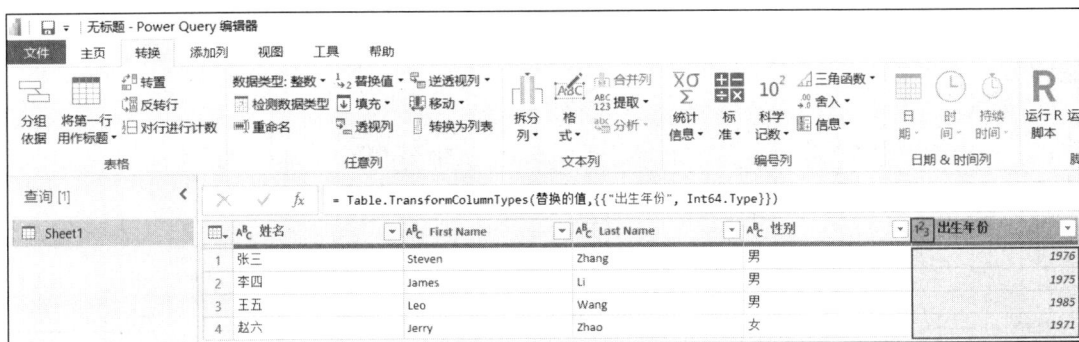

图4-41 调整后的结果

子任务五 数据的拆分、提取和合并

数据处理中经常要用到数据的拆分、提取和合并操作，从而得到符合数据分析要求的数据。

在 Excel 中，用户通过函数功能可以完成一定的数据拆分、提取和合并操作。在 Power BI 的 Power Query 编辑器中，用户只需通过鼠标操作即可实现上述功能。

Power Query 编辑器的"转换"菜单和"添加列"菜单中都有"提取"和"合并列"命令。执行"转换"菜单中的"提取"和"合并列"命令后，原列不保留；而执行"添加列"菜单中的"提取"和"合并列"命令后，原列保留，并会生成新的列。

微课 4-3-5

1. 数据的拆分

数据的拆分是指将一列的内容拆分至多列中。拆分列的方式主要如表 4-3 所示。

表 4-3   常用数据拆分操作

操作	含义
按分隔符拆分	按指定的分隔符拆分列，主要选项如下。 • 最左侧的分隔符 • 最右侧的分隔符 • 每次出现分隔符时
按字符数拆分	按指定的字符数拆分列，主要选项如下。 • 一次，尽可能靠左 • 一次，尽可能靠右 • 重复
其他拆分	• 按照大写到小写（或小写到大写）的转换 • 按照数字到非数字（或非数字到数字）的转换

下面以某健身会所的会员信息为例，将其中的"姓名"字段拆分成"姓"和"名"两个字段。

案例数据\项目四\13-数据整理.xlsx

【任务实现】

（步骤 01） 加载案例数据后，在"Power Query 编辑器"窗口选中"姓名"列，执行"添加列"→"常规"→"重复列"命令，将"姓名"列复制一份，结果如图 4-42 所示。

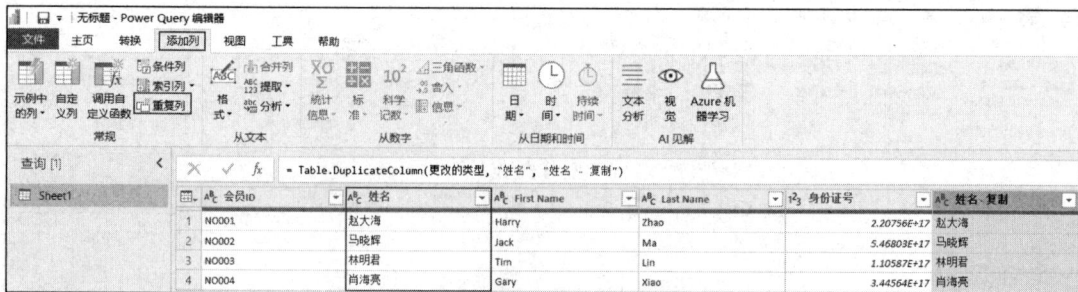

图 4-42 复制"姓名"列

（步骤 02） 选中"姓名-复制"列，执行"转换"→"文本列"→"拆分列"→"按字符数"命令，输入拆分字符数为"1"，选择拆分模式为"一次，尽可能靠左"，如图 4-43 所示。

（步骤 03） 单击"确定"按钮，将"姓名-复制"字段拆分成两列，拆分后的字段名分别改为

"姓"和"名",结果如图 4-44 所示。

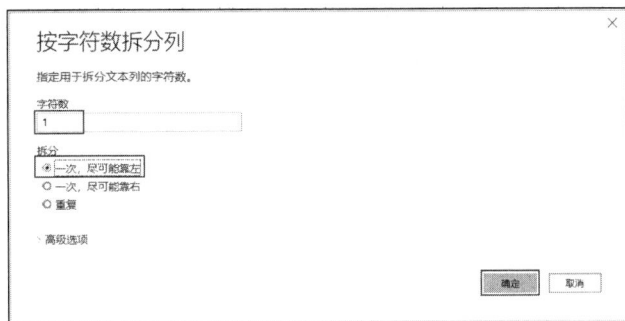

图 4-43　设置重复列的属性

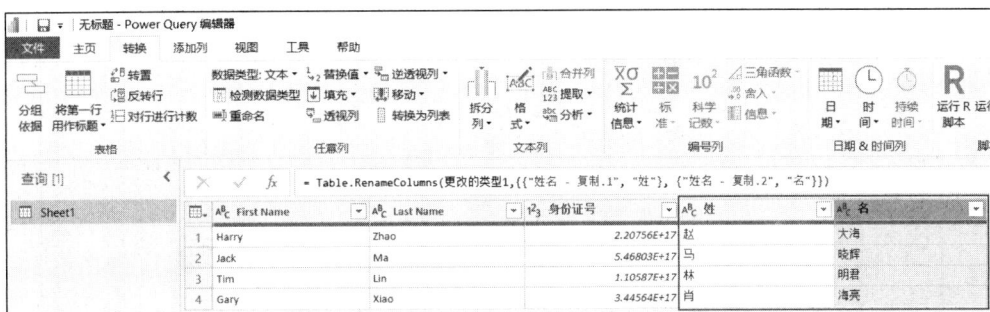

图 4-44　拆分列

2. 数据的提取

数据的提取是指从文本中提取某些需要的字符。常用的数据提取方式如表 4-4 所示。

表 4-4　　　　　　　　　　　　　　　常用的数据提取方式

方式	含义
长度	提取字符串的长度
首字符	提取数据开始的 N 个字符（类似 Excel 中的 Left 函数）
尾字符	提取数据结尾的 N 个字符（类似 Excel 中的 Right 函数）
范围	提取数据中间的 N 个字符（类似 Excel 中的 Mid 函数）
分隔符控制的文本	提取分隔符之前（之后、之间）的文本

下面仍以前述健身会所的会员信息为例,从"身份证号"字段中提取出生年份信息。

案例数据\项目四\14-数据整理.xlsx

【任务实现】

步骤 01 加载案例数据后,在"Power Query 编辑器"窗口选中"身份证号"列,将其数据类型转换为文本型,如图 4-45 所示。

步骤 02 执行"添加列"→"从文本"→"提取"→"范围"命令,在"提取文本范围"对话框中将起始索引设为"6"（起始索引为要提取的字符前面的字符数）,将字符数设为"4",如图 4-46 所示。

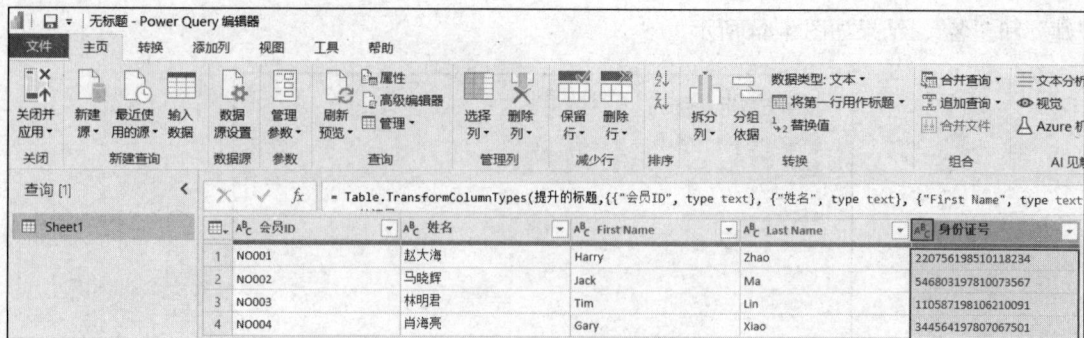

图 4-45　将"身份证号"字段的数据类型改为文本型

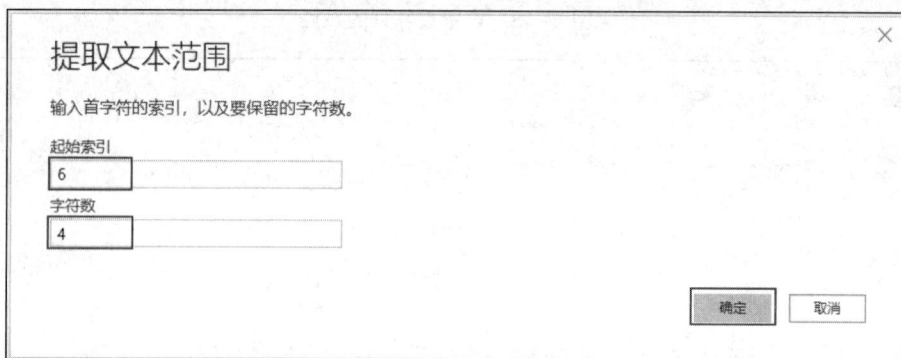

图 4-46　设置提取文本范围

步骤 03　单击"确定"按钮，系统将提取出一个新的"年份"列。将该列的字段名称修改为"出生年份"，并执行"转换"→"文本列"→"格式"→"添加后缀"命令，然后将后缀值设为"年"，单击"确定"按钮，结果如图 4-47 所示。

图 4-47　添加后缀"年"

3. 数据的合并

数据的合并是将选中的多列数据合并到一列中。执行"转换"命令合并列后，原列被删除；而使用"添加列"菜单合并列后，原列被保留。

下面仍以健身会所的会员信息为例，将其中的英文姓名合并成一列，并把原列删除。

案例数据\项目四\15-数据整理.xlsx

【任务实现】

步骤 01 加载案例数据后，在"Power Query 编辑器"窗口按住"Ctrl"键，同时选中"First Name"和"Last Name"两列，执行"转换"→"文本列"→"合并列"命令，并将分隔符设为"空格"，输入新列名为"Name"，如图 4-48 所示。

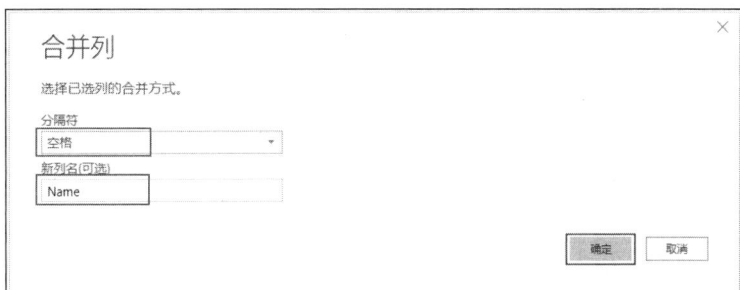

图 4-48　设置合并列的属性

步骤 02 单击"确定"按钮，即可将英文姓名合并，结果如图 4-49 所示。

图 4-49　合并后的效果

子任务六　数据的转置和反转

数据的转置和反转是 Power BI 数据整理中常见的操作。

1. 数据的转置

数据的转置能实现数据的行列互换，即行变成列，列变成行。

下面以某电子公司各月的产品销售数据为例，将表中的数据实现行列互换。

微课 4-3-6

案例数据\项目四\16-数据整理.xlsx

【任务实现】

步骤 01 加载案例数据后，在"Power Query 编辑器"窗口执行"转换"→"表格"→"转置"命令，如图 4-50 所示。

步骤 02 继续执行"转换"→"表格"→"将第一行用作标题"命令，并将"项目"字段的数据类型改为文本型，结果如图 4-51 所示。

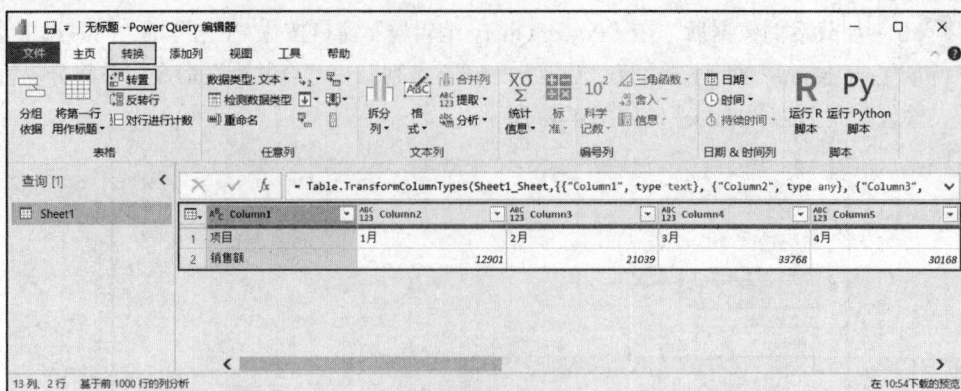

图 4-50　转置结果

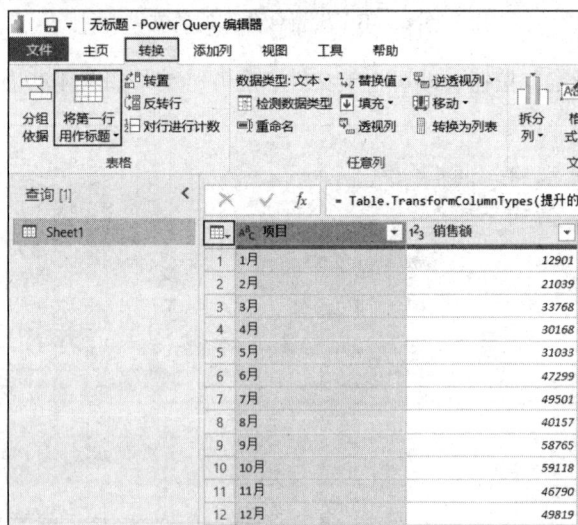

图 4-51　将第一行用作标题

2. 数据的反转

反转行是将行的顺序颠倒，将最后一行变为第一行，将倒数第二行变为第二行，以此类推。比如，在客户购买记录表中，想保留每位客户最近一次的购买记录，则可以先反转行，然后再删除重复项。

下面仍以前述公司各月的销售数据为例，进行反转行的操作。

案例数据\项目四\17-数据整理.xlsx

【任务实现】

步骤 01 加载案例数据后，在"Power Query 编辑器"窗口，先将"项目"字段的数据类型改为文本型。

步骤 02 执行"转换"→"表格"→"反转行"命令，反转结果如图 4-52 所示。

图 4-52　反转结果

子任务七　数据的透视和逆透视

数据的透视和逆透视是 Power Query 编辑器中非常重要的功能，主要实现的是二维表和一维表之间的转换。

1. 数据的透视

透视列可以将一维表转换成二维表。在数据分析中，若没有特殊情况，一般使用一维表数据。特殊情况下，才需要将一维表数据转换为二维表数据，这时就要用到透视列的操作。

下面以某公司 4 种产品各月的销售数据为例，将一维表透视成二维表。

微课 4-3-7

案例数据\项目四\18-数据整理.xlsx

【任务实现】

步骤 01　加载案例数据后，在"Power Query 编辑器"窗口，将"月份"字段的数据类型改为文本型，然后执行"转换"→"任意列"→"透视列"命令，并将值列选择为"销售额"，如图 4-53 所示。

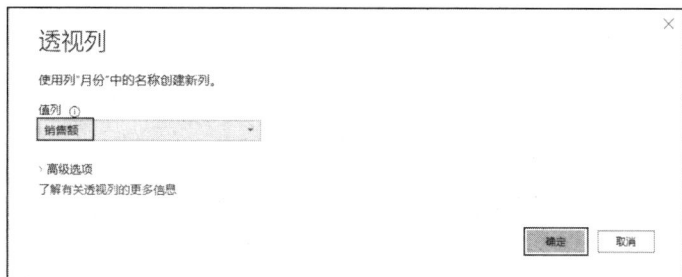

图 4-53　设置透视列的属性

步骤 02 单击"确定"按钮，即可将一维表数据透视成二维表数据，结果如图 4-54 所示。

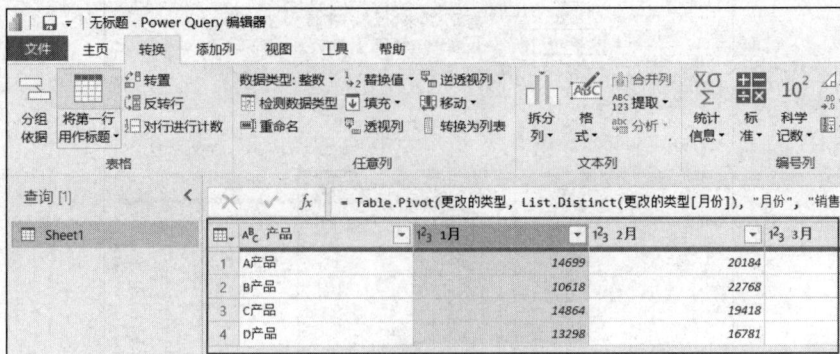

图 4-54　数据透视的结果

2. 数据的逆透视

将二维表转换为一维表的过程称为逆透视。实际工作中，我们拿到的报表往往是二维表，进行数据分析时，最好将二维表转换成一维表，此时就要用到数据的逆透视操作。此操作在数据分析中尤为重要。

下面仍以前述公司 4 种产品各月的销售数据为例，将二维表透视成一维表。

案例数据\项目四\19-数据整理.xlsx

【任务实现】

步骤 01 加载案例数据后，在"Power Query 编辑器"窗口执行"转换"→"表格"→"将第一行用作标题"命令，将首行提升为标题。

步骤 02 按住"Shift"键，同时选中"1 月"至"12 月"列，执行"转换"→"任意列"→"逆透视列"命令，如图 4-55 所示。然后将"属性"字段名称改为"月份"，将"值"字段名称改为"销售额"。

图 4-55　"逆透视列"命令

也可选中"产品"列，执行"转换"→"任意列"→"逆透视列"→"透视其他列"命令，将"属性"字段名称改为"月份"，将"值"字段名称改为"销售额"。

子任务八　设置分组依据

Power BI 中的分组依据类似于 Excel 中的分类汇总功能，可以按照某一分类对某行数据或某列数据进行聚合运算。分组依据不仅有数据清洗功能，还具备一定的数据分析功能，这部分功能与 Power Pivot 中的功能有重合。在实际应用中，最好使用 Power Query 做数据处理，使用 Power Pivot 做数据分析，将这两个功能分开使用。

下面仍以前述公司的产品销售数据为例，按客户名称统计各客户的销售总额。

微课 4-3-8

案例数据\项目四\20-数据整理.xlsx

【任务实现】

步骤 01 加载案例数据后，在"Power Query 编辑器"窗口执行"转换"→"表格"→"分组依据"命令。在"分组依据"对话框中将分组依据设为"客户名称"，将新列名设为"销售总额"，将操作设为"求和"，将柱设为"金额"，如图 4-56 所示。

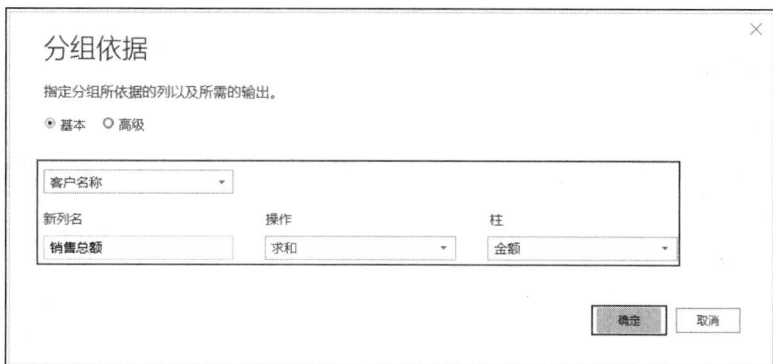

图 4-56　设置分组依据的属性

步骤 02 单击"确定"按钮，结果如图 4-57 所示。

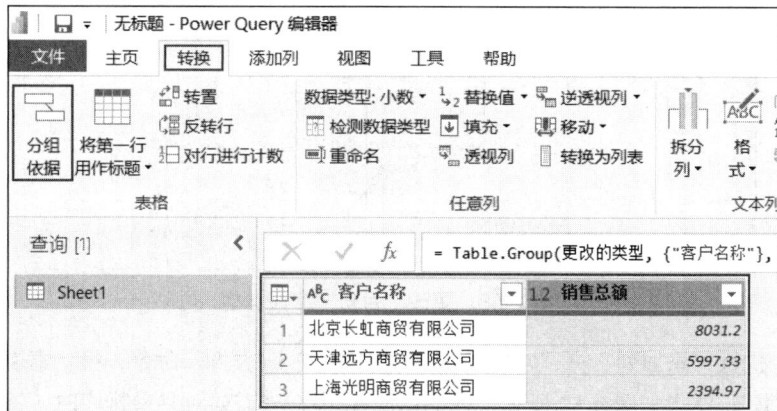

图 4-57　设置分组依据后的结果

子任务九　添加列

在对数据进行整理时，有时需要添加一些辅助列，这样对后续的数据分析非常有帮助。常用的添加列操作如表 4-5 所示。

微课 4-3-9

表 4-5　　　　　　　　　　　常用的添加列操作

形式	含义
示例中的列	使用示例在表中创建新列
自定义列	通过公式创建新列
条件列	按照某一条件创建新列，类似于 Excel 中的 if 函数
索引列	创建一个新列，其中的索引从某一个数值开始
重复列	基于某列复制一个新的列

下面以某日期表数据为例，对其中的"月份"字段创建索引列，并将索引序号作为对"月份"字段排序的依据。"月份"字段的默认排序为 10 月、11 月、12 月、1 月、2 月、3 月、4 月、5 月、6 月、7 月、8 月、9 月。设置索引列，可将其按正常顺序排列，即 1 月、2 月、3 月、4 月、5 月、6 月、7 月、8 月、9 月、10 月、11 月、12 月。

案例数据\项目四\21-数据整理.xlsx

【任务实现】

步骤 01 加载案例数据后，在"Power Query 编辑器"窗口将"月份"字段类型改为文本型，如图 4-58 所示。

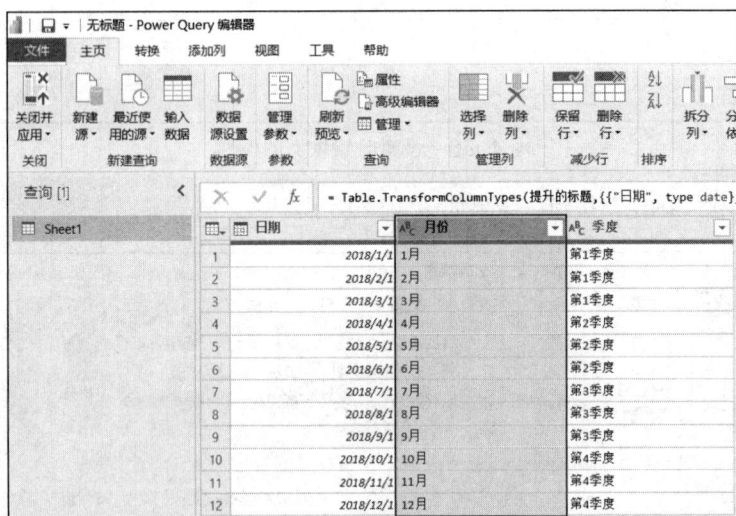

图 4-58　更改"月份"字段类型

步骤 02 执行"添加列"→"常规"→"索引列"→"从 1"命令，将"索引"字段名称改为"月排序依据"，结果如图 4-59 所示。在 Power BI 中，当需要对月份排序时，选择排序依据为"月排序依据"，即可按正常月份顺序显示数据。

图 4-59　设置索引列

子任务十　日期和时间的整理

进行数据分析时，经常需要对日期和时间维度表的日期数据和时间数据进行整理。常见的日期和时间整理操作如表 4-6 所示。

微课 4-3-10

表 4-6　　　　　　　　　　常见的日期和时间整理操作

功能	说明
年限	现在（Now）和所选日期之间的持续时间
仅日期	提取日期部分
分析	从文本格式的日期数据中提取正确的日期格式
年	年：提取日期中的年份数据，并显示为数值 年份开始值：提取日期中年份的第一天 年份结束值：提取日期中年份的最后一天
月份	月份：提取日期中的月份数据，并显示为数值 月份开始值：提取日期中月份的第一天 月份结束值：提取日期中月份的最后一天 一个月的某些日：提取月份中包含的天数 月份名称：提取日期中的月份数据，并显示为文本
季度	季度：提取日期中的年份数据，并显示为数值 年份开始值：提取日期中季度的第一天 年份结束值：提取日期中季度的最后一天
周	一年的某一周：计算年初到当前日期的周数 一月的某一周：计算月初到当前日期的周数 星期开始值：提取日期所在星期的第一天 星期结束值：提取日期所在星期的最后一天
天	天：提取日期当天的数值 一年的某一天：计算年初到当前日期的天数 每周的某一天：计算每周第一天到当前日期的天数 星期几：提取日期为星期几
最早、最新	多列日期中保留最早、最晚的一天

89

时间、持续时间（时间段）的整理思路与日期的整理思路类似，此处不再赘述。

下面以日期表数据为例，提取"日期"字段中的年、月、季度和星期几等信息，并添加到新建列中。

案例数据\项目四\22-数据整理.xlsx

【任务实现】

步骤 01 加载案例数据后，在"Power Query 编辑器"窗口选中"日期"列，执行"添加列"→"从日期和时间"→"日期"→"年"→"年"命令，得到的年份数据如图 4-60 所示。

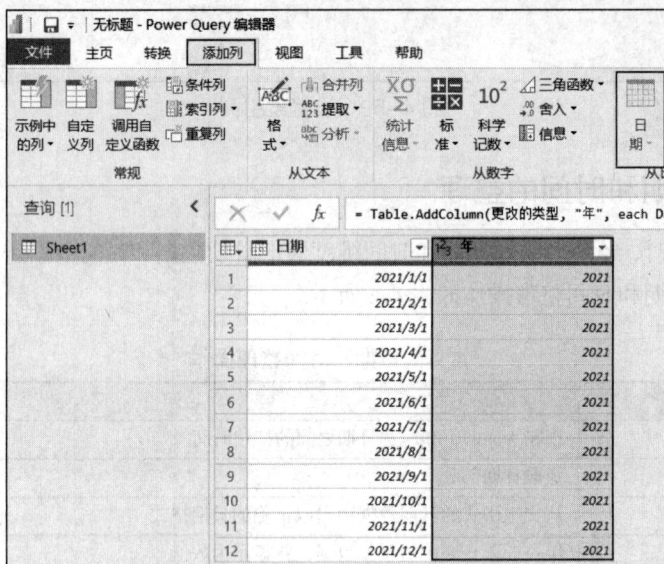

图 4-60 添加列"年"

步骤 02 选中"日期"列，执行"添加列"→"从日期和时间"→"日期"→"月"→"月"命令，得到的月份数据如图 4-61 所示。

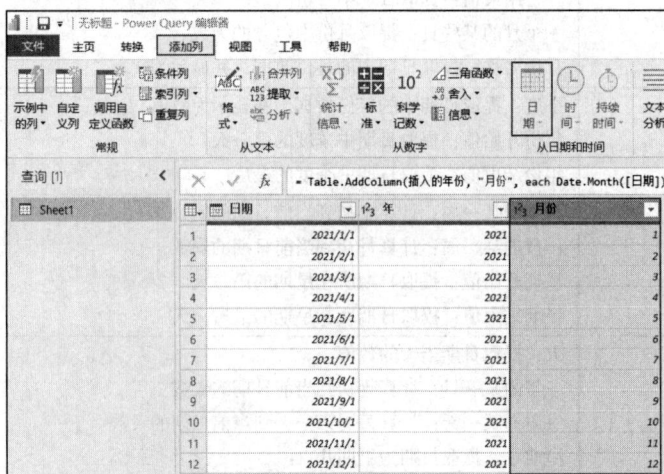

图 4-61 添加列"月"

步骤 03 选中"日期"列,执行"添加列"→"从日期和时间"→"日期"→"季度"→"一年的某一季度"命令,得到的季度数据如图 4-62 所示。

图 4-62 添加列"季度"

步骤 04 选中"日期"列,执行"添加列"→"从日期和时间"→"日期"→"天"→"星期几"命令,得到的星期数据如图 4-63 所示。

图 4-63 添加列"星期"

子任务十一 数据的基本数学运算

数据的基本数学运算包括标准运算、科学运算、三角函数、舍入和信息操作。基本数学运算的功能及含义如表 4-7 所示。

微课 4-3-11

表 4-7 基本数学运算的功能及含义

功能	含义
标准运算	加、减、乘、除、除(整数)、商、模-余数
科学运算	绝对值、幂、平方根、对数、阶乘等

续表

功能	含义
三角函数	正弦、余弦、正切等
舍入	向上舍入、向下舍入、四舍五入
信息	奇数、偶数、符号

下面以某公司的产品定价数据为例，将产品的售价由美元换算为人民币（假定 1 美元=人民币 6.5 元）计量。

案例数据\项目四\23-数据整理.xlsx

【任务实现】

步骤 01 加载案例数据后，在"Power Query 编辑器"窗口选中"售价-美元"列，执行"添加列"→"从数字"→"标准"→"乘"命令，将乘数的值设为"6.5"，如图 4-64 所示。

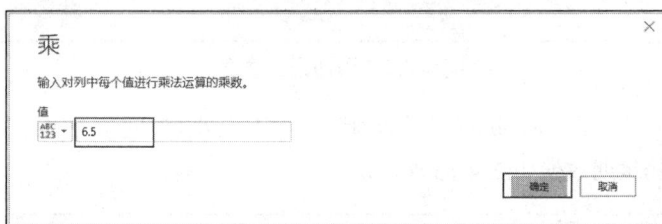

图 4-64 输入汇率值

步骤 02 单击"确定"按钮，更改新列字段名称为"售价-人民币"，如图 4-65 所示。

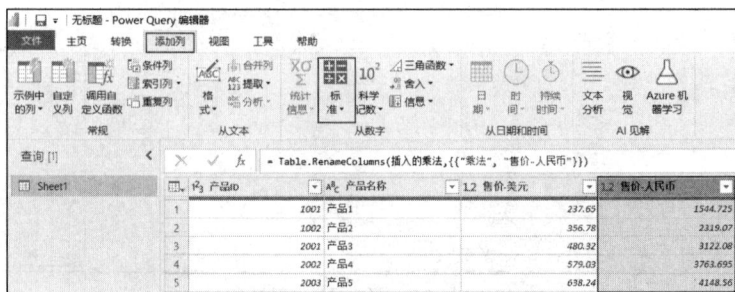

图 4-65 更改新列字段名称

步骤 03 选中"售价-人民币"列，执行"转换"→"从数字"→"舍入"→"舍入"命令，将舍入的小数位数设为"1"，如图 4-66 所示。

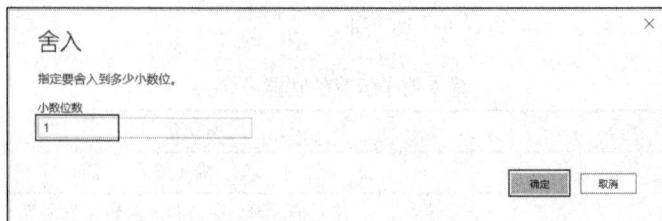

图 4-66 设置舍入的小数位数

步骤 04 单击"确定"按钮，得到由美元换算为人民币后的产品售价，如图 4-67 所示。

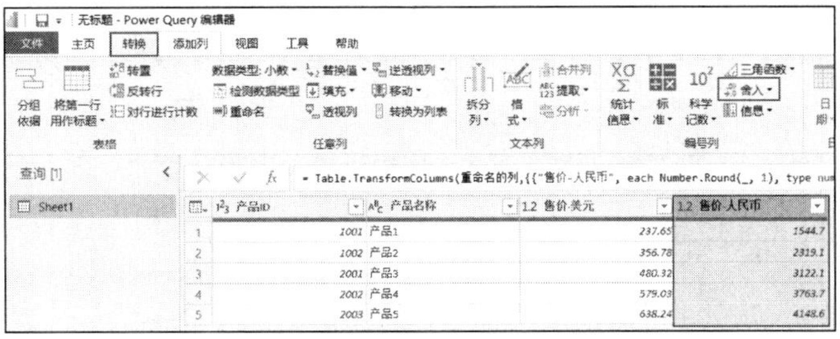

图 4-67　由美元换算为人民币后的产品售价

子任务十二　数据的组合

数据的组合主要包括追加查询与合并查询两种。

1. 追加查询

追加查询是表与表之间的纵向组合。一般情况下，追加查询是把字段一样的数据追加到一张表中，且相同字段的数据追加到同一个字段下。若两张表中存在不同的字段，则不同字段的数据单列。

进行追加查询时需要注意以下事项。

- 两张表的列名必须一致。
- 两张表的列顺序可以不一致。
- 某张表里独有的列会单独呈现。

下面以某电子公司的产品销售数据为例，将"Sheet1"和"Sheet2"两张表作追加查询。表"Sheet1"包含"订单编号""金额""客户名称"3 个字段共 6 条记录；表"Sheet2"中包含"订单编号""客户名称""客户省份""金额"4 个字段共 5 条记录。

案例数据\项目四\24-数据整理.xlsx

【任务实现】

步骤 01 加载案例数据后，表"Sheet1"和表"Sheet2"在"Power Query 编辑器"窗口中的数据显示如图 4-68 所示。

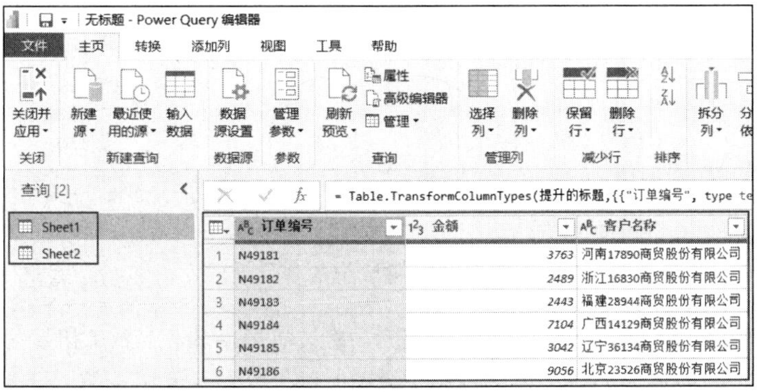

图 4-68　导入案例数据

步骤 **02** 执行"主页"→"组合"→"追加查询"→"追加查询"命令，选择要追加的表为"Sheet2"，如图 4-69 所示。

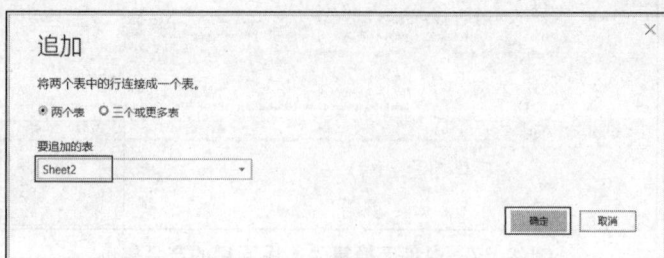

图 4-69　选择要追加的表

步骤 **03** 单击"确定"按钮，被追加后的表"Sheet1"如图 4-70 所示。

图 4-70　被追加后的表"Sheet1"

2. 合并查询

合并查询是表与表之间的横向组合，需要两张表有相互关联的字段。合并查询的新表中，会生成两张表的所有字段，而生成哪些数据记录要看两张表的联接关系。合并查询中，表的联接关系有左外部、右外部、完全外部、内部、左反、右反 6 种，如图 4-71 所示。

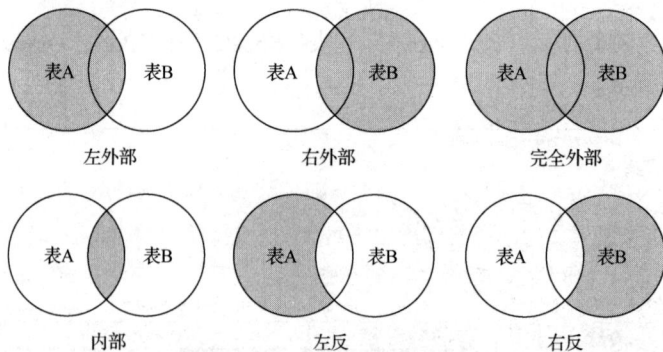

图 4-71　合并查询的 6 种情形

下面以某公司会议邀请信息和参会信息数据为例，将邀请表（1 表）和参会表（2 表）作合并查询（左外部联接）。邀请表包含"姓名"和"邀请时间"2 个字段共 5 条记录，邀请人分别是 A，

B，C，D 和 E；参会表包含"参会人"和"参会时间"2 个字段共 4 条记录，参会人分别是 D，E，F 和 G。两张表以不同联接方式合并后的结果及其表达的含义如表 4-8 所示。

表 4-8 不同联接方式合并后的结果及其含义

联接方式	结果	含义
左外部	A B C D E	1 表所有行，2 表匹配行（所有邀请人的参会信息）
右外部	D E F G	2 表所有行，1 表匹配行（所有参会人的邀请信息）
完全外部	A B C D E F G	1 表和 2 表中所有行（所有邀请及参会信息）
内部	D E	1 表和 2 表中匹配行（既邀请又参会的信息）
左反	A B C	1 表中去掉 2 表的匹配行（邀请但未参会的信息）
右反	F G	2 表中去掉 1 表的匹配行（参会但未邀请的信息）

案例数据\项目四\25-数据整理.xlsx

【任务实现】

步骤 01 加载案例数据后，邀请表和参会表在"Power Query 编辑器"窗口中的数据显示如图 4-72 所示。

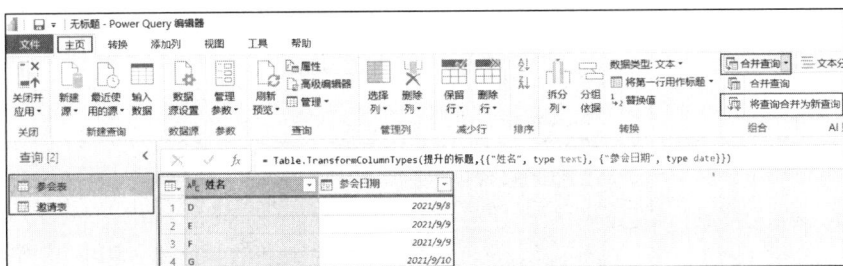

图 4-72 导入案例数据

步骤 02 执行"主页"→"组合"→"合并查询"→"将查询合并为新查询"命令，选择要合并的"邀请表"和"参会表"，双击两表的"姓名"字段，并选择联接种类为"左外部"，如图 4-73 所示。

图 4-73 合并查询的属性设置

步骤 03 单击"确定"按钮，生成新的合并表如图 4-74 所示。

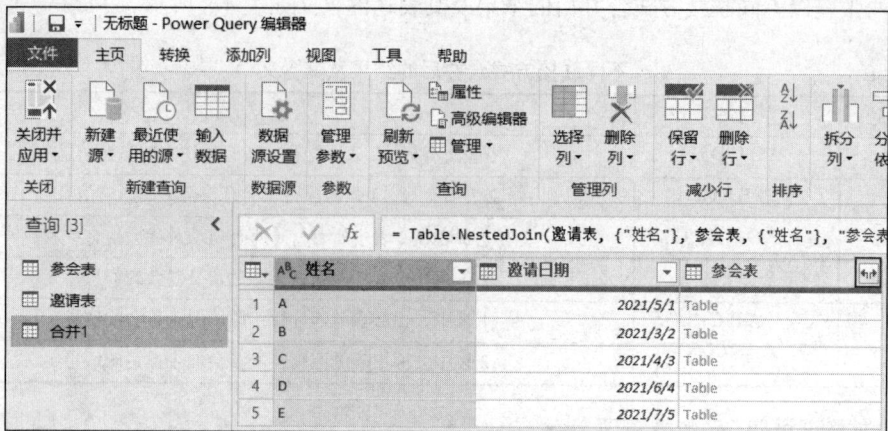

图 4-74 生成新的合并表

步骤 04 单击"参会表"字段右侧的 按钮，在打开的窗口中选择"参会日期"字段，如图 4-75 所示。

图 4-75 选择"参会日期"字段

步骤 05 单击"确定"按钮，展开字段后的合并表如图 4-76 所示。

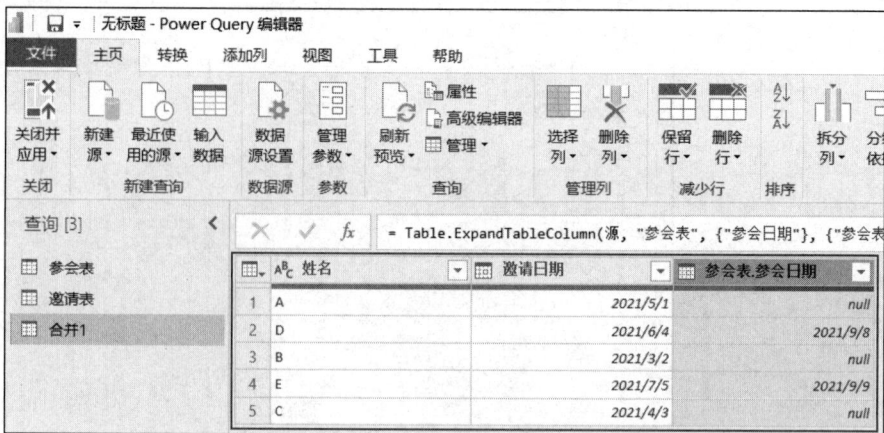

图 4-76 展开字段后的合并表

巩固提高

一、单选题

1. CSV 文件主要是用（　　）作为分隔符的文件。

A. 逗号　　B. 分号　　C. 句号　　D. 冒号

2. Power Query 编辑器中通过鼠标进行的每一步操作，都会自动生成（　　）语言代码。

A. C　　B. M　　C. Python　　D. DAX

3. 某数据表中的数据为“abcdefg”，现要从该字符串中提取数据，起始索引为 3，字符数为 2，则提取的字符串为（　　）。

A. cd　　B. bcd　　C. def　　D. de

4. 数据的透视和逆透视是 Power Query 中非常重要的功能，可以实现（　　）。

A. 行变列　　B. 列变行

C. 二维表和一维表转换　　D. 首行和尾行互换

5. Power BI 中，（　　）操作可以实现图 4-77 所示的产品销售表从图（a）到图（b）的转换。

	产品名称	销售金额
1	A	300
2	B	400
3	A	600
4	B	200
5	C	500

（a）

	产品名称	销售总额
1	A	900
2	B	600
3	C	500

（b）

图 4-77　产品销售表

A. 分类汇总　　B. 分组查询　　C. 分类求和　　D. 分组依据

二、多选题

1. Power BI Desktop 可导入的文件格式包括（　　）。

A. Excel　　B. 文本　　C. CSV　　D. PPT

2. Power Query 编辑器中的行操作包括（　　）。

A. 删除最前面几行　B. 删除最后几行　　C. 删除空行　　D. 删除重复项

3. 对于图 4-78 所示的数据表中“姓名”字段的数据，需要把“姓名”字段拆分成“姓”和“名”两个字段，采用“按字符数”拆分列，可以实现的操作有（　　）。

姓名
赵大海
马晓辉
林明君
肖海爽

图 4-78　数据表

A. 字符数 1，一次尽可能靠左　　B. 字符数 2，一次尽可能靠左

C. 字符数 2，一次尽可能靠右　　D. 字符数 1，一次尽可能靠右

4. 关于追加查询，下列说法正确的有（　　　）。

    A. 追加时，两张表的列顺序必须一致

    B. 追加时，两张表的列顺序可以不一致

    C. 追加时，某张表里独有的列会单独呈现

    D. 追加时，某张表里独有的列不会单独呈现

5. 合并查询时表的联接方式有（　　　）。

    A. 左外部　　　　　B. 右外部　　　　　C. 完全外部　　　　　D. 内部

三、判断题

1. Power BI Desktop 中，不能从文件夹中获取数据。（　　　）

2. 数据整理也叫数据处理或数据清洗，是对从各类数据源导入的数据，通过一定的方法将其整理成符合要求的数据，然后加载到数据模型中。（　　　）

3. 数据的转置和反转功能是一样的。（　　　）

4. 创建一个索引列，其索引值可以从 1 开始，也可以从其他整数开始。（　　　）

5. 追加查询是表与表之间的横向组合。（　　　）

四、思考题

1. 从文件获取数据的情形有哪几种？

2. 数据的拆分、提取和合并操作有哪些？

3. 数据的透视和逆透视可以实现哪些功能？请举例说明。

4. 什么是数据的追加查询？进行追加查询时应注意哪些问题？

5. 数据的合并查询中，表的 6 种联接方式分别是什么？请举例说明。

五、实训题

1. 试从下列途径获取实训所需数据。

（1）直接从网页获取数据。

（2）从相关网站下载数据（如国家统计局网站，Power BI 官方网站等）。

（3）至少整理出两张数据表，以满足数据建模的要求。

2. 对获取的数据进行适当的数据整理，以满足数据建模与可视化要求。

数据建模

- 知识目标
  - ◇ 熟悉 Power BI 的两种关系模型及其创建方法。
  - ◇ 掌握新建列和新建度量值的操作。
  - ◇ 理解 DAX 公式的语法。
  - ◇ 熟悉 DAX 常见函数。
  - ◇ 掌握 CALCULATE、DIVIDE、FILLTER、时间智能等函数的用法。
- 能力目标
  - ◇ 能够结合具体案例，通过 Power BI 创建关系模型。
  - ◇ 能够结合具体案例，通过 Power BI 新建列和各种度量值。

项目导图

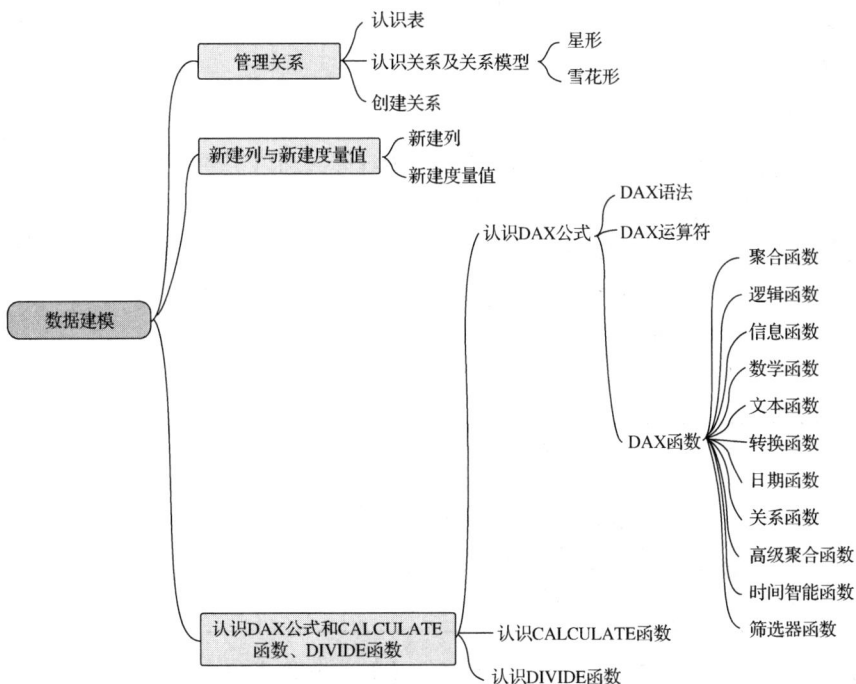

情境案例

本项目主要以项目三"烘焙工坊"的案例数据为例，介绍在 Power BI 中进行数据建模的方法。前面我们已知，烘焙工坊共有 4 个维度表和 1 个事实表，维度表分别是产品表（见图 3-1）、日期表（见图 3-2）、门店表（见图 3-3）和会员表（新增，见图 5-1）；事实表是销售表（见图 3-4）。

本项目案例主要是通过维度表中各种维度来分析事实表中的各类销售数据，即通过产品表中的"产品分类名称""产品名称"，日期表中的"年""月""季度"，门店表中的"店铺名称""省份名称"，会员表中的"会员 ID""性别"等维度分析销售表中的"销售金额""销售数量"等度量值信息。

	A	B
1	会员ID	性别
2	1002	女
3	1006	女
4	1009	男
5	1010	男
6	1012	女
7	1019	女
8	1020	男

图 5-1　会员表（部分）

项目学习

任务一　管理关系

在利用 Power BI 进行数据分析之前，首先要了解表的类型及它们之间的关联，然后才能管理各表之间的关系。

子任务一　认识表

为便于数据建模和数据分析，Power BI 将表分为维度表和事实表两类。维度表的主要特点是包含类别属性信息，数据量较小。事实表的主要特点是含有多列数值类型的数据，能够提取度量值信息，数据量较大。维度表和事实表的关系是：通过维度表中的不同维度可以分析事实表中的各类度量值数据。事实表和维度表的区别如表 5-1 所示。

微课 5-1-1

表 5-1　　　　　　　　　　　　　事实表与维度表的区别

项目	维度表	事实表
特征	通常存放各种分类信息，数据较少	又叫数据表，有较多数值型字段，行数较多
举例	日期、地域、客户、产品等	销售数据、存货数据、预算数据等
用途	生成分析表的行或列，生成筛选器和切片器	数值型字段可生成各种分析指标，即度量值
关系视图	"1"的一端	"*"的一端，箭头指向的一端

下面以烘焙工坊的产品表、日期表、门店表、会员表和销售表为例，来了解维度表和事实表

之间的关联。

案例数据\项目五\1-数据建模.xlsx

【任务实现】

步骤 01 打开"案例数据\项目五\1-数据建模.xlsx"文件，查看各个维度表（产品表、日期表、门店表、会员表）的数据显示。

步骤 02 进一步查看事实表（销售表）。

子任务二 认识关系及关系模型

进行数据建模时，首先要进行数据关系的管理。数据关系指的是事实数据之间的关系。在不同表的数据之间创建关系，可以增强数据分析的能力。

1. 认识关系

在 Power BI 中，关系指的是两个数据表之间建立在每个表的一个列的基础上的联系。例如，在门店表和销售表中，通过"门店 ID"建立两表之间的关联，即关系。

微课 5-1-2

根据关系的不同，可以将其分成以下 3 类。

（1）一对多（1:*）关系。一对多关系是指一个表（通常是维度表）中的列具有一个值的一个实例，而与其关联的另一个表（通常是事实表）的列具有一个值的多个实例。例如，门店表中的"门店 ID"具有唯一值，而销售表中对于相同的"门店 ID"则具有多个值。门店表通过"门店 ID"和销售表建立关系，即一对多（1:*）的关系。

（2）多对一（*:1）关系。多对一关系与一对多关系正好相反，指的是一个表（通常为事实表）中的列具有一个值的多个实例，而与之相关的另一个表(通常为维度表)仅具有一个值的一个实例。例如，销售表通过"门店 ID"和门店表建立关系，即多对一（*:1）的关系。

（3）一对一（1:1）关系。一对一关系是指一个表（事实表）对应另一个表（维度表）的记录有一一对应的关系。例如，产品表中的"产品 ID"对应产品分类表中的"产品 ID"，即一对一（1:1）的关系。

在 Power BI 关系设置中，还需要对关系的交叉筛选器方向进行设置。对于大多数关系，交叉筛选器方向均设置为"双向"筛选。双向筛选是指连接的两张表可以互相筛选，设置为"单向"适用于依据维度表的维度单向对事实表数据进行汇总。默认情况下，Power BI Desktop 会将交叉筛选器方向设置为"双向"，但是如果从 Excel、Power Pivot 导入数据，则默认将所有关系设置为"单向"。

2. 关系模型的布局

关于布局模式的理论来源于数据仓库的方法论。在 Power BI 中，关系模型的布局是指建立了关联的维度表与事实表的摆放样式。关系模型的布局模式有两种：星形（Star）和雪花形（Snowflake）。

（1）星形布局模式。星形布局模式的特点是在事实表外侧只有一层维度表，所有维度表都直接与事实表关联，呈现的形状就像星星一样。

（2）雪花形布局模式。雪花形布局模式的特点是在事实表外侧有多层维度表，每个维度可能串起多个维度表，就像雪花一样由中心向外延伸。

星形布局模式和雪花形布局模式的区别是：星形布局模式在事实表外侧只有一层维度表，而雪花形布局模式在事实表外侧有多层维度表。显然，星形布局模式较为简单，且更容易掌控，所以一般建议采用星形布局模式。如果在一个维度上又有多个维度，则需想办法把它们合并到一个维度表上，从而简化维度表的结构。例如，可以将产品分类表和产品表合并到一个维度表中，将门店表和门店省份表合并到一个维度表中。

星形布局模式属于一种理想化的布局模式，在实际工作中，应尽量使用此种模式。当不可避免地需要用到多层维度表时，再选择雪花形布局模式。原则上讲，这种基于叠加的多层维度表的雪花形模式尽量不要使用。

3. 举例说明

（1）下面通过烘焙工坊的 4 个维度表（产品表、日期表、门店表和会员表）和 1 个事实表（销售表）来认识关系模型的星形布局模式（星形分布）。

案例数据\项目五\2-数据建模.pbix

【任务实现】

在 Power BI Desktop 中，打开"案例数据\项目五\2-数据建模.pbix"文件，单击窗口左侧的"模型"按钮 ，即可查看星形布局模式的关系视图（星形分布），如图 5-2 所示。

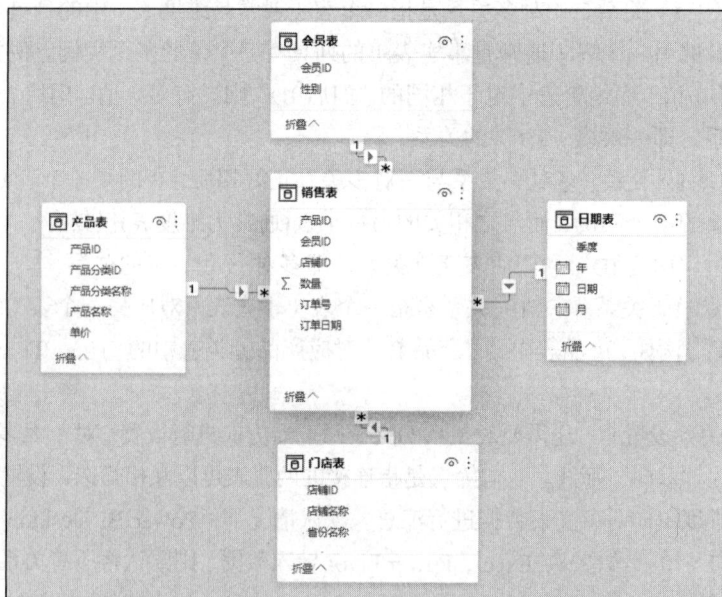

图 5-2　星形布局模式的关系视图（星形分布）

在实际应用中，我们通常将星形布局模式的维度表放在事实表的上方，依次排开；事实表放在维度表的下方，呈上下分布，而不是将维度表摆放在事实表的周围，呈星形分布。

（2）下面通过烘焙工坊的 4 个维度表（产品表、日期表、门店表和会员表）和一个事实表（销售表）来认识关系模型的星形布局模式（上下分布）。

案例数据\项目五\3-数据建模.pbix

【任务实现】

在 Power BI Desktop 中，打开"案例数据\项目五\3-数据建模.pbix"文件，单击窗口左侧的"模型"按钮 ，即可查看星形布局模式的关系视图（上下分布），如图 5-3 所示。

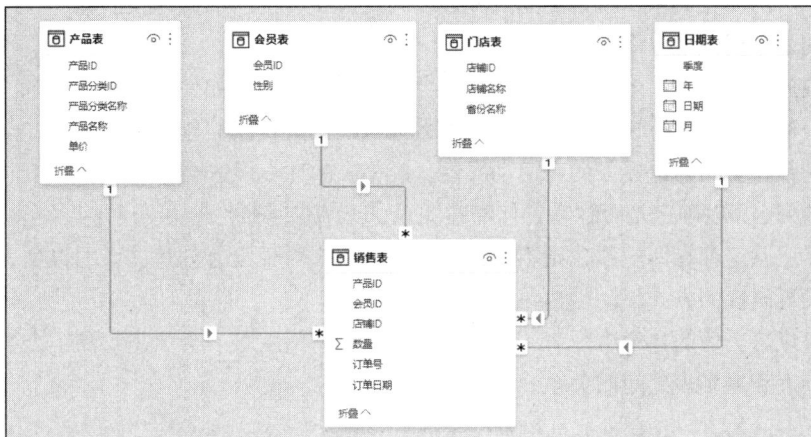

图 5-3　星形布局模式的关系视图（上下分布）

（3）下面通过烘焙工坊的 6 个维度表（产品表、产品分类表、日期表、门店表、门店省份表、会员表）和 1 个事实表（销售表）来认识关系模型的雪花形布局模式。其中，产品分类表和产品表先关联，然后产品表再和销售表相关联；门店省份表和门店表先关联，然后门店表再和销售表相关联；日期表和会员表直接与销售表相关联。

案例数据\项目五\4-数据建模.pbix

【任务实现】

在 Power BI Desktop 中，打开"案例数据\项目五\4-数据建模.pbix"文件，单击窗口左侧的"模型"按钮 ，即可查看雪花形布局模式的关系视图，如图 5-4 所示。

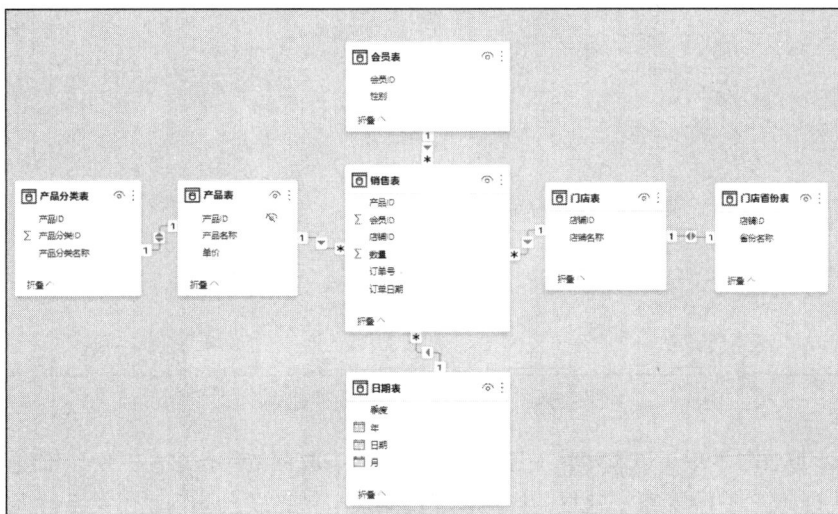

图 5-4　雪花形布局模式的关系视图

子任务三　创建关系

在 Power BI 中，单表是最简单的模型，不需要创建关系。若是多表，则需要创建关系。所谓创建关系，就是建立表和表之间的关联，也叫数据建模。数据建模建立的是数据模型，而非算法模型。

微课 5-1-3

在导入数据的过程中，Power BI Desktop 会自动创建关系。如果同时导入两个或多个表格，则 Power BI Desktop 在加载数据时将尝试查找、创建关系，并自动设置基数、交叉筛选器方向和活动属性。Power BI Desktop 会查看表格中正在查询的列名，以确定是否存在任何潜在关系，若存在，则将自动创建这些关系。如果 Power BI Desktop 无法确定存在匹配项，则不会自动创建关系。对于没有创建关系的数据表，可以通过鼠标拖曳或设置属性的方式手动创建关系。

下面通过烘焙工坊的 4 个维度表（产品表、日期表、门店表、会员表）和 1 个事实表（销售表）创建维度表和事实表之间的关系。

案例数据\项目五\5-数据建模.xlsx

【任务实现】

1. 创建关系（自动创建）

步骤 01 在 Power BI Desktop 中，导入"案例数据\项目五\5-数据建模.xlsx"文件，单击窗口左侧的"模型"按钮 ，将关系视图呈上下排列，查看自动创建关系的报表，如图 5-5 所示。

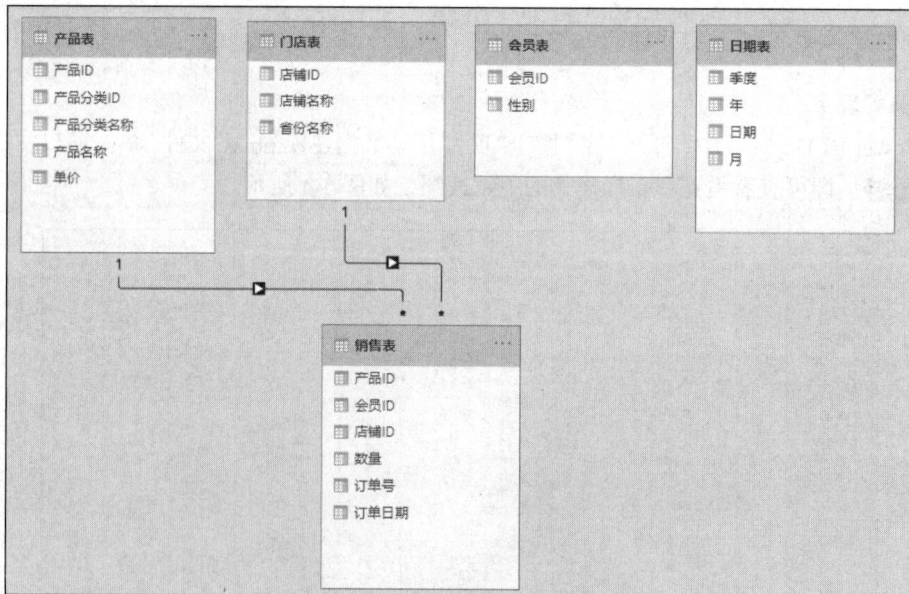

图 5-5　创建关系（自动创建）

步骤 02 从图 5-5 中可以看出，一般情况下，因为有相同的字段名称，所以维度表与事实表（销售表）会自动创建 1:*关系。这里的产品表、门店表与销售表自动创建了关系；会员表与销售表没有自动创建关系；日期表与销售表没有相同的字段名称，因此没有自动创建关系。

2. 创建关系（鼠标拖动）

步骤01 在"模型"视图窗口中，日期表的"日期"与销售表的"订单日期"可以建立关联。选中日期表的"日期"字段，将其用鼠标拖曳到销售表的"订单日期"字段，即可手动建立日期表与销售表之间的 1:*关系。用同样的办法，我们可以根据"会员 ID"手动建立会员表与销售表之间的 1:*关系。结果如图 5-6 所示。

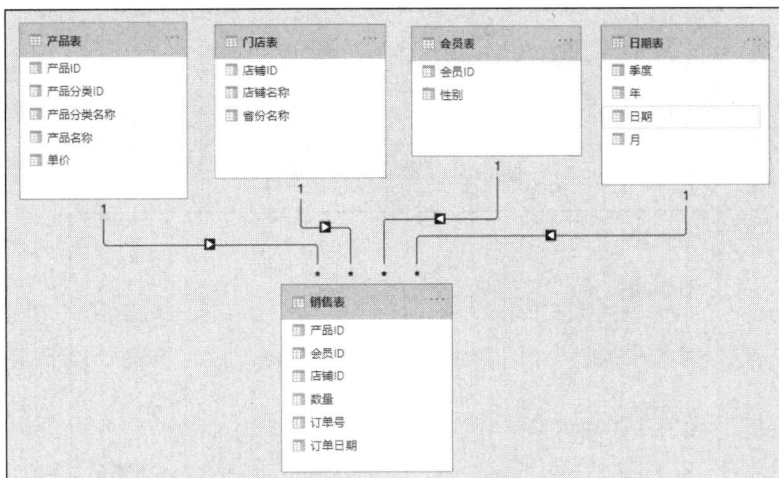

图 5-6 创建关系（鼠标拖曳）

步骤02 在"模型"视图窗口中，选中一条关系连接线并单击鼠标右键，从弹出菜单中选择"删除"选项，即可删除建立的关系，如图 5-7 所示。

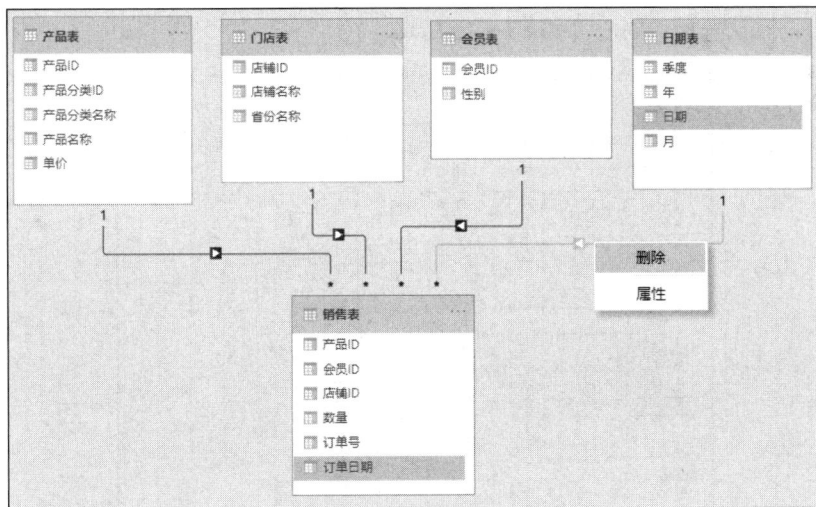

图 5-7 删除关系

3. 创建关系（设置属性）

步骤01 在"模型"视图窗口中，执行"主页"→"关系"→"管理关系"命令，如图 5-8 所示。

步骤02 在打开的"管理关系"对话框中单击"新建"按钮，如图 5-9 所示。

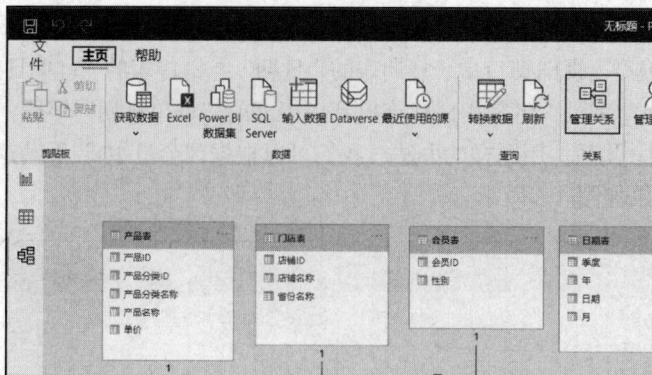

图 5-8 "管理关系"命令

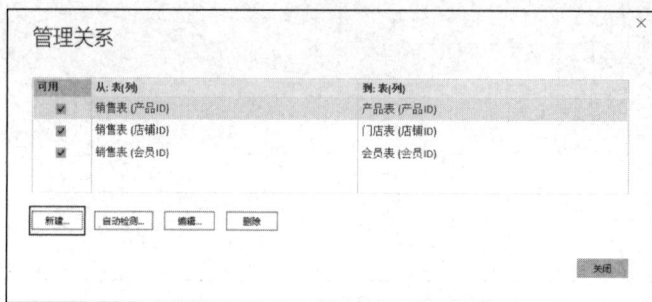

图 5-9 "管理关系"对话框

步骤 03 在打开的"创建关系"对话框中，事实表选择"销售表"，维度表选择"日期表"，分别选中两表的"订单日期"和"日期"字段，基数（即关系模型）默认选择"多对一（*:1）"，交叉筛选器方向默认选择"单一"，如图 5-10 所示。

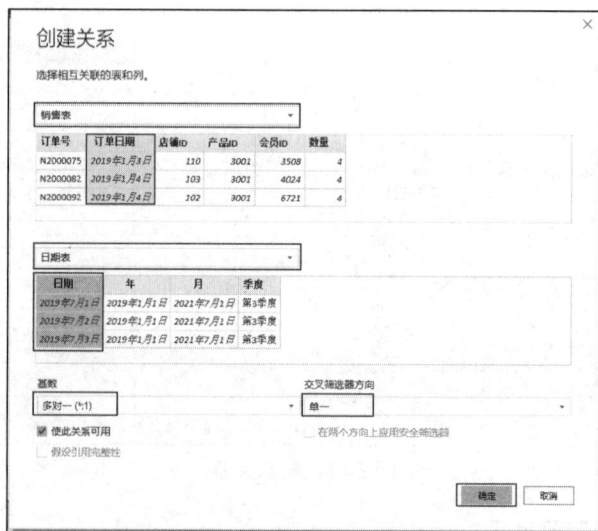

图 5-10 设置关系的属性

步骤 04 单击"确定"按钮，则销售表与日期表通过设置属性的方式创建了关系，且与图 5-6 所示的关系相同。

任务二 新建列与新建度量值

在 Power BI 中进行数据建模时，新建列和新建度量值是两个重要的操作。

子任务一 新建列

新建列也叫创建计算列，创建过程中通常会用到 DAX 公式。在进行数据分析的时候，我们可以凭借现有的数据生成需要的数据字段，例如，数据表中已有"单价"和"数量"字段，通过这两个字段就可以得到"金额"字段的数据（金额=单价×数量）。这种类型的表叫作列存储式表，即每一列都是按照一个公式逻辑来计算。

微课 5-2-1

下面以烘焙工坊的 4 个维度表（产品表、日期表、门店表和会员表）和 1 个事实表（销售表）为例，在销售表中引入产品表的"单价"列，并生成"金额"列。任务实现过程中会用到如下度量值。

单价=RELATED('产品表'[单价])
金额='销售表'[数量]*'销售表'[单价]

案例数据\项目五\6-数据建模.pbix

【任务实现】

步骤01 在 Power BI Desktop 中，打开"案例数据\项目五\6-数据建模.pbix"文件，单击窗口左侧的"数据"按钮 ⊞，然后选择窗口右侧的"销售表"，并单击"订单号"字段右侧的下拉按钮 ⌄，从弹出菜单中选择"以升序排序"选项，如图 5-11 所示。

图 5-11 对"订单号"列的值排序

步骤02 执行"表工具"→"计算"→"新建列"命令（或"列工具"→"计算"→"新建列"命令），如图 5-12 所示。

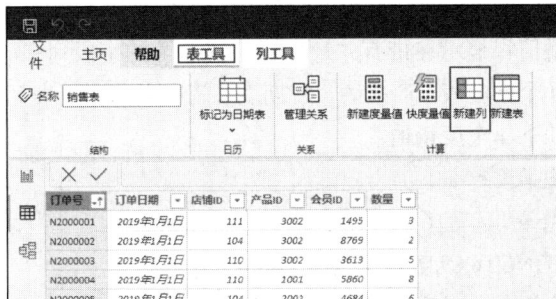

图 5-12 "新建列"命令

步骤 03 在公式编辑栏输入公式"单价=RELATED('产品表'[单价])"（系统会启动智能感知功能，选择输入公式），结果如图 5-13 所示。

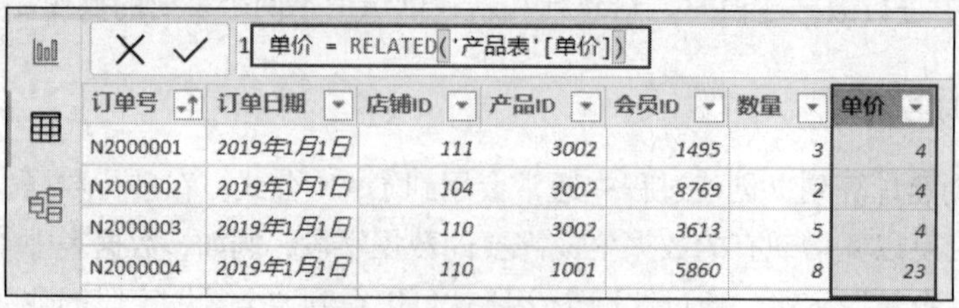

图 5-13 新建"单价"列

步骤 04 继续在公式编辑栏输入公式"金额='销售表'[数量]*'销售表'[单价]"，结果如图 5-14 所示。

图 5-14 新建"金额"列

子任务二 新建度量值

度量值是用 DAX 公式创建一个虚拟字段的数据值，通常可以理解为要分析的数据指标。它不改变源数据，也不改变数据模型。度量值是 Power BI 数据建模的关键因素，通常用于常见的数据分析中，如求和、求平均值等。实际操作中，也可以使用 DAX 公式创建更高级的计算。

微课 5-2-2

度量值可以随着不同维度的选择而变化，一般在报表交互时使用，以便进行快速和动态的数据浏览。例如，要想查看烘焙工坊不同产品、不同年度、不同门店、不同性别会员的销售数量和销售金额情况，就可以利用度量值瞬间生成查询数据。商业分析中用到的各类指标，比如销售管理中的销售环比或同比增长率、销售毛利率；财务分析中的营业利润率、资产负债率、应收账款周转率；人力资源管理中的员工离职率；生产制造中的产品合格率等，基本都可以使用度量值来计算，并且可以任意变换维度实现对多维度的分析。

Power BI Desktop 通常将度量值创建在事实表中。我们可以在报表视图或数据视图中创建和使用度量值，创建的度量值将显示在带有"计算器"图标 的字段列中。

下面以烘焙工坊的 4 个维度表（产品表、日期表、门店表和会员表）和 1 个事实表（销售表）为例，在销售表中创建如下 4 个度量值。

销售金额=SUM('销售表'[金额])

销售数量=SUM('销售表'[数量])

营业店铺数量= DISTINCTCOUNT('销售表'[店铺 ID])

单店平均销售额=[销售金额]/[营业店铺数量]

案例数据\项目五\7-数据建模.pbix

【任务实现】

步骤01 在 Power BI Desktop 中，打开"案例数据\项目五\7-数据建模.pbix"文件，单击窗口左侧的"数据"按钮 ⊞，选择窗口右侧的"销售表"，执行"表工具"→"计算"→"新建度量值"命令，如图 5-15 所示。

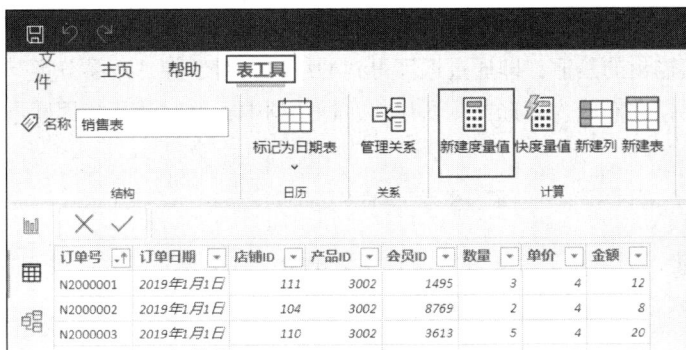

图 5-15 "新建度量值"命令

步骤02 在公式编辑栏输入度量值公式"销售金额=SUM('销售表'[金额])"，如图 5-16 所示。

图 5-16 "销售金额"度量值

步骤03 在右侧"字段"窗格的下方可查看到新增加的"销售金额"度量值，如图 5-17 所示。

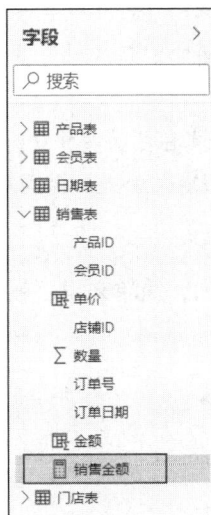

图 5-17 查看"销售金额"度量值

步骤 04 用同样的方法，设置"销售数量""单店平均销售额"和"营业店铺数量"3 个度量值的公式。

在子任务一中，我们新建了一个"金额"列，在这里将其作为度量值创建也是可以的。新建列和新建度量输入的都是 DAX 公式。新建列会实际存储在某一张表中，占用计算机内存。如果表中数据量较大，则会影响模型的运算速度。度量值是以公式形式存储的，不使用的时候并不占用内存空间，只有将其拖曳到相关的属性值中时才参与运算。因此，度量值很灵活，在运算速度上有很大的优势。

另外，度量值输出的是值，即通过运算得到的结果。对于像"产品分类"或"门店名称"等属性类信息，需要把它们放入筛选器、切片器、行和列中，这时就不能用度量值来输出，只能用列来完成。

> **!!!提示**
>
> 初学数据建模，对新建列和新建度量值不好把握。在实际应用中，使用新建列还是使用度量值，有一个基本参考原则：能用度量值来解决的问题，就尽量不用列。

任务三　认识 DAX 公式和 CALCULATE 函数、DIVIDE 函数

在 Power BI 中进行数据建模时，经常要用到 DAX 公式和 CALCULATE 函数、DIVIDE 函数。

子任务一　认识 DAX 公式

DAX 是公式或表达式中可用于计算并返回一个或多个值的函数、运算符或常量的集合。DAX 是一种函数语言，其中可以包含嵌套函数、条件语句和值引用等其他内容。DAX 的执行是从最内部的函数参数开始，然后逐步向外计算。

微课 5-3-1

> **!!!提示**
>
> 微软公司在开发 DAX 的时候，参考了 Excel 中的很多函数，它们的名称相同，参数用法也类似。因此，DAX 简单易学，只要理解它的基本原理就能熟练使用。但 DAX 的深度应用还是有一些难度，需要多加练习。
>
> 本任务只介绍 DAX 的初级用法。读者可以参考专门的 DAX 书籍或者到 Power BI 官方网站详细学习、了解 DAX，构建复杂的 DAX 公式，以满足业务需求。

1. DAX 语法

DAX 语法包括组成公式的各种元素，简单来说，就是公式的编写方式。DAX 公式的特点如下。

- 类似 Excel 函数。
- 基于列或表的计算。
- 引用"表""列"或度量值。
- 通过""或"["启动智能感知。

下面来看一个度量值的 DAX 公式。

销售金额=SUM('销售表'[金额])

这个 DAX 公式中包含了如下语法元素。

- 销售金额：表示度量值名称。
- =：表示公式的开头。完成计算后将会返回结果。
- SUM：DAX 函数名，表示对销售表中"金额"列的所有数据求和。
- ()：内含一个或多个参数的表达式。所有函数都至少需要一个参数，这个参数可以传递一个值给函数。
- '：用来引用表名。
- []：用来引用列名或度量值名。
- 销售表：引用的表名。
- 金额：引用的字段列。

DAX 公式"销售金额=SUM('销售表'[金额])"表达的含义是：对销售表的"金额"字段求和，并生成"销售金额"度量值。

2. DAX 运算符

与 Excel 一样，DAX 公式也是使用+、-、*、/这些符号进行运算的，并使用小括号（）来调整运算的优先次序。DAX 公式中基本运算符的分类及含义如表 5-2 所示。

表 5-2　　　　　　　　　　　　DAX 公式中基本运算符的分类及含义

运算符	符号	含义
算术符	+	加法
	-	减法
	*	乘法
	/	除法
比较符	=	等于
	<>	不等于
	>	大于
	>=	大于等于
	<	小于
	<=	小于等于
文本连接符	&	连接字符串
逻辑符	&&	且（and）
	‖	或（or）

3. DAX 函数

DAX 拥有许多可用于组织或分析数据的函数。这些函数包括聚合函数、逻辑函数、信息函数、数学函数、文本函数、转换函数、日期函数、关系函数、高级聚合函数、时间智能函数、筛选器函数等。

（1）聚合函数。在实际应用中，常见的聚合函数如表 5-3 所示。

表 5-3 　　　　　　　　　　　　常见的聚合函数

函数	说明
SUM	求和
AVERAGE	求平均值
MEDIEN	求中位值
MAX	求最大值
MIN	求最小值
COUNT	数值格式的计数
COUNTA	所有格式的计数
COUNTBLANK	空单元格的计数
COUNTROWS	表格中的行数
DISTINCTCOUNT	不重复计数

（2）逻辑函数。在实际应用中，常见的逻辑函数如表 5-4 所示。

表 5-4 　　　　　　　　　　　　常见的逻辑函数

函数	说明
IF	根据某个或几个逻辑判断是否成立，返回指定的数值
IFERROR	如果计算出错，返回指定数值
AND	逻辑关系的"且"（&&）
OR	逻辑关系的"或"（‖）
SWITCH	数值转换

（3）信息函数。在实际应用中，常见的信息函数如表 5-5 所示。

表 5-5 　　　　　　　　　　　　常见的信息函数

函数	说明
ISBLANK	是否空值
ISNUMBER	是否数值
ISTEXT	是否文本
ISNOTEST	是否非文本
ISERROR	是否错误

（4）数学函数。在实际应用中，常见的数学函数如表 5-6 所示。

表 5-6 　　　　　　　　　　　　常见的数学函数

函数	说明
ABS	绝对值
ROUND	四舍五入

续表

函数	说明
ROUNDUP	向上舍入
ROUNDDOWN	向下舍入
INT	向下舍入到整数（取整数）

（5）文本函数。在实际应用中，常见的文本函数如表5-7所示。

表5-7　　　　　　　　　　　　　　　常见的文本函数

函数	说明
FORMAT	日期或数字格式的转换
LEFT	从左向右取
RIGHT	从右向左取
MID	从中间开始取
LEN	返回指定字符串的长度
FIND	返回一个文本字符在另一个文本字符中的起始位置（区分大小写）
SEARCH	返回一个文本字符在另一个文本字符中的起始位置（不区分大小写）
REPLACE	替换
SUBSTITUTE	查找替换
VALUE	转换成数值
BLANK	返回空值
CONCATENATE	连接字符串，等同于"&"
LOWER	将字母转换成小写
UPPER	将字母转换成大写
TRIM	从文本中删除两个词之间除了单个空格外的所有空格
REPT	重复字符串

（6）转换函数。在实际应用中，常见的转换函数如表5-8所示。

表5-8　　　　　　　　　　　　　　　常见的转换函数

函数	说明
FORMAT	日期或数字格式的转换
VALUE	转换成数值
INT	转换成整数
DATE	转换成日期格式
TIME	转换成时间格式
CURRENCY	转换成货币

（7）日期函数。在实际应用中，常见的日期函数如表5-9所示。

表 5-9   常见的日期函数

函数	说明
YEAR	返回当前日期的年份
MONTH	返回 1~12 的整数（表示月份）
DAY	返回月中第几天的整数
HOUR	返回 0~23 的整数（小时）
MINUTE	返回 0~59 的整数（分钟）
SECOND	返回 0~59 的整数（秒）
TODAY	返回当前的日期
NOW	返回当前的日期和时间
DATE	根据年、月、日生成日期
TIME	根据时、分、秒生成日期时间
DATEVALUE	将文本格式的日期转换成日期格式
TIMEVALUE	将文本格式的时间转换成日期时间格式
EDATE	调整日期格式中的月份
EOMONTH	返回调整后的日期中月份的最后一天
WEEKDAY	返回 1~7 的整数（表示星期几）
WEEKNUM	当前日期在一整年中的第几周（1 月 1 日开始算）

（8）关系函数。在实际应用中，常见的关系函数如表 5-10 所示。

表 5-10   常见的关系函数

函数	说明
RELATED	从关系的一端返回标量值
RELATEDTABLE	从关系的多端返回符合要求的所有记录

（9）高级聚合函数。在实际应用中，常见的高级聚合函数如表 5-11 所示。

表 5-11   常见的高级聚合函数

函数	说明
SUMX	求和
AVERAGEX	求平均值
MAXX	求最大值
MINX	求最小值
COUNTX	数值格式的计数
COUNTAX	所有格式的计数
MEDIENX	求中位值
RANKX	排名

表 5-11 中的几个函数可以循环访问表的每一行，并执行计算，所以也被称为迭代函数。

（10）时间智能函数。在实际应用中，常见的时间智能函数如表 5-12 所示。

表 5-12　　　　　　　　　　　　常见的时间智能函数

函数	说明
PREVIOUSYEAR/Q/M/D:	上一年/季/月/日
NEXTYEAR/Q/M/D	下一年/季/月/日
TOTALYTD/QTD/MTD	年/季/月初至今
SAMEPERIODLASTYEAR	上年同期
PARALLELPERIOD	上一期
DATESINPERIOD	指定期间的日期
DATEADD	日期推移

利用时间智能函数，可以灵活地筛选出需要的时间区间。做同比、环比、滚动预测、移动平均等数据分析时，都会用到这类函数。

（11）筛选器函数。在实际应用中，常见的筛选器函数如表 5-13 所示。

表 5-13　　　　　　　　　　　　常见的筛选器函数

函数	说明
FILTER	按条件筛选数据
VALUES	返回列或者表去重后的结果
TOPN	返回前几名的数据
ALL	返回所有数据
ALLEXCEPT	返回所有数据，除了……
ALLNONBLANKROW	返回非空白行的所有数据

下面详细介绍 ALL 函数和 FILTER 函数。

ALL 函数不能单独使用，一般与 CALCULATE 函数一起使用。ALL 函数的一般格式为"ALL(表或列)"，功能是返回表或列的所有值。使用 ALL 函数可以清除一切外部筛选，并能扩大筛选范围。

FILTER 函数属于高级筛选器函数，不能单独使用，一般与 CALCULATE 函数一起使用。FILTER 函数的一般格式为"FILTER(表，筛选条件)"，其中的第一个参数是要筛选的表，第二个参数是筛选条件，功能是按指定筛选条件返回一张表。利用 FILTER 函数可以实现更加复杂的筛选。

子任务二　认识 CALCULATE 函数

CALCULATE 函数被称作 DAX 中最强大的计算器函数，其一般格式为"CALCULATE(表达式,条件 1,条件 2,…)"。其中的第一个参数是计算表达式，可以执行各种聚合运算；从第二个参数开始，皆为一系列筛选条件（也可以为空），多个筛选条件之间用逗号隔开。CALCULATE 函数中所有筛选条件的交集形成最终的筛选数据集合，然后根据筛选出的数据集合执行第一个参数的聚合运算并返回运算结果。

微课 5-3-2

需要说明的是，CALCULATE 函数内部的筛选条件若与外部筛选条件重合，则会强制删除外部筛选条件，按内部筛选条件执行。

下面以烘焙工坊的 4 个维度表（产品表、日期表、门店表和会员表）和 1 个事实表（销售表）为例，生成长春市门店不同年度、不同产品分类的销售金额表。任务实现过程中，我们需要在销售表下创建"长春市门店销售金额"度量值。

长春市门店销售金额=CALCULATE('销售表'[销售金额],FILTER('门店表','门店表'[店铺名称]="长春市"))

> 💡 **说明**
>
> "长春市门店销售金额"度量值因筛选条件比较简单，也可以不用 FILTER 函数作为筛选条件，简化为如下表达。
>
> 长春市门店销售金额=CALCULATE('销售表'[销售金额],'门店表'[店铺名称]="长春市")
>
> 在度量值中，若出现复杂的筛选，可使用 FILTER 函数。

案例数据\项目五\8-数据建模.pbix

【任务实现】

步骤01 在 Power BI Desktop 中，打开"案例数据\项目五\8-数据建模.pbix"文件，单击窗口左侧的"数据"按钮 ▦，选择窗口右侧的"销售表"，执行"表工具"→"计算"→"新建度量值"命令。

步骤02 在公式编辑栏输入度量值公式"长春市门店销售金额=CALCULATE('销售表'[销售金额],FILTER('门店表','门店表'[店铺名称]="长春市"))"，如图 5-18 所示。

订单号	订单日期	店铺ID	产品ID	会员ID	数量	单价	金额
N2000075	2019年1月3日	110	3001	3508	4	2	8
N2000082	2019年1月4日	103	3001	4024	4	2	8
N2000092	2019年1月4日	102	3001	6721	4	2	8
N2000117	2019年1月6日	105	3001	8058	4	2	8
N2000157	2019年1月6日	108	3001	7370	4	2	8

图 5-18　设置度量值公式

步骤03 单击窗口左侧的"报表"按钮 📊，然后再单击"可视化"窗格中的"矩阵"按钮 ▦，设置矩阵的相关参数，如图 5-19 所示。

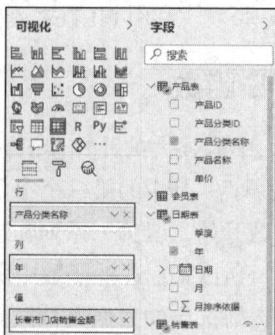

图 5-19　设置矩阵的相关参数

步骤 04 单击"格式"按钮 ⧈，设置矩阵的列标题和行标题，并将值的文本大小设为"15磅"，如图 5-20 所示。生成的矩阵如图 5-21 所示。

图 5-20　设置矩阵的格式

产品分类名称	2019	2020	总计
饼干	15896	12028	27924
面包	53626	40270	93896
饮料	5716	4464	10180
总计	75238	56762	13200 0

图 5-21　生成的矩阵

子任务三　认识 DIVIDE 函数

在作数据分析时，很多指标都是相对值，如环比增长率、利润率、存货周转率、离职率、借款逾期率等，它们的数学表达式都使用了除法。我们可以使用运算符"/"进行除法运算，但当分母为 0 时，系统会报错。

DIVIDE 函数又叫安全除法函数，其格式为"DIVIDE(分子,分母)"。它的好处是当分母为 0 时，系统不报错，可以显示为空或其他特定信息。

微课 5-3-3

下面以烘焙工坊的 4 个维度表（产品表、日期表、门店表、会员表）和 1个事实表（销售表）为例，在销售表下创建如下两个度量值，用以计算销售金额的环比增长率。

> 上月销售额=CALCULATE('销售表'[销售金额],PREVIOUSMONTH('日期表'[日期]))
> 销售金额环比=DIVIDE('销售表'[销售金额]-'销售表'[上月销售额],'销售表'[上月销售额])

案例数据\项目五\9-数据建模.pbix

【任务实现】

步骤 01 在 Power BI Desktop 中，打开"案例数据\项目五\9-数据建模.pbix"文件，单击窗口左侧的"数据"按钮 ⊞，选择窗口右侧的"销售表"，执行"主页"→"计算"→"新建度量值"命令。

步骤 02 在公式编辑栏输入度量值公式"上月销售额=CALCULATE('销售表'[销售金额],PREVIOUSMONTH('日期表'[日期]))"，如图 5-22 所示。

订单号	订单日期	店铺ID	产品ID	会员ID	数量	单价	金额
N2000001	2019年1月1日	111	3002	1495	3	4	12
N2000002	2019年1月1日	104	3002	8769	2	4	8
N2000003	2019年1月1日	110	3002	3613	5	4	20
N2000004	2019年1月1日	110	1001	5860	8	23	184

图 5-22　输入"上月销售额"度量值公式

步骤 03 继续新建度量值，在公式编辑栏输入度量值公式"销售金额环比=DIVIDE('销售表'[销售金额]-'销售表'[上月销售额],'销售表'[上月销售额])"，如图 5-23 所示。

订单号	订单日期	店铺ID	产品ID	会员ID	数量	单价	金额
N2000001	2019年1月1日	111	3002	1495	3	4	12
N2000002	2019年1月1日	104	3002	8769	2	4	8
N2000003	2019年1月1日	110	3002	3613	5	4	20
N2000004	2019年1月1日	110	1001	5860	8	23	184

销售金额环比 = DIVIDE('销售表'[销售金额]-'销售表'[上月销售额],'销售表'[上月销售额])

图 5-23　输入"销售金额环比"度量值公式

步骤 04 单击窗口左侧的"报表"按钮，再单击"可视化"窗格中的"矩阵"按钮，设置矩阵的相关参数，如图 5-24 所示。

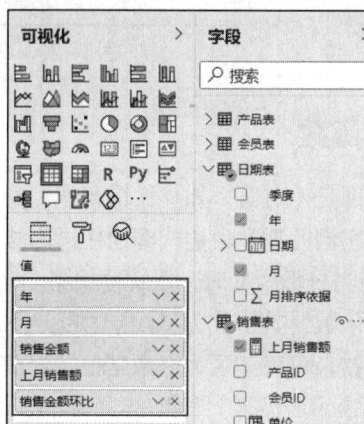

图 5-24　设置矩阵的相关参数

步骤 05 选中"销售金额环比"度量值，在"度量工具"选项卡的"格式化"组中单击%按钮，设置小数位为"2"，如图 5-25 所示。最终生成的矩阵如图 5-26 所示。

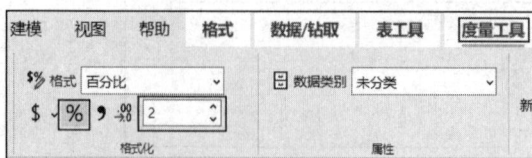

年	月	销售金额	上月销售额	销售金额环比
2019年	1月	34719		
2020年	1月	53828	58566	-8.09%
2019年	2月	44600	34719	28.46%
2020年	2月	67989	53828	26.31%
2019年	3月	58384	44600	30.91%
2020年	3月	52194	66045	-20.97%
2019年	4月	57670	58384	-1.22%
2020年	4月	68765	51763	32.85%
2019年	5月	55752	57670	-3.33%
2020年	5月	77570	67974	14.12%
2019年	6月	53374	55752	-4.27%
2020年	6月	71296	79118	-9.89%
2019年	7月	56581	53374	6.01%
2020年	7月	92083	71426	28.92%
2019年	8月	55765	56581	-1.44%
2020年	8月	100738	91165	10.50%
2019年	9月	54795	55765	-1.74%
2020年	9月	114539	101419	12.94%
2019年	10月	55693	54795	1.64%
2020年	10月	123940	111766	10.89%
2019年	11月	56224	55693	0.95%
2020年	11月	129260	123249	4.88%
2019年	12月	58566	56224	4.17%
2020年	12月	143109	130020	10.07%
总计		1737434		

图 5-25　设置数据的格式

图 5-26　生成的矩阵

巩固提高

一、单选题

1. 下列关于维度表和事实表的说法正确的是（　　　）。
   A. 维度表的主要特点是包含类别属性信息，数据量较大
   B. 事实表的主要特点是含有多列数值类型的数据，能够提取度量值信息
   C. 维度表多是关系视图中"1"的一端
   D. 事实表的数据量通常较小

2. 星形布局模式的特点是在事实表外侧只有（　　　）维度表。
   A. 一层　　　　　　　B. 二层　　　　　　　C. 三层　　　　　　　D. 多层

3. 创建的度量值将显示在带有（　　　）图标的字段列表中。
   A. ▦　　　　　　　　B. ∑　　　　　　　　C. 🖩　　　　　　　　D. 📅

4. 在做同比、环比、滚动预测、移动平均等数据分析时，通常会用到（　　　）函数。
   A. 聚合　　　　　　　B. 关系　　　　　　　C. 转换　　　　　　　D. 时间智能

5. DIVIDE 函数又叫作（　　　）函数。
   A. 聚合　　　　　　　B. 安全除法　　　　　C. 分解　　　　　　　D. 时间智能

二、多选题

1. 在 Power BI 中，根据关系的不同，可以将其分成（　　　）类型。
   A. 多对多　　　　　　B. 一对多　　　　　　C. 多对一　　　　　　D. 一对一

2. 在 Power BI 中，关系模型的布局包括（　　　）。
   A. 星形　　　　　　　B. 雪花形　　　　　　C. 三角形　　　　　　D. 网形

3. 图 5-27 中属于度量值的是（　　　）。
   A. 单价
   B. 销售金额
   C. 销售数量
   D. 用到了 DAX 公式

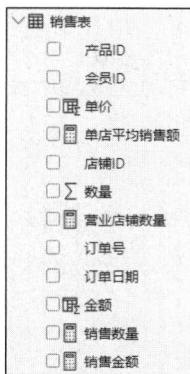

图 5-27　销售表的各个参数

4. DAX 公式中，"[ ]"用来引用（　　　）。
   A. 表名
   B. 列名
   C. 行名
   D. 度量值名

5. 下列属于 DAX 公式中时间智能函数的有（　　　）。
   A. PREVIOUSYEAR　　　　　　　　　B. TOTALYTD
   C. RANKX　　　　　　　　　　　　　D. DATEADD

三、判断题

1. 在 Power BI 中，关系就是两个数据表之间建立在每个表中一个行的基础上的联系。（　　　）
2. 度量值是 Power BI 数据建模的关键因素。（　　　）
3. 度量值是用 DAX 公式创建一个真实字段的数据值。（　　　）

4. CALCULATE 函数内部的筛选条件若与外部筛选条件重合时，会强制删除内部筛选条件，按外部筛选条件执行。（　　　）

5. DIVIDE 函数的好处是当分母为 0 时，不报错，可以显示为空或其他特定信息。（　　　）

四．思考题

1. Power BI 的两种关系模型是什么？在应用时应如何选择？

2. Power BI 数据建模中，新建列和新建度量值有何区别？在实践中如何应用？

3. DAX 公式的语法有何特点？

4. DAX 函数有哪些种类？

5. 结合本项目案例，说一说 CALCULATE 函数和 DIVIDE 函数的具体用法。

五．实训题

以项目四实训题的数据为例，解决如下问题。

1. 根据加载的数据表，进行数据建模（创建关系）。

2. 建立合适的度量值，以满足数据可视化要求。

项目六
数据可视化

项目导图

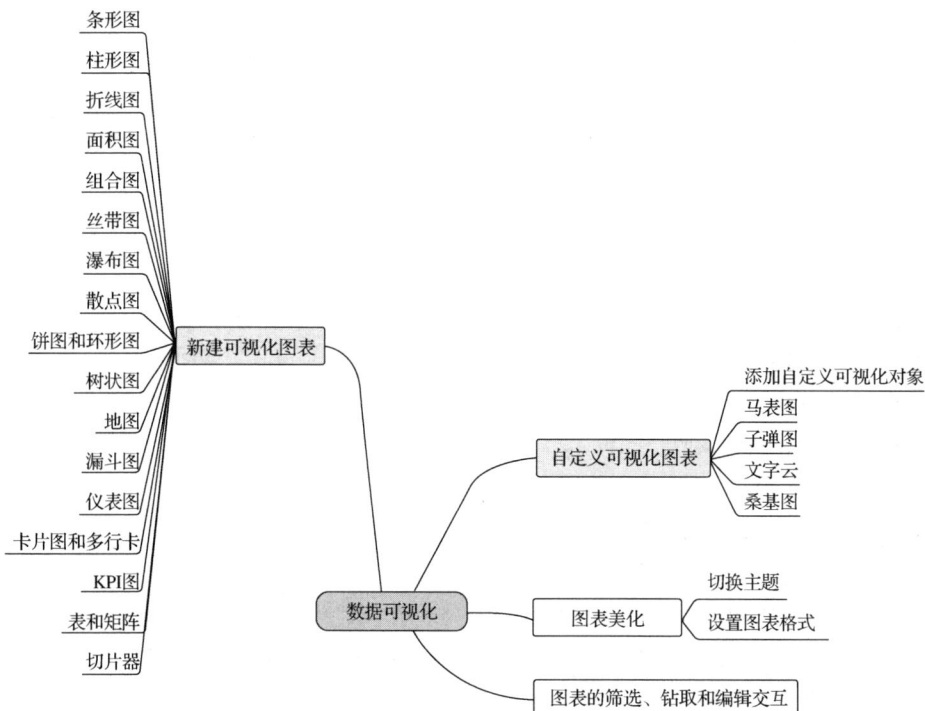

情境案例

本项目主要以项目五中"烘焙工坊"的案例数据为基础，对该烘焙连锁企业的各项销售数据进一步处理、分析，并优化设置，通过相关数据的各项对比，找到企业存在的问题，发现新的利润增长点，为企业的发展提供重要决策信息。

微课 6-0-1

1. 案例数据

> 案例数据\项目六\1-数据可视化-原始.pbix
> 案例数据\项目六\2-数据可视化-原始.pbix
> 案例数据\项目六\3-数据可视化-原始.pbix

本案例数据来自 4 个维度表和 2 个事实表。维度表分别是产品表、日期表、门店表和会员表，事实表分别是销售表和任务表（新增）。

任务表包含"店铺名称""年度""任务额""日期"共 4 个字段和 33 条数据。

2. 案例模型

本案例的关系模型如图 6-1 所示。

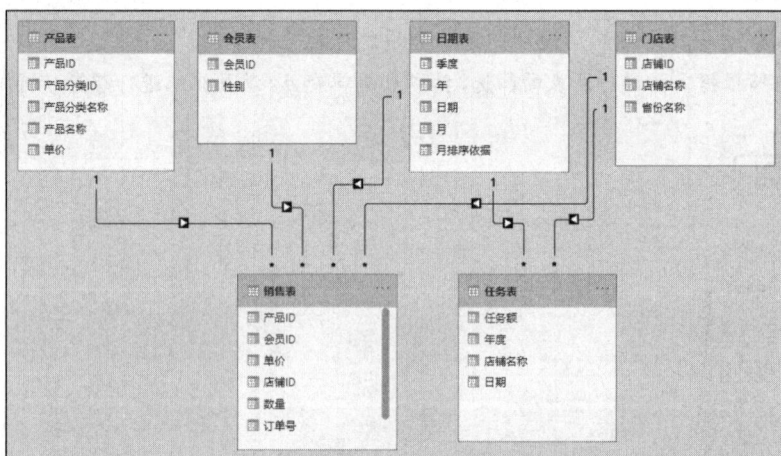

图 6-1 关系模型

3. 度量值

本案例共新建 10 个度量值，分别如下。

> 销售金额=SUM('销售表'[金额])
>
> 销售数量=SUM('销售表'[数量])
>
> 营业店铺数量=DISTINCTCOUNT('销售表'[店铺 ID])
>
> 单店平均销售额=[销售金额]/[营业店铺数量]
>
> 上月销售额=CALCULATE('销售表'[销售金额],PREVIOUSMONTH('日期表'[日期]))
>
> 销售金额环比=DIVIDE('销售表'[销售金额]–'销售表'[上月销售额],'销售表'[上月销售额])
>
> 上年销售额=CALCULATE('销售表'[销售金额],SAMEPERIODLASTYEAR('日期表'[日期]))
>
> 销售金额同比=DIVIDE('销售表'[销售金额]–'销售表'[上年销售额],'销售表'[上年销售额])

销售任务额=SUM('任务表'[任务额])

任务额完成度=DIVIDE('销售表'[销售金额],'任务表'[销售任务额])

📑 项目学习

任务一　新建可视化图表

虽然 Excel 也可以制作精美的图表，但是和 Power BI 相比，其可视化展现效果还是略逊一筹。Power BI 的图表不仅可以交互，还可以钻取，在图表的样式上大大超越了 Excel。

Power BI 自带的可视化对象有条形图、柱形图、折线图、面积图、组合图、丝带图、瀑布图、散点图、饼图、环形图、树状图、地图、漏斗图、仪表图、卡片图、多行卡、KPI 图、表、矩阵和切片器等。

子任务一　条形图

我们在项目三中已经了解，条形图可以利用条形的长度来反映数据的差异。由于人眼对长短差异比较敏感，容易快速识别，因此，条形图比较适用于多个项目的分类排名比较。

在 Power BI 中，条形图可分为简单条形图、堆积条形图、簇状条形图、百分比堆积条形图 4 种。

微课 6-1-1

1. 新建简单条形图

下面具体介绍如何用条形图来展示烘焙工坊不同产品分类下的销售金额。

【任务实现】

步骤 01 在 Power BI Desktop 中打开"案例数据\项目六\1-数据可视化-原始.pbix"文件，单击窗口左侧的"报表"按钮📊，选择"第 1 页"，将其改名为"条形图"。

步骤 02 单击"可视化"窗格中的"堆积条形图"按钮，按图 6-2 设置条形图的属性。然后单击"格式"按钮🖌️，按图 6-3 设置条形图的格式，生成的简单条形图如图 6-4 所示。

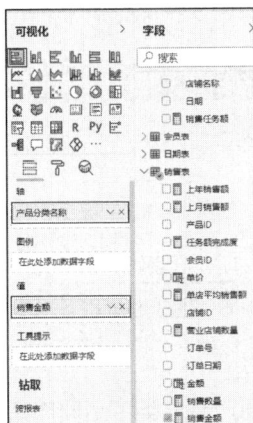

图 6-2　设置简单条形图的属性

图 6-3　设置简单条形图的格式

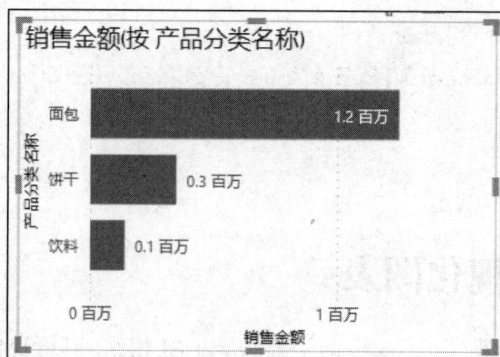

图 6-4　生成的简单条形图

> 💡 **说明**
>
> 　　单击"格式"按钮 🖌️，可以设置图表的字体、字号、颜色、是否显示数据标签等各种格式，在后续案例中不再赘述。

2. 新建堆积条形图

下面具体介绍如何用堆积条形图来展示烘焙工坊不同产品分类下不同产品的销售金额。

【任务实现】

(步骤 01) 打开"案例数据\项目六\1-数据可视化-原始.pbix"文件，单击窗口左侧的"报表"按钮 📊，并选择"条形图"报表页。

(步骤 02) 单击"可视化"窗口中的"堆积条形图"按钮，按图 6-5 设置堆积条形图的属性，生成的堆积条形图如图 6-6 所示。

图 6-5　设置堆积条形图的属性

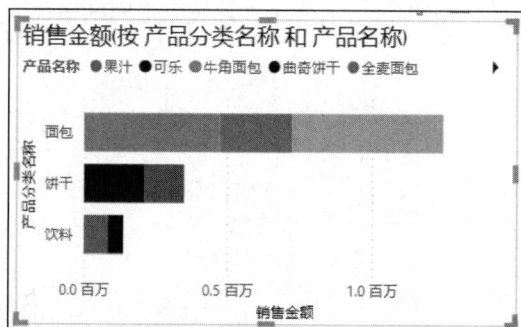

图 6-6　生成的堆积条形图

3. 新建簇状条形图

下面具体介绍如何用簇状条形图来展示烘焙工坊不同产品分类下不同产品的销售金额。

【任务实现】

步骤01 打开"案例数据\项目六\1-数据可视化-原始.pbix"文件，单击窗口左侧的"报表"按钮 📊，并选择"条形图"报表页。

步骤02 单击"可视化"窗格的"簇状条形图"按钮，按图 6-7 设置簇状条形图的属性，生成的簇状条形图如图 6-8 所示。

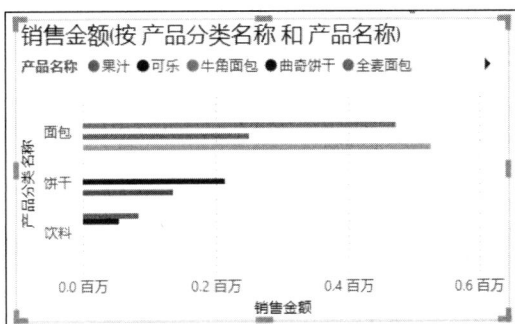

图 6-7 设置簇状条形图的属性　　　　　图 6-8 生成的簇状条形图

4. 新建百分比堆积条形图

下面介绍如何用百分比堆积条形图来展示烘焙工坊不同产品分类下不同产品的销售金额占总分类金额的百分比。

【任务实现】

步骤01 打开"案例数据\项目六\1-数据可视化-原始.pbix"文件，单击窗口左侧的"报表"按钮 📊，并选择"条形图"报表页。

步骤02 单击"可视化"窗格中的"百分比堆积条形图"按钮，按图 6-9 设置百分比堆积条形图的属性，生成的百分比堆积条形图如图 6-10 所示。

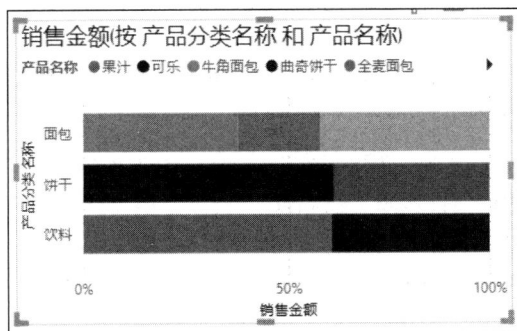

图 6-9 设置百分比堆积条形图的属性　　　　　图 6-10 生成的百分比堆积条形图

子任务二　柱形图

柱形图与条形图一样，非常方便用户比较各组数据之间的差别，因此也被广泛应用在数据统计中，而且特别适合用于 TOP 5（排名前 5）或 TOP 10（排名前 10）等数据的比较。例如，显示销售额排名前 10 的店铺名称，这时就非常适合使用柱形图来进行比较。

柱形图可分为简单柱形图、堆积柱形图、簇状柱形图、百分比堆积柱形图 4 种。

1. 新建简单柱形图

下面详细介绍如何用简单柱形图来展示烘焙工坊不同季度的销售金额。

【任务实现】

步骤01　打开"案例数据\项目六\1-数据可视化-原始.pbix"文件，单击窗口左侧的"报表"按钮，新建报表页，并将其改名为"柱形图"。

步骤02　单击"可视化"窗格中的"堆积柱形图"按钮，按图 6-11 设置柱形图的属性，生成的简单柱形图如图 6-12 所示。

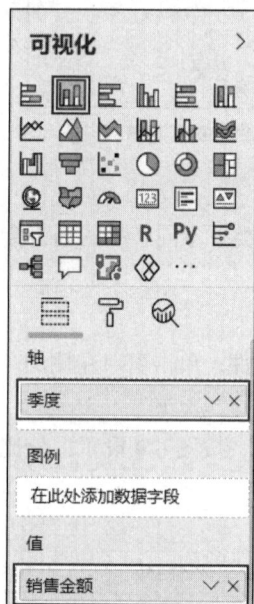

图 6-11　设置简单柱形图的属性

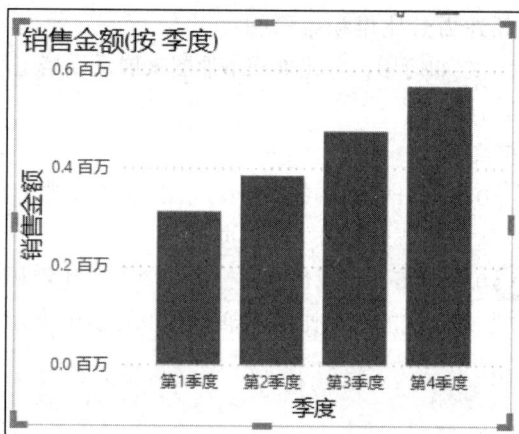

图 6-12　生成的简单柱形图

2. 新建堆积柱形图

下面具体介绍如何用堆积柱形图来展示烘焙工坊不同季度、不同产品分类的销售金额。

【任务实现】

步骤01　打开"案例数据\项目六\1-数据可视化-原始.pbix"文件，单击窗口左侧的"报表"按钮，选择"柱形图"报表页。

步骤02　单击"可视化"窗格中的"堆积柱形图"按钮，按图 6-13 设置堆积柱形图的属性，生成的堆积柱形图如图 6-14 所示。

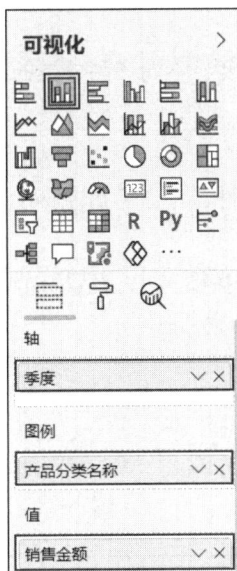

图 6-13 设置堆积柱形图的属性

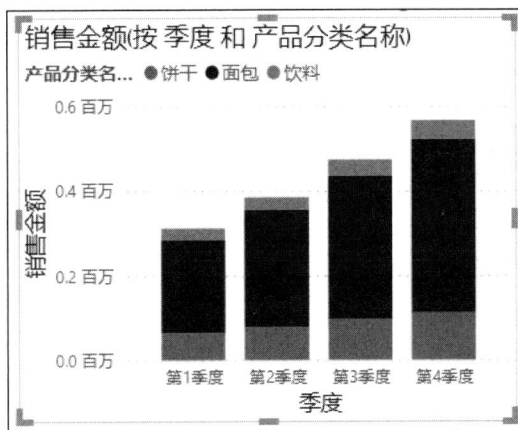

图 6-14 生成的堆积柱形图

3. 新建簇状柱形图

下面具体介绍如何用簇状柱形图来展示烘焙工坊不同季度、不同产品分类的销售金额。

【任务实现】

步骤01 打开"案例数据\项目六\1-数据可视化-原始.pbix"文件,单击窗口左侧的"报表"按钮 📊,选择"柱形图"报表页。

步骤02 单击"可视化"窗格的"簇状柱形图"按钮,按图 6-15 设置簇状柱形图的属性,生成的簇状柱形图如图 6-16 所示。

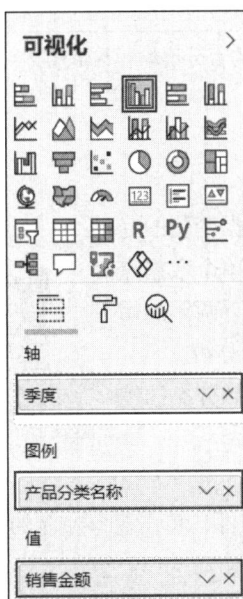

图 6-15 设置簇状柱形图的属性

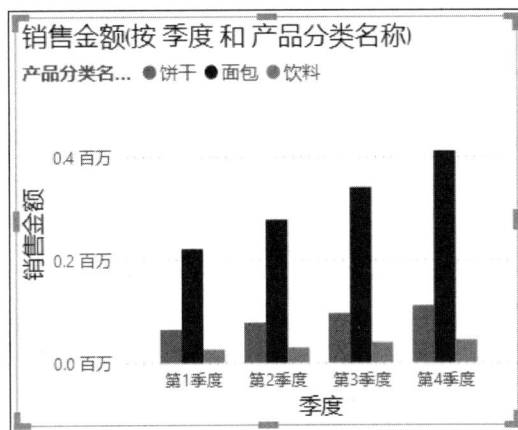

图 6-16 生成的簇状柱形图

4. 新建百分比堆积柱形图

下面具体介绍如何用百分比堆积柱形图来展示烘焙工坊不同季度、不同产品分类的销售金额占总分类金额的百分比。

【任务实现】

步骤 01 打开"案例数据\项目六\1-数据可视化-原始.pbix"文件，单击窗口左侧的"报表"按钮，选择"柱形图"报表页。

步骤 02 单击"可视化"窗格的"百分比堆积柱形图"按钮，按图 6-17 设置百分比堆积柱形图的属性，生成的百分比堆积柱形图如图 6-18 所示。

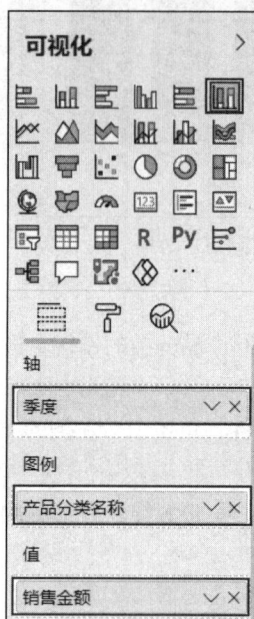

图 6-17 设置百分比堆积柱形图的属性

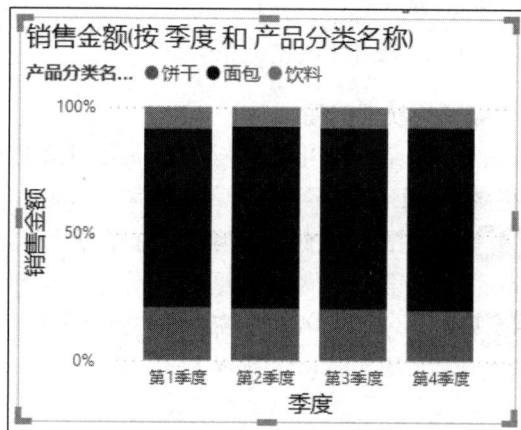

图 6-18 生成的百分比堆积柱形图

子任务三 折线图

折线图可以连接各个单独的数据点，更加简单、清晰地展现数据变化的趋势，因此非常适合显示相同时间间隔下的数据趋势，尤其是趋势比单个数据点更为重要的场景。例如，某只股票近一年的股价变化情况、某产品近两年的用户增长趋势等。折线图与柱形图结合使用，可以提供多维度的序列分析。

下面详细介绍如何用折线图来展示烘焙工坊不同月份、不同产品分类的销售金额变化趋势。

微课 6-1-2

【任务实现】

步骤 01 打开"案例数据\项目六\1-数据可视化-原始.pbix"文件，单击窗口左侧的"报表"按钮，新建报表页，并将其改名为"折线图"。

步骤 02 单击"可视化"窗格的"折线图"按钮，按图 6-19 设置折线图的属性，生成的折线图如图 6-20 所示。

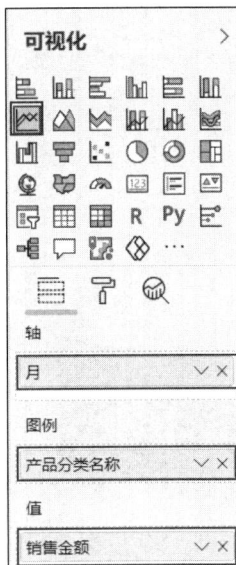

图 6-19　设置折线图的属性

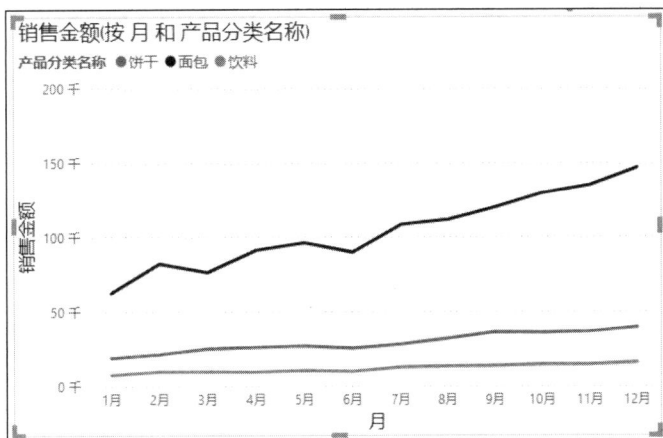

图 6-20　生成的折线图

子任务四　面积图

面积图主要用于反映各类别数据变化的趋势及占比情况。在 Power BI 默认的可视化对象中，有两种面积图，即分区图和堆积面积图。

分区图是一种标准的面积图，它是在图表中用折线把每个序列的数据点连接起来，这条折线和纵、横轴之间的区域用颜色或阴影填充，看上去就像层层叠叠的山脉，进一步增强图表的易读性。通常情况下，面积图被用来比较两个或两个以上类别。

直观来看，分区图就是涂上颜色的折线图，但事实上，分区图除了可以表达折线图的变化趋势外，通过没有重叠的阴影面积还能反映差距变化的情况。通过面积来展现数量，正是面积图相比折线图的一个优势。

1. 新建分区图

下面具体介绍如何用分区图来展示烘焙工坊不同月份、不同产品分类的销售金额变化趋势。

【任务实现】

步骤01　打开"案例数据\项目六\1-数据可视化-原始.pbix"文件，单击窗口左侧的"报表"按钮 ，新建报表页，并将其改名为"面积图"。

步骤02　单击"可视化"窗格中的"分区图"按钮，按图 6-21 设置分区图的属性，生成的分区图如图 6-22 所示。

2. 新建堆积面积图

和标准的面积图或者说分区图不同，在堆积面积图中，其色彩不会重叠、不会遮盖，每种颜色的阴影反映的是不同序列的数据。需要说明的是，纵轴的数据对应的是总体的值，并不和单一序列的数据相对应，每种阴影的相对高度才是该序列的值，每种色彩的面积和边界的缩放对应该序列量的大小和变化趋势。

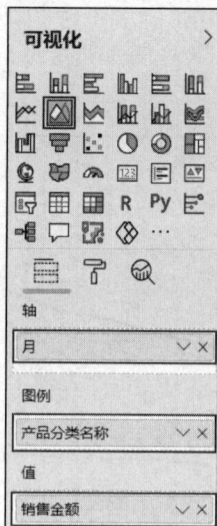

图 6-21　设置分区图的属性

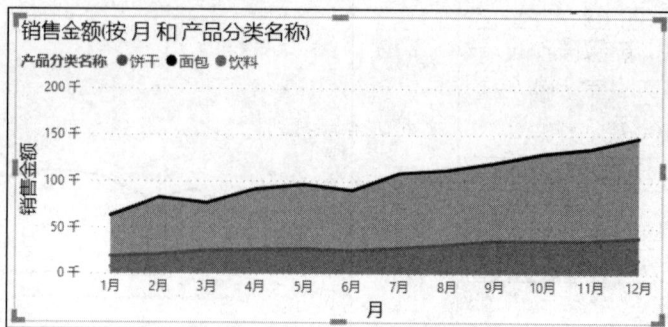

图 6-22　生成的分区图

下面介绍如何用堆积面积图来展示烘焙工坊不同月份、不同产品分类的销售金额变化趋势。

【任务实现】

步骤 01　打开"案例数据\项目六\1-数据可视化-原始.pbix"文件，单击窗口左侧的"报表"按钮 ▥，选中"面积图"报表页。

步骤 02　单击"可视化"窗格中的"堆积面积图"按钮，按图 6-23 设置堆积面积图的属性，生成的堆积面积图如图 6-24 所示。

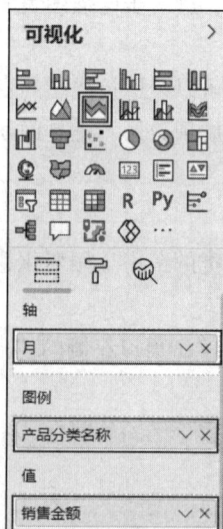

图 6-23　设置堆积面积图的属性

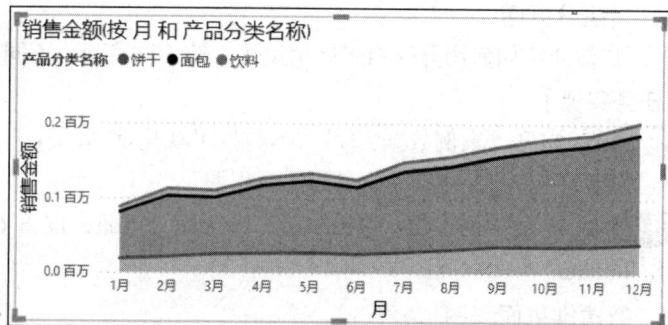

图 6-24　生成的堆积面积图

子任务五　组合图

在 Power BI 中，组合图是将折线图和柱形图合并在一起的单个可视化效果。将两个图表合并为一个图表，可以进行更快、更全面的数据比较。组合图可以具有一个或两个 Y 轴。

组合图适用的情况如下。

- 具有相同 X 轴的折线图和柱形图。
- 比较具有不同值范围的多个度量值。
- 在一个可视化效果中说明两个度量值之间的关联。

组合图可分为折线和堆积柱形图、折线和簇状柱形图。

1. 新建折线和堆积柱形图

下面具体介绍如何以折线和堆积柱形图来展示烘焙工坊不同月份、不同产品分类的销售金额及销售数量变化趋势。折线图用于反映销售数量的变化，堆积柱形图用于反映销售金额的变化。

【任务实现】

步骤 01　打开"案例数据\项目六\1-数据可视化-原始.pbix"文件，单击窗口左侧的"报表"按钮 📊，新建报表页，并将其改名为"组合图"。

步骤 02　单击"可视化"窗格中的"折线和堆积柱形图"按钮，按图 6-25 设置折线和堆积柱形图的属性，生成的折线和堆积柱形图如图 6-26 所示。

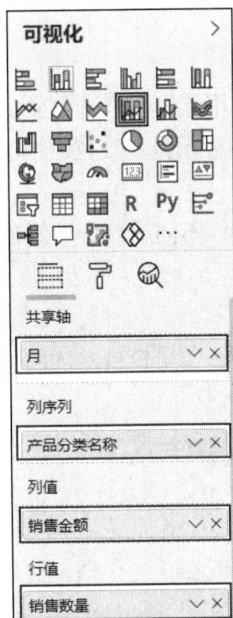

图 6-25　设置折线和堆积柱形图的属性

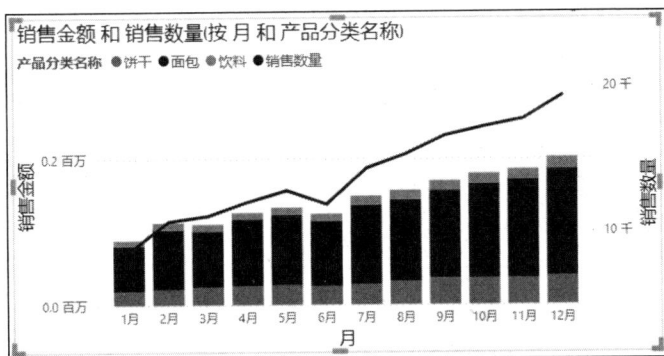

图 6-26　生成的折线和堆积柱形图

2. 新建折线和簇状柱形图

下面具体介绍如何用折线和簇状柱形图来展示烘焙工坊不同月份、不同产品分类的销售金额及销售数量变化趋势。折线图用于反映销售数量的变化，簇状柱形图用于反映销售金额的变化。

【任务实现】

步骤 01　打开"案例数据\项目六\1-数据可视化-原始.pbix"文件，单击窗口左侧的"报表"按钮 📊，选择"组合图"报表页。

步骤 02　单击"可视化"窗格中的"折线和簇状柱形图"按钮，按图 6-27 设置折线和簇状柱形图的属性，生成的折线和簇状柱形图如图 6-28 所示。

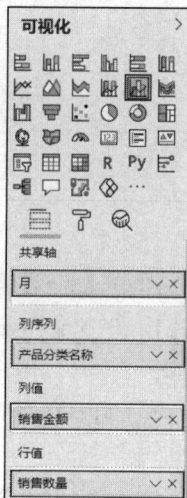

图 6-27　设置折线和簇状柱形图的属性

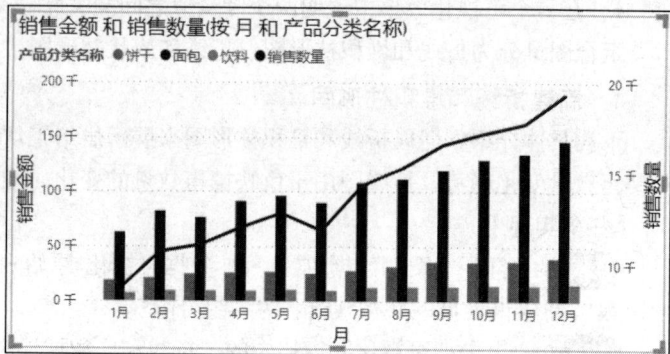

图 6-28　生成的折线和簇状柱形图

子任务六　丝带图

顾名思义，丝带图显示的结果就像飘扬的丝带一样。我们可以使用丝带图来直观显示数据，并快速发现哪个数据类别具有最高排名（最大值）。丝带图能够高效地显示排名变化，并且会在每个时间段内始终将最高排名（值）显示在最顶部。

下面具体介绍如何用丝带图（功能区）来展示烘焙工坊不同月份、不同产品分类的销售金额变化排名。

【任务实现】

步骤01　打开"案例数据\项目六\1-数据可视化-原始.pbix"文件，单击窗口左侧的"报表"按钮，新建报表页，并将其改名为"丝带图"。

步骤02　单击"可视化"窗格中的"丝带图"按钮，按图 6-29 设置丝带图的属性，生成的丝带图如图 6-30 所示。

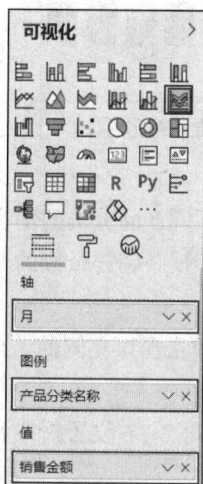

图 6-29　设置丝带图的属性

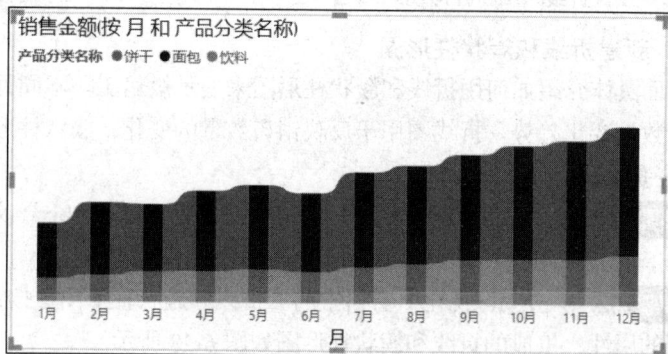

图 6-30　生成的丝带图

子任务七　瀑布图

瀑布图是由麦肯锡公司首创的，因其形似瀑布而得名。具体来说，瀑布图是根据数据的正负值来表示数据的增加或减少，并以此来表现柱子的上升或下降，根据柱子的变化序列来展示最终数据的生成过程。瀑布图也叫阶梯图，它在企业经营分析和财务分析中经常使用。

微课 6-1-3

根据不同的数据类型和应用场景，我们常见的瀑布图有组成瀑布图和变化瀑布图两种。

组成瀑布图用于表达构成整体的各个组成部分的比例关系。在组成瀑布图中，只有一个上升方向，总计的高度正好等于各个分类项柱子的高度之和，表现出总分结构关系。我们可以根据柱子的高低来判断每个分类所占比例的大小，同时也能快速找出对总值有影响的主要因素。

变化瀑布图用不同颜色的柱子来反映数据的上升和下降变化，通常上升用绿色表示、下降用红色表示。变化瀑布图可以清晰地表达过程数据的变化细节。例如，在利润表中，我们可以使用瀑布图来呈现影响净利润的因素有哪些，并且展示这些因素是如何影响的。

在 Power BI 中，若数据都为正数，则生成组成瀑布图；若数据有正有负，则生成变化瀑布图。

下面具体介绍如何用瀑布图来展示烘焙工坊不同产品的销售金额及总计情况。

【任务实现】

步骤01　打开"案例数据\项目六\1-数据可视化-原始.pbix"文件，单击窗口左侧的"报表"按钮 📊，新建报表页，并将其改名为"瀑布图"。

步骤02　单击"可视化"窗格中的"瀑布图"按钮，按图 6-31 设置瀑布图的属性，调整瀑布图的格式，生成的瀑布图如图 6-32 所示。

图 6-31　设置瀑布图的属性

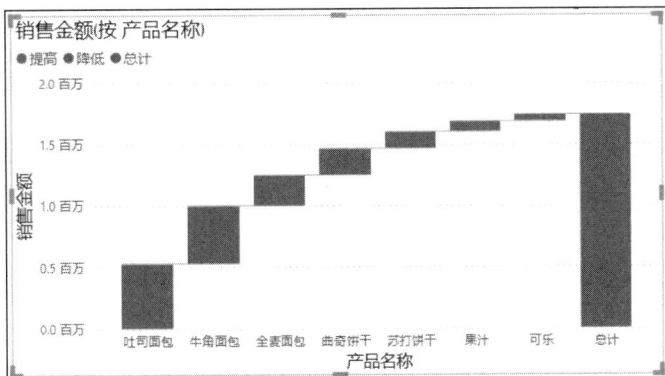

图 6-32　生成的瀑布图

子任务八　散点图

在直角坐标系中，我们可以用两组数据构成多个坐标点，这些点的分布图就是散点图。根据点的分布及大致趋势，我们可以判断两个变量之间是否存在某种关系。在制作散点图时，至少要有两组数据，分别放在 X 轴和 Y 轴上。

散点图的作用往往超乎想象，它可以让一堆看似散乱的数据变得通俗易懂，并能从这些庞杂的数据中发现一些表面上看不到的关系。更重要的是，数据量对于散点图来说越多越好，数据量越大，从散点图的分布中越能看出规律。

项目三中讲过，气泡图属于散点图的一种，它是将数据点替换为气泡，用气泡大小来表示数据的其他维度。例如，用气泡的颜色代表不同城市，用气泡的大小代表销售金额等。

散点图和气泡图主要通过横、纵坐标值和气泡大小来展示数据的分布情况。这两种图表不仅展示的数据维度多，而且图形美观。当给散点图和气泡图添加播放轴时，可将图表做成动态图表，大大提升图表的可视化效果。

下面具体介绍如何用动态气泡图来展示烘焙工坊不同店铺、不同月份的销售金额及销售数量的变化情况。

【任务实现】

步骤01 打开"案例数据\项目六\1-数据可视化-原始.pbix"文件，单击窗口左侧的"报表"按钮，新建报表页，并将其改名为"气泡图"。

步骤02 单击"可视化"窗格中的"散点图"按钮，按图 6-33 设置气泡图的属性，生成的气泡图如图 6-34 所示。

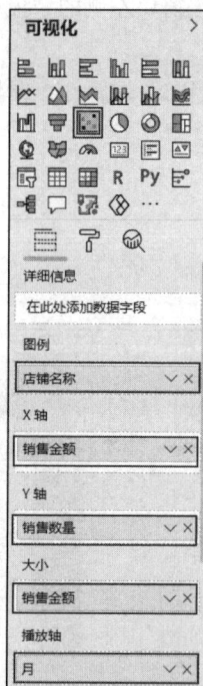

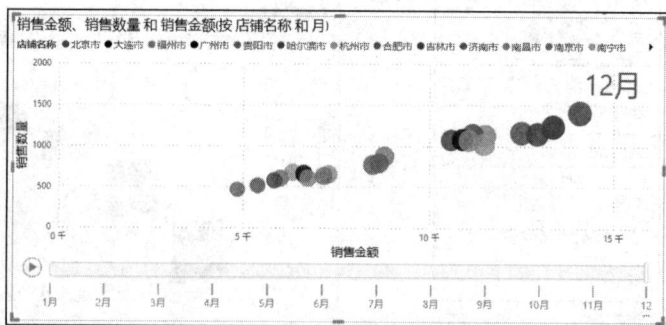

图6-33　设置气泡图的属性　　图6-34　生成的气泡图

子任务九　饼图和环形图

饼图和环形图都可以显示部分与整体的关系，适合展示每一部分占全部的百分比。环形图与饼图唯一的区别是其中心为空，因而有空间来展示标签或按钮。

饼图展现的是个体占总体的比例，利用扇面的角度来展示比例大小。

> **注意**
>
> 饼图内的类别不应设置太多，3～5个为宜；一般从12点方向开始，按顺时针方向从大到小排列；如果要显示比例数据，应保证总和为100%；饼图展现的是比例关系，不同的饼图不适合比较。

饼图中各数据之间占比的差异最好明显呈现，如果比例都差不多，如5个分类都是20%左右，那么从饼图上就很难区分哪个分类占比更大，因为人类视力对于角度的辨别力要比长短弱得多。

环形图是饼图的一种变化。环形图就是中间挖空的饼图，看起来像个甜甜圈，因此这种图表也被戏称为"甜甜圈图"。环形图表示比例的大小已经不再依靠扇形的角度，而是依靠环形的长度。当然，如果比例很接近，用户也很难区分环形的长短。也就是说，饼图的缺陷在环形图中依然存在。

1. 新建饼图

下面介绍如何用饼图来展示烘焙工坊不同产品分类的销售金额占比。

【任务实现】

步骤01 打开"案例数据\项目六\1-数据可视化-原始.pbix"文件，单击窗口左侧的"报表"按钮 📊，新建报表页，并将其改名为"饼图和环形图"。

步骤02 单击"可视化"窗格中的"饼图"按钮，按图6-35设置饼图的属性。然后单击"可视化"窗格中的"格式"按钮，调整饼图的格式，将"图例-位置"设为"上"，将"详细信息-值的小数位"设为"2"，生成的饼图如图6-36所示。

图6-35 设置饼图的属性

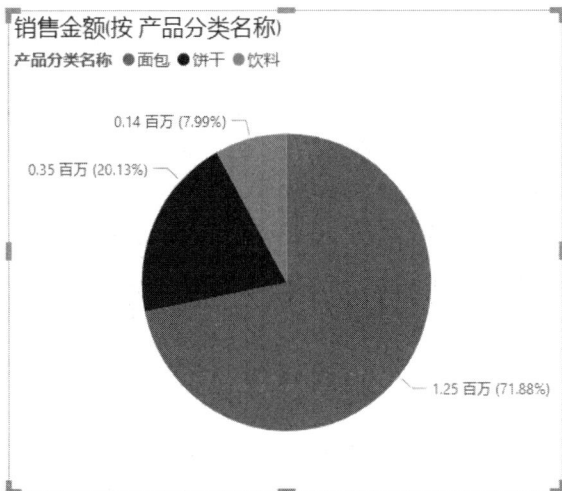

图6-36 生成的饼图

2. 新建环形图

下面介绍如何用环形图来展示烘焙工坊不同产品分类的销售金额占比。

【任务实现】

步骤 01 打开"案例数据\项目六\1-数据可视化-原始.pbix"文件，单击窗口左侧的"报表"按钮 ，选择"饼图和环形图"报表页。

步骤 02 单击"可视化"窗格中的"环形图"按钮，按图 6-37 设置环形图的属性。然后单击"可视化"窗口中的"格式"按钮，调整环形图的格式，设置"图例-位置"为"上"，设置"详细信息-值的小数位"为"2"，则生成的环形图如图 6-38 所示。

图 6-37 设置环形图的属性

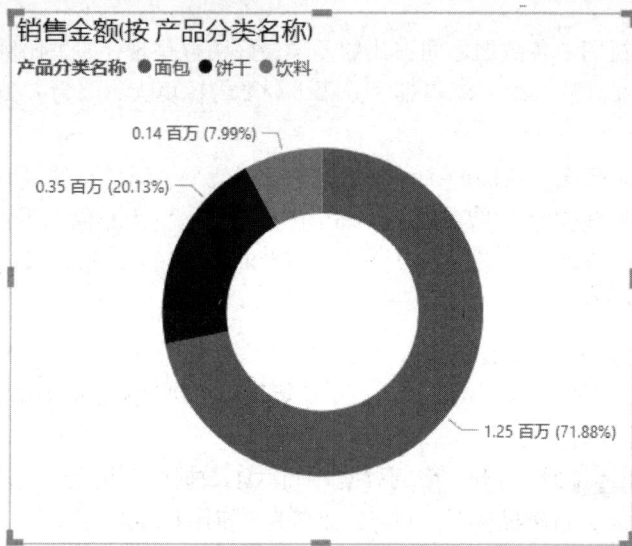

图 6-38 生成的环形图

子任务十 树状图

树状图也称为矩形树图，即图中的每一个数据用矩形表示，矩形大小按数据在整体中的比重显示，所有矩形错落有致地排放在一个整体的大矩形中。

树状图通过每个矩形的大小、位置和颜色来区分各个数据的权重关系，以及占总体的比重。因此，用户可以一目了然整个数据集的状况及各个数据的占比。树状图不仅可以表示单层数据关系，还可以用来展现双层结构。

微课 6-1-4

树状图的使用场景包括：用于显示大量的分层数据；用于显示每个部分与整体之间的比例；用于显示层次结构中指标在各个类别层次的分布模式；用大小和颜色编码显示属性；发现模式、离群值、最重要因素和异常等。

下面详细介绍如何用树状图来展示烘焙工坊不同产品的销售金额及占总体的比重。

【任务实现】

步骤 01 打开"案例数据\项目六\1-数据可视化-原始.pbix"文件，单击窗口左侧的"报表"按钮 ，新建报表页，并将其改名为"树状图"。

步骤 02 单击"可视化"窗格中的"树状图"按钮，按图 6-39 设置树状图的属性。然后单击"可视化"窗格中的"格式"按钮，调整树状图的格式，并将"数据标签"设为"开"，生成的树状图如图 6-40 所示。

图 6-39　设置树状图的属性

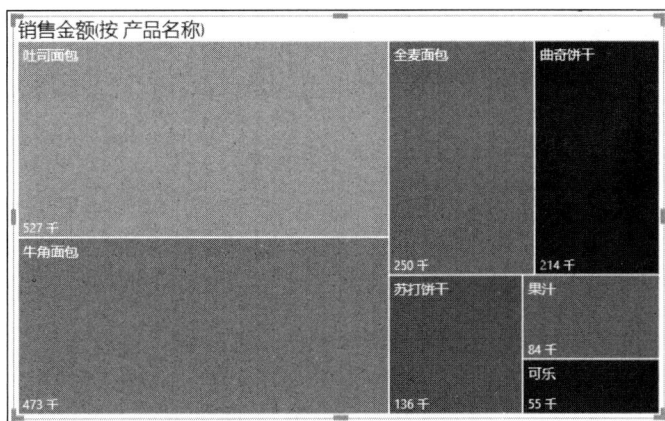

图 6-40　生成的树状图

子任务十一　地图

在 Power BI 默认的可视化对象中，有两种地图元素：气泡地图和着色地图。

1. 新建气泡地图

气泡地图是在地图上利用气泡的大小来表示不同地区的数据，气泡越大，则表示的数据值越大。例如，在地图中用气泡展现各个城市的温度，气泡越大，则温度越高。

> **注意**
>
> 在使用气泡地图时，地名最好写全称，比如"北京"应该写为"北京市"。如果要确保位置精确，也可以把具体的经纬度添加进来。

下面具体介绍如何用气泡地图来展示烘焙工坊不同门店的销售情况。

【任务实现】

步骤01 打开"案例数据\项目六\1-数据可视化-原始.pbix"文件，单击窗口左侧的"报表"按钮 📊，新建报表页，并将其改名为"地图"。

步骤02 单击"可视化"窗格中的"地图"按钮，按图 6-41 设置气泡地图的属性，即可实现地图的可视化效果。

2. 新建着色地图

着色地图和气泡地图的制作过程基本一样，只是展现数据的方式不是使用气泡，而是用颜色填充，颜色越深表示数值越大。着色地图对位置信息的要求比气泡地图更严格，提供经纬度数据会更容易正常显示。另外，还需要先为相应字段设置地理信息分类，并选

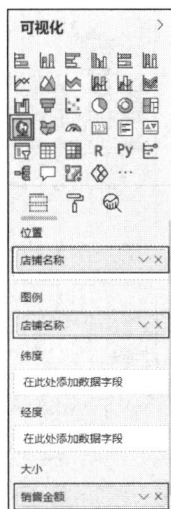

图 6-41　设置气泡地图的属性

择和地理位置对应的层级，设置好以后，该字段前面会显示地球状的地理标识。

下面介绍如何用着色地图来展示烘焙工坊不同门店的销售金额。

【任务实现】

步骤 01 打开"案例数据\项目六\1-数据可视化-原始.pbix"文件，单击窗口左侧的"报表"按钮 📊，新建报表页，并将其改名为"着色地图"。

步骤 02 单击"可视化"窗格中的"着色地图"按钮，按图 6-42 设置着色地图的属性，即可实现着色地图的可视化效果。

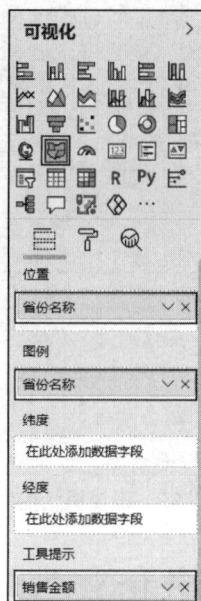

子任务十二　漏斗图

漏斗图适用于有顺序、多阶段的流程分析。通过各流程的数据变化，以及初始阶段和最终目标两端的漏斗差距，用户可以快速发现问题所在。漏斗图的每个阶段代表总数的百分比。漏斗图常用于跟踪销售转化情况，比如跟踪某产品从推广到购买转化的业务流程。

下面具体介绍如何用漏斗图来展示烘焙工坊不同产品的销售金额变化。

图 6-42　设置着色地图的属性

【任务实现】

步骤 01 打开"案例数据\项目六\1-数据可视化-原始.pbix"文件，单击窗口左侧的"报表"按钮 📊，新建报表页，并将其改名为"漏斗图"。

步骤 02 单击"可视化"窗格中的"漏斗图"按钮，按图 6-43 设置漏斗图的属性，生成的漏斗图如图 6-44 所示。

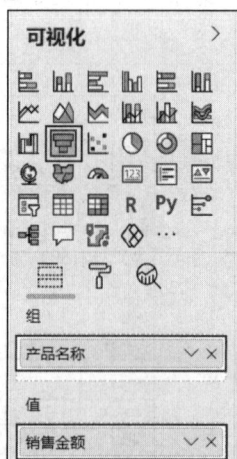

图 6-43　设置漏斗图的属性

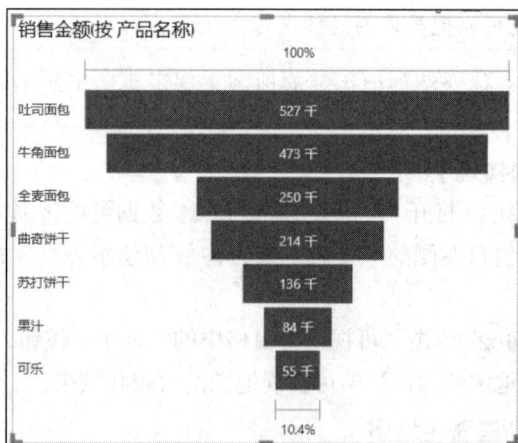

图 6-44　生成的漏斗图

💡**说明**

此案例只是向读者展示漏斗图的可视化效果，结果并不是十分精确，仅供参考。

子任务十三 仪表图

仪表图即类似于仪表盘的图形。管理者经常需要关注企业的关键数据指标及该指标与预算数据相比的完成度，而这种数据指标的最佳表达方式就是仪表图。在 Power BI 默认的可视化效果中，仪表图中的实际数据总是显示在仪表盘的中间位置，而仪表盘的最小值为 0，最大值为实际数据的 2 倍，目标值根据实际数据的完成情况显示在实际数据左右。

微课6-1-5

仪表图的样式分为数值仪表图和百分比仪表图两种。数值仪表图主要用于展示具体的数据，百分比仪表图主要用于展示某个数据的完成情况，即完成度（百分比）。在实际应用中，通常可设置仪表的最大值和最小值，使得实际值出现在仪表盘的右侧，接近最大值的位置。

仪表图广泛应用于经营数据分析、财务指标跟踪和绩效考核等方面，例如显示某个目标的完成进度，表示 KPI（Key Performance Index，关键绩效指标）完成情况，显示单个指标的健康状况等。

1. 新建数值仪表图

下面详细介绍如何用数值仪表图来展示烘焙工坊的销售金额与任务额，从而查看销售额的完成情况。

【任务实现】

步骤01 打开"案例数据\项目六\1-数据可视化-原始.pbix"文件，单击窗口左侧的"报表"按钮 ，新建报表页，并将其改名为"仪表图"。

步骤02 单击"可视化"窗格中的"仪表"按钮，按图 6-45 设置数值仪表图的属性。然后单击"可视化"窗格中的"格式"按钮，按图 6-46 设置数值仪表图的格式，将"测量轴-最大"设为"2 200 000"，将"数据标签-值的小数位""目标-值的小数位""标注值-值的小数位"均设为"2"，生成的数值仪表图如图 6-47 所示。

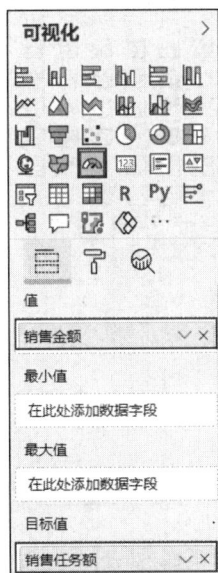

图 6-45　设置数值仪表图的属性　　　　图 6-46　设置数值仪表图的格式

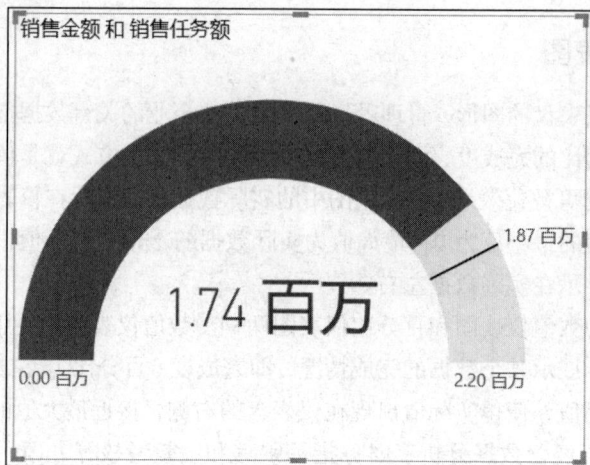

图 6-47　生成的数值仪表图

2. 新建百分比仪表图

前面我们介绍过，百分比仪表图主要用于展示某个数据（如销售金额）的完成情况，即完成度，这时将参数"测量轴-最大"设为"1"即可。

下面具体介绍如何用百分比仪表图来展示烘焙工坊销售指标的完成情况。

【任务实现】

步骤 01　打开"案例数据\项目六\1-数据可视化-原始.pbix"文件，单击窗口左侧的"报表"按钮，选择"仪表图"报表页。

步骤 02　单击"可视化"窗格中的"仪表"按钮，按图 6-48 设置百分比仪表图的属性，并按图 6-49 设置百分比仪表图的格式，生成的百分比仪表图如图 6-50 所示。

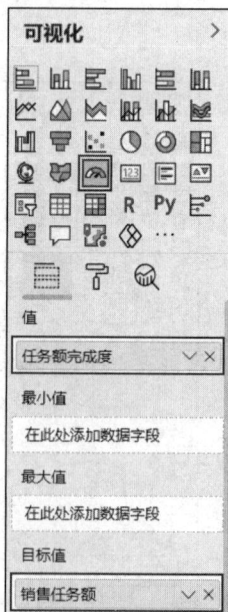

图 6-48　设置百分比仪表图的属性

图 6-49　设置百分比仪表图的格式

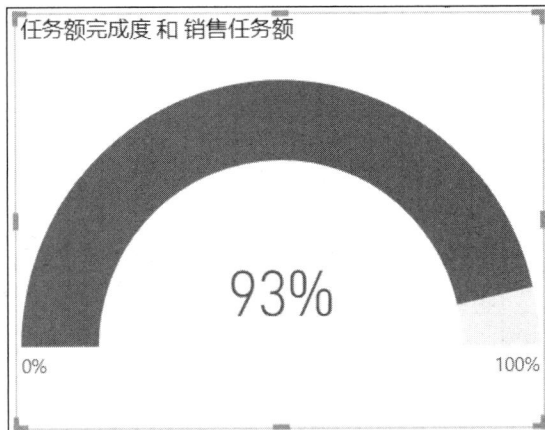

图 6-50 生成的百分比仪表图

子任务十四 卡片图和多行卡

卡片图以卡片形式来显示关键数据值，因此也被称为大数字磁贴。在企业数据大屏或数据看板中，关键绩效指标（如总销售额或总销售数量）通常会用又大又醒目的方式来呈现，卡片图就是最佳工具。指标越受关注，越适合用卡片图来展现。

卡片图通常在以下场景使用：展现重要指标；为其他数据提供上下文。卡片图一般不单独使用，而是在仪表板或报表的醒目位置展示重要的数据。

1. 新建卡片图

下面具体介绍如何用卡片图来展示烘焙工坊的销售金额与任务额完成度两个指标。

【任务实现】

步骤01 打开"案例数据\项目六\1-数据可视化-原始.pbix"文件，单击窗口左侧的"报表"按钮 ，新建报表页，并将其改名为"卡片和多行卡"。

步骤02 单击"可视化"窗格中的"卡片图"按钮，按图 6-51 设置卡片图的属性，调整格式，将"数据标签-值的小数位"设为"2"，将"边框"设为"开"，生成的销售金额卡片图如图 6-52 所示。

图 6-51 设置销售金额卡片图的属性

图 6-52 生成的销售金额卡片图

步骤03 单击"可视化"窗格中的"卡片图"按钮，按图 6-53 设置卡片图的属性，调整格式，将"边框"设为"开"，则生成的任务额完成度卡片图如图 6-54 所示。

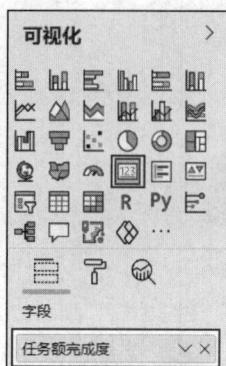

图 6-53　设置任务额完成度卡片图的属性

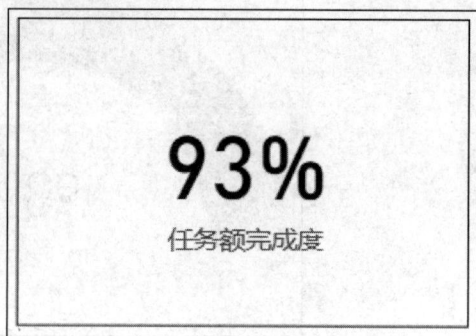

图 6-54　生成的任务额完成度卡片图

2. 新建多行卡

多行卡其实也是卡片图的一种，只是可以同时展示多个指标的数据。

下面具体介绍如何用多行卡来展示烘焙工坊的销售金额、销售数量、营业店铺数量、单店平均销售额等指标。

【任务实现】

步骤 01　打开"案例数据\项目六\1-数据可视化-原始.pbix"文件，单击窗口左侧的"报表"按钮 📊，选择"卡片和多行卡"报表页。

步骤 02　单击"可视化"窗格中的"多行卡"按钮，按图 6-55 设置多行卡的属性，生成的多行卡如图 6-56 所示。

图 6-55　设置多行卡的属性

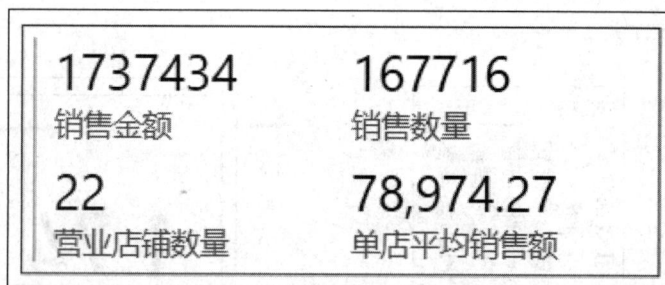

图 6-56　生成的多行卡

子任务十五　KPI 图

KPI 是衡量流程绩效的一种量化管理指标，是企业绩效管理的基础。建立明确、切实可行的 KPI 体系，是做好绩效管理的关键。KPI 图正是 KPI 管理的一个有效工具。

Power BI 中的 KPI 图旨在帮助用户针对既定的目标评估指标的当前值和状态。因此，创建 KPI 图需要一个用于计算值的基础指标值和一个目标指标值。

下面具体介绍如何用 KPI 图按年份展示烘焙工坊的销售金额、销售任务额及其差异情况。

【任务实现】

步骤01 打开"案例数据\项目六\1-数据可视化-原始.pbix"文件，单击窗口左侧的"报表"按钮，新建报表页，并将其改名为"KPI"。

步骤02 单击"可视化"窗格中的"KPI"按钮，按图 6-57 设置 KPI 图的属性，生成的 KPI 图如图 6-58 所示。

由图 6-58 可以看出，销售金额的实际值为 1 095 311 元，目标值为 1 220 000 元，差异率为 −10.22%。

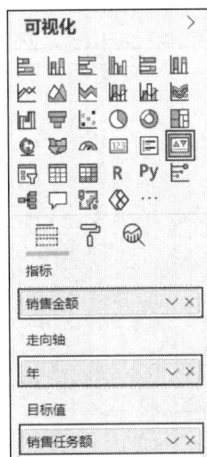

图 6-57　设置 KPI 图的属性

图 6-58　生成的 KPI 图

子任务十六　表和矩阵

Power BI 中的表实际上是一维表的概念，可以将任何字段和度量值拖曳到表格中，查看它们之间的关系。

Power BI 中的矩阵实际上是二维表的概念，表格是以逻辑序列的行和列表示的包含相关数据的网格，其中还包含表头和合计行。因此，矩阵也可以理解为数据透视表。在矩阵中，用户通过拖曳所关心的指标，可以了解更加明细的数据，从而实现数据透视表的功能。

微课 6-1-6

1. 新建表

下面具体介绍如何用表来展示烘焙工坊不同年度和不同月份的销售金额、上月销售额、销售金额环比、上年销售额、销售金额同比等数据。

【任务实现】

步骤01 打开"案例数据\项目六\1-数据可视化-原始.pbix"文件，单击窗口左侧的"报表"按钮，新建报表页，并将其改名为"表和矩阵"。

步骤02 单击"可视化"窗格中的"表"按钮，按图 6-59 设置表的属性。分别选中"销售金额环比""销售金额同比"两个度量值，在"度量工具"选项卡的"格式化"组中，参照图 6-60

设置数据格式（百分比和小数位）。生成的表如图 6-61 所示。

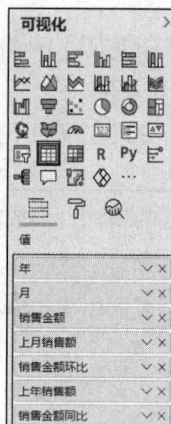

图 6-59　设置表的属性

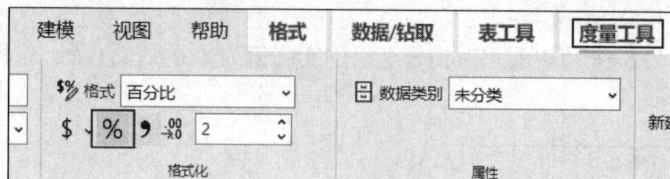

图 6-60　设置表的数据格式

年	月	销售金额	上月销售额	销售金额环比	上年销售额	销售金额同比
2019年	1月	34719				
2019年	2月	44600	34719	28.46%		
2019年	3月	58384	44600	30.91%		
2019年	4月	57670	58384	-1.22%		
2019年	5月	55752	57670	-3.33%		
2019年	6月	53374	55752	-4.27%		
2019年	7月	56581	53374	6.01%		
2019年	8月	55765	56581	-1.44%		
2019年	9月	54795	55765	-1.74%		
2019年	10月	55693	54795	1.64%		
2019年	11月	56224	55693	0.95%		
2019年	12月	58566	56224	4.17%		
2020年	1月	53828	58566	-8.09%	34719	55.04%
2020年	2月	66045	53828	22.70%	44600	48.08%
2020年	3月	51763	66045	-21.62%	58384	-11.34%
2020年	4月	67974	51763	31.32%	57670	17.87%
2020年	5月	79118	67974	16.39%	55752	41.91%
2020年	6月	71426	79118	-9.72%	53374	33.82%
2020年	7月	91165	71426	27.64%	56581	61.12%
2020年	8月	101419	91165	11.25%	55765	81.87%
2020年	9月	111766	101419	10.20%	54795	103.97%
2020年	10月	123249	111766	10.27%	55693	121.30%
2020年	11月	130020	123249	5.49%	56224	131.25%
2020年	12月	147538	130020	13.47%	58566	151.92%
总计		**1737434**			**642123**	**170.58%**

图 6-61　生成的表

2. 新建矩阵

下面介绍如何用矩阵来展示烘焙工坊不同店铺、不同产品的销售金额。

【任务实现】

步骤 01 打开"案例数据\项目六\1-数据可视化-原始.pbix"文件，单击窗口左侧的"报表"按钮，选择"表和矩阵"报表页。

步骤 02 单击"可视化"窗格中的"矩阵"按钮，按图 6-62 设置矩阵的属性，生成的矩阵如图 6-63 所示。

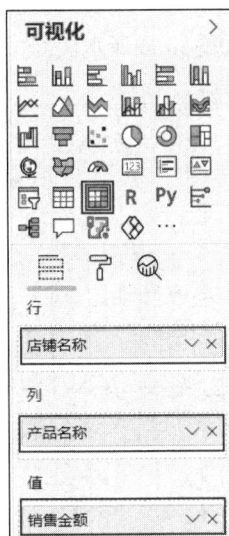

图 6-62 设置矩阵的属性

店铺名称	果汁	可乐	牛角面包	曲奇饼干	全麦面包	苏打饼干	吐司面包	总计
北京市	5516	4136	33696	14808	17652	8238	30866	114912
大连市	6088	3344	28152	13496	14796	7824	32453	106153
福州市	1756	1064	11934	5384	5232	3102	14628	43100
广州市	2692	1644	15300	6104	7296	4452	14214	51702
贵阳市	2008	1366	11250	5600	6636	3468	13915	44243
哈尔滨市	5120	3316	29376	13344	15864	8274	30912	106206
杭州市	2352	1336	13788	6592	7200	3906	15410	50584
合肥市	2340	1212	12924	6680	6636	3390	14559	47741
吉林市	5180	3814	29988	13632	17580	8556	33534	112284
济南市	5372	3458	27468	12440	15048	9312	34753	107851
南昌市	2836	1274	12834	4936	7008	4158	15088	48134
南京市	2460	2020	15966	6216	9324	3642	17457	57085
南宁市	2844	1998	13770	7624	6528	3768	15433	51965
上海市	2660	1450	17082	6384	7200	4158	14881	53815
沈阳市	5440	3384	31122	14600	16692	7530	32315	111083
石家庄市	4332	3354	29898	11136	14184	8226	33856	104986
太原市	4608	2996	23256	10320	12588	7200	28198	89166
天津市	4656	3400	29322	11232	14160	7746	24104	94620
武汉市	2392	1278	11610	7736	7128	3450	14352	47946
西安市	2616	1470	12690	6984	7020	3570	16008	50358
长春市	5860	4320	32796	16200	20160	11724	40940	132000
郑州市	4928	3104	28386	12520	13896	10026	38640	111500
总计	84056	54738	472608	213968	249828	135720	526516	1737434

图 6-63 生成的矩阵

子任务十七 切片器

切片器常用作画布中的视觉筛选器。切片的作用本质上不是为了呈现数据，而是根据切片器的选择，控制其他可视化对象显示相应的数据。因此，一般将维度表的数据放入切片器中。

例如，我们可以用条形图来展示烘焙工坊在 2019 和 2020 年度不同产品分类的销售金额。若想查看某一年度、某一季度、某一月份不同产品分类的销售金额，我们就可以设置"年""季度""月" 3 个切片器。下面具体介绍操作过程。

【任务实现】

步骤01 打开"案例数据\项目六\1-数据可视化-原始.pbix"文件，单击窗口左侧的"报表"按钮 📊，选择"条形图"报表页。

步骤02 单击"可视化"窗格中的"切片器"按钮，如图 6-64 所示，设置"年"切片器的属性。用同样的方法，分别设置"季度"和"月"切片器的属性。

步骤03 单击"可视化"窗格中的"格式"按钮，将 3 个切片器的"边框"均设为"开"，生成的切片器如图 6-65 所示。

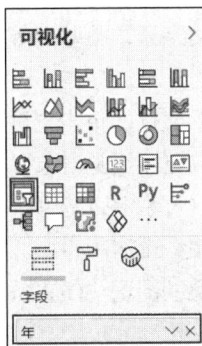

图 6-64 设置切片器的属性

图 6-65 生成的切片器

步骤 04 通过对切片器的控制，可以筛选出需要的报表数据，如图 6-66 所示。

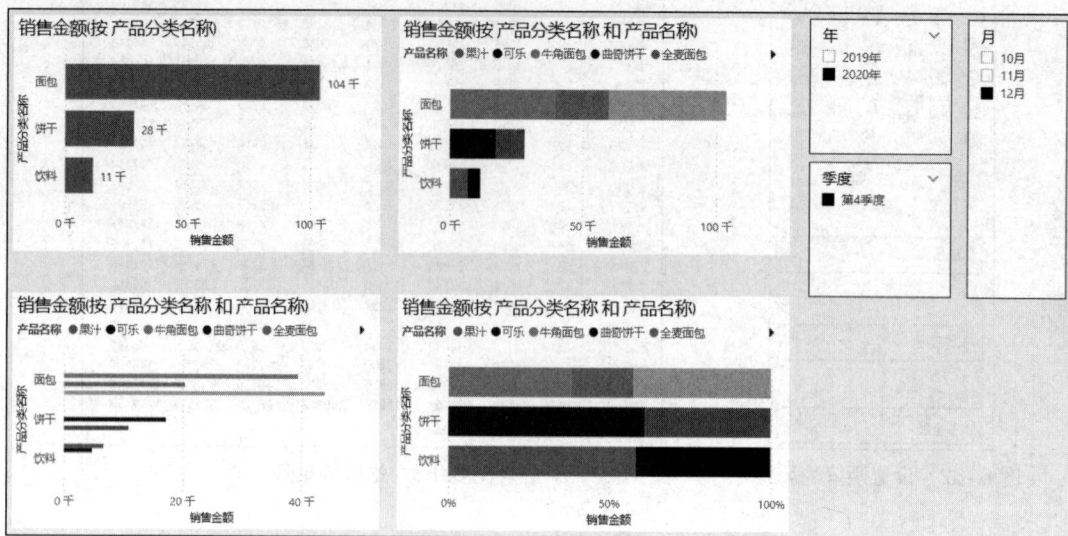

图 6-66　筛选报表数据

任务二　自定义可视化图表

除了预置的可视化图表外，Power BI 还提供了丰富、酷炫的自定义可视化图表库，而且会不定期更新，增加新的可视化对象。

Power BI 自定义的可视化图表常用的有文字云、马表图和子弹图等。

子任务一　添加自定义可视化对象

当默认的可视化对象不能满足可视化分析的需求时，我们可以加载自定义的可视化对象。加载的方法有两种：一种是直接在 Power BI Desktop 的"可视化"窗格中添加；另一种是登录 Power BI 官方网站，下载并安装自定义可视化对象。加载自定义的可视化对象需用注册账号登录 Power BI。

下面介绍如何添加自定义可视化对象（子弹图、马表图、文字云、桑基图等）。

【任务实现】

步骤 01 打开"案例数据\项目六\1-数据可视化-原始.pbix"文件，单击"可视化"窗格中的"获取更多视觉对象"按钮 ···，从弹出的快捷菜单中选择"获取更多视觉对象"选项，然后在打开的页面中选择"Power BI 认证"分类，再选择"Bullet Chart"（子弹图）选项，如图 6-67 所示。

步骤 02 单击"添加"按钮，即可把子弹图添加到"可视化"窗格中。

步骤 03 用同样的方法，我们可以添加"Sankey Chart"（桑基图）、"Dial Gauge"（马表图）、"Word Cloud"（文字云）等可视化对象，结果如图 6-68 所示。

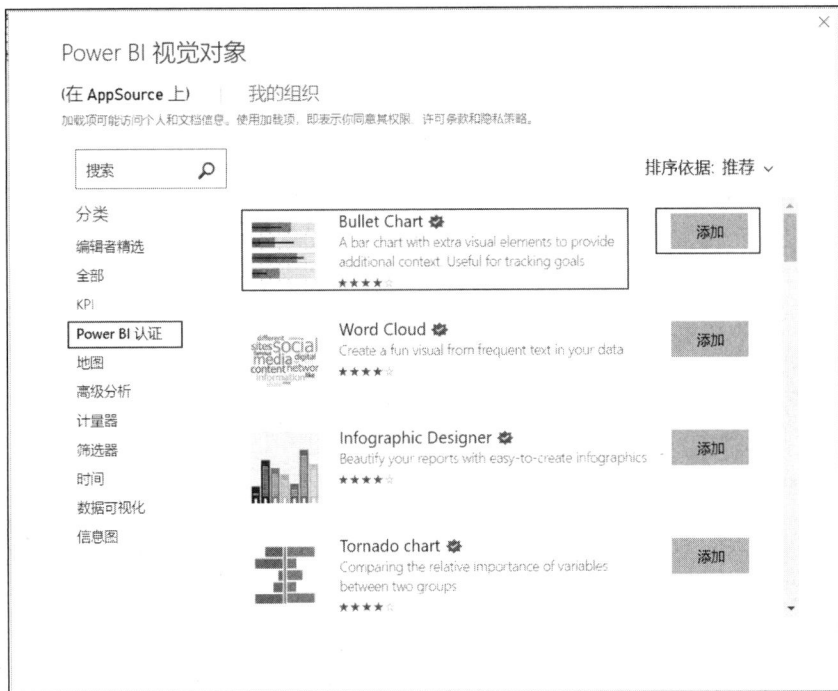

图 6-67　添加自定义可视化对象"子弹图"

图 6-68　添加"子弹图""桑基图""马表"和"文字云"按钮后的"可视化"窗格

子任务二　马表图

马表图是一种带指针的仪表图，可以通过红、黄、绿 3 种颜色的变化反映实际值与目标值的接近程度，令可视化效果更加突出且富有冲击力。

下面介绍如何用马表图来反映烘焙工坊销售金额与任务额的接近程度。

【任务实现】

步骤 01 打开"案例数据\项目六\1-数据可视化-原始.pbix"文件，在"任务表"中新建两个度量值。

微课 6-2-1

销售任务额最大值='任务表'[销售任务额]*1.5
销售任务额最小值='任务表'[销售任务额]*0.9

步骤 **02** 单击窗口左侧的"报表"按钮 ，新建"马表"报表页。

步骤 **03** 单击"可视化"窗格中的"马表"按钮，按图 6-69 设置马表图的属性，并用红、黄、绿 3 种颜色标示。生成的马表图如图 6-70 所示。

- 0～销售任务额最小值（0～90%）：红色区域（销售任务完成得不好）。
- 销售任务额最小值～销售任务额（90%～100%）：黄色区域（销售任务完成正常）。
- 销售任务额～销售金额最大值（100%～120%）：绿色区域（销售任务完成得很好）。

图 6-69　设置马表图的属性

图 6-70　生成的马表图

子任务三　子弹图

子弹图是仪表图的一种变化形式，可以用来展现目标的完成情况。子弹图可以定义深红、红、黄、绿 4 种颜色分别呈现有待改善、一般、好和很好 4 种情况，具体说明如下。

- 0～25%：深红色区域，有待改善。
- 25%～70%：红色区域，一般。
- 70%～100%：黄色区域，好。
- 100%～120%：绿色区域，很好。

下面具体介绍如何用子弹图来反映烘焙工坊销售金额与任务额的接近程度。

微课 6-2-2

【任务实现】

步骤 01 打开"案例数据\项目六\1-数据可视化-原始.pbix"文件，单击窗口左侧的"报表"按钮 📊，新建"子弹图"报表页。

步骤 02 单击"可视化"窗格中的"子弹"按钮，按图 6-71 设置子弹图的属性，并按图 6-72 设置子弹图数据值的格式。生成的子弹图如图 6-73 所示。

图 6-71　设置子弹图的属性　　　　图 6-72　设置子弹图的格式

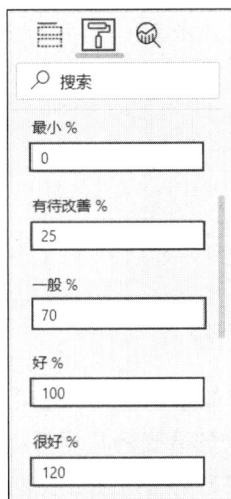

图 6-73　生成的子弹图

子任务四　文字云

文字云是一种很好的图形展现方式，能让浏览者从一组数据中快速找到突出的那几个。文字云特别适合做文本内容挖掘的可视化展示。当我们需要呈现某个词语在文本数据中出现的频率时，使用文字云可以让出现频率较高的词语以较大的形式呈现出来，而出现频率越低的词语则以较小的形式呈现，这样可以使文本中出现频率较高的"关键词"更加突出，浏览者一眼扫过就可以领略文本的主旨。

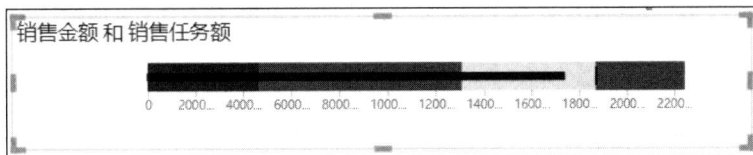

微课 6-2-3

下面具体介绍如何用文字云来反映烘焙工坊中购买金额最大的会员 ID 号。

【任务实现】

步骤 01 打开"案例数据\项目六\1-数据可视化-原始.pbix"文件，单击窗口左侧的"报表"按钮 📊，新建"文字云"报表页。

步骤 02 单击"可视化"窗格中的"文字云"按钮，按图 6-74 设置文字云的属性，生成的文字云如图 6-75 所示。从中可以看出，购买金额最大的会员 ID 是 7663。

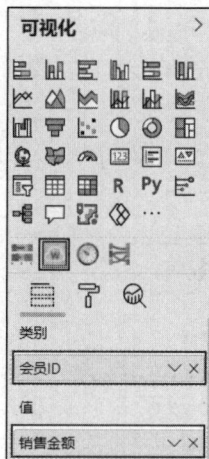

图 6-74　设置文字云的属性

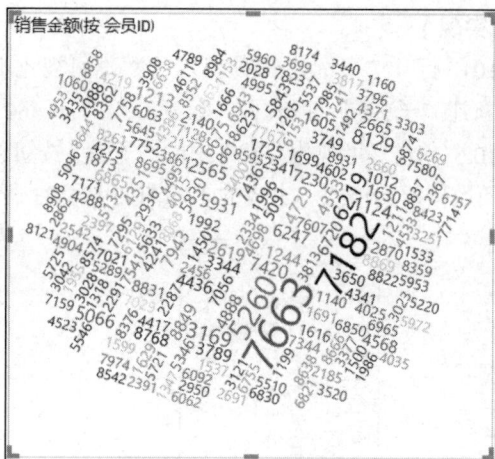

图 6-75　生成的文字云

子任务五　桑基图

桑基图，即桑基能量分流图，也叫桑基能量平衡图。它是一种特定类型的流程图，图中延伸的分支的宽度对应数据流量的大小，通常应用于能源、材料成分、金融等数据的可视化分析。通过桑基图，用户可以清楚地找到源头、目的地和步骤，可以单击链接或流程本身来进行交互。

下面介绍如何用桑基图来反映烘焙工坊不同店铺、不同产品分类的销售情况。

微课 6-2-4

【任务实现】

步骤 01　打开"案例数据\项目六\1-数据可视化-原始.pbix"文件，单击窗口左侧的"报表"按钮 ，新建"桑基图"报表页。

步骤 02　单击"可视化"窗格中的"桑基图"按钮，按图 6-76 设置桑基图的属性，生成的桑基图如图 6-77 所示。

图 6-76　设置桑基图的属性

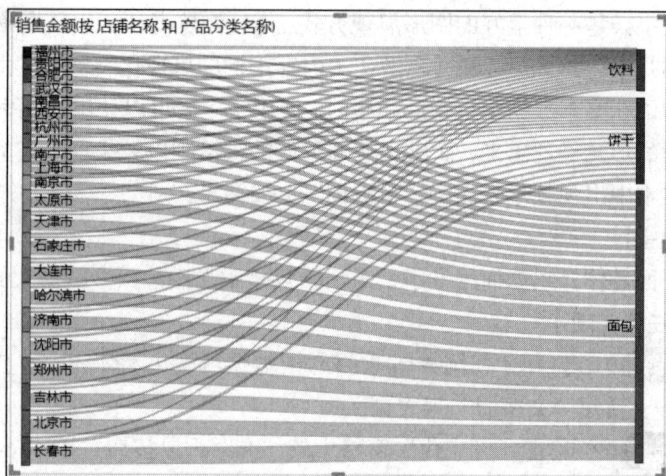

图 6-77　生成的桑基图

任务三　图表美化

为了使生成的可视化图表更加美观，我们可以从切换主题和图表格式设置两个方面对图表进行美化。

子任务一　切换主题

Power BI Desktop 提供了默认、城市公园、教室、色盲友好、电气、高对比度、日落、黄昏等多个主题，每一个主题有不同的配色。进行可视化分析时，用户可以根据数据的特点、公司的风格和文化背景等选择适合的主题。除了系统提供的主题外，Power BI Desktop 还提供了导入主题功能。

下面依然以烘焙工坊为例来介绍如何由系统默认的主题切换为"城市公园"主题。

【任务实现】

步骤 01　打开"案例数据\项目六\2-数据可视化-原始.pbix"文件，单击窗口左侧的"报表"按钮 📊，报表页的默认显示效果如图 6-78 所示。

步骤 02　执行"视图"→"主题"→"城市公园"命令后，报表页的显示效果如图 6-79所示。

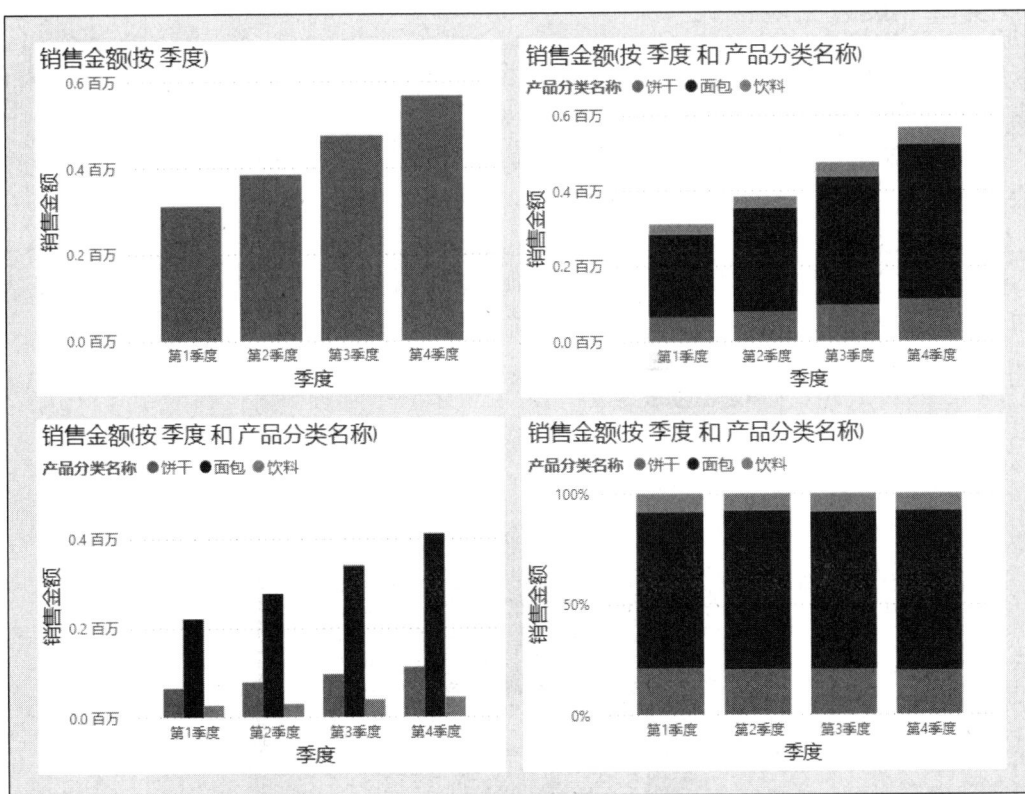

图 6-78　报表主题（默认主题）

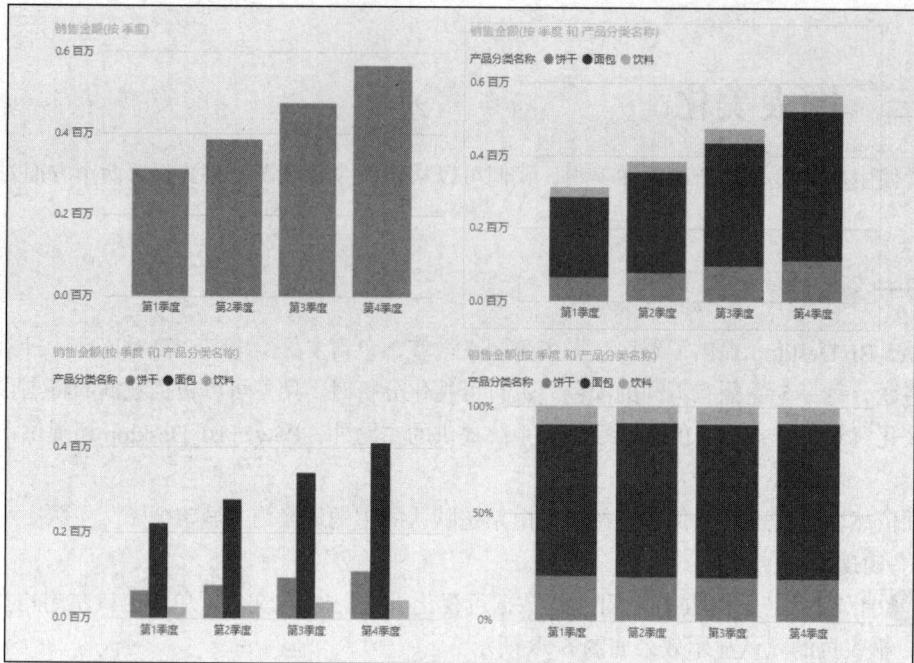

图 6-79　报表主题（城市公园）

子任务二　设置图表格式

对于某一报表的可视化对象，我们可以通过设置图表格式（如常规、X 轴、Y 轴、数据颜色、数据标签、标题、背景、边框等）来改变图表的显示风格。

下面介绍如何对烘焙工坊按季度显示销售金额的柱形图进行图表格式的设置，进一步美化图表。

【任务实现】

步骤01 打开"案例数据\项目六\2-数据可视化-原始.pbix"文件，单击窗口左侧的"报表"按钮 ，可以看到系统默认的柱形图如图 6-80 所示。

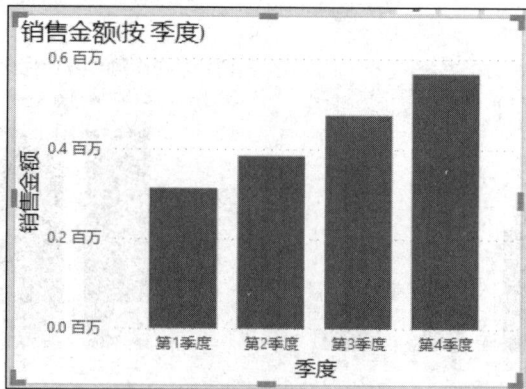

图 6-80　默认显示的柱形图

步骤02 选中柱形图，单击"可视化"窗格中的"格式"按钮 ，打开"数据标签"选项，将"显示单位"设为"无",然后再打开"边框"选项,给柱形图加上边框,最终得到的柱形图如图 6-81 所示。

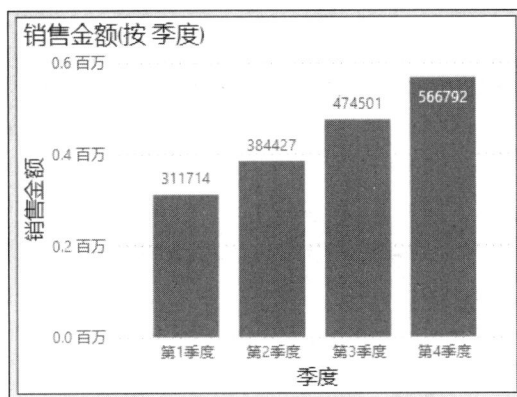

图 6-81 设置格式后的柱状图

任务四 图表的筛选、钻取和编辑交互

在 Power BI Desktop 中,用户通过图表的筛选、钻取和编辑交互功能,可以实现更多的动态效果,对数据进行更加深入的探索。

子任务一 图表的筛选

Power BI 中对图表的筛选是指通过可视化对象属性筛选器的设置而完成的筛选。准确地说,切片器和图表的钻取都属于筛选功能。

筛选器按照使用的方位可以分为视觉级筛选器、页面级筛选器和报告级筛选器 3 种。

微课 6-4-1

- 视觉级筛选器的作用是对特定的可视化对象进行筛选后,其他可视化对象不受影响。
- 页面级筛选器的作用是对特定的可视化对象进行筛选后,本报表页的其他可视化对象也受到影响。
- 报告级筛选器的作用是对特定的可视化对象进行筛选后,所有报表页的所有可视化对象均受到影响。

根据字段类型,筛选器可以分为文本筛选器、数值筛选器、日期和时间筛选器。3 种筛选器的筛选方式比较如表 6-1 所示。

表 6-1   3 种筛选方式的比较

筛选器	筛选方式
文本筛选器	基本筛选:列表模式 高级筛选:设置复杂筛选条件(大于、小于、且、或等) 前 N 个:筛选该字段前 N 个数据
数值筛选器	基本筛选:列表模式
日期和时间筛选器	高级筛选:设置复杂的筛选条件(大于、小于、且、或等)

1. 新建视觉级筛选器

下面具体介绍如何对条形图进行视觉级筛选器的设置（不影响本报表页折线图中数据的显示）。

【任务实现】

步骤 01 打开"案例数据\项目六\3-数据可视化-原始.pbix"文件，单击窗口左侧的"报表"按钮 📊，选择"条形图和折线图"报表页。条形图和折线图均显示 3 个产品分类的数据，如图 6-82 所示。

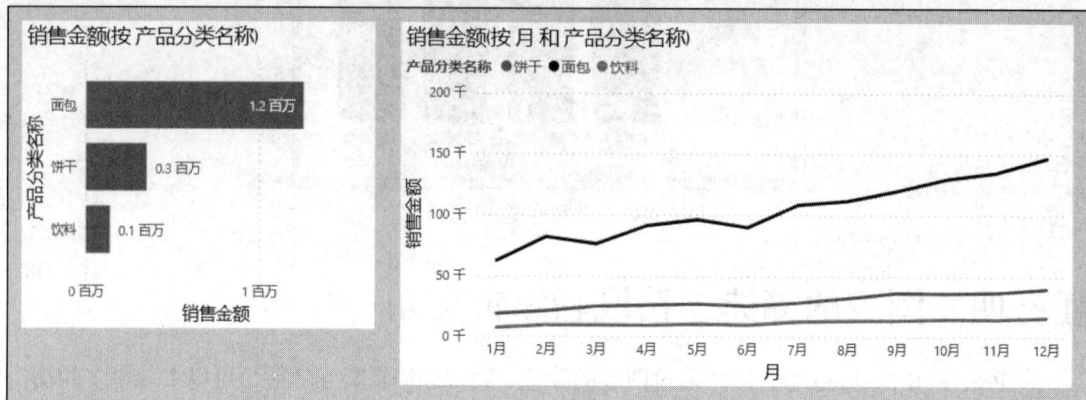

图 6-82　条形图和折线图（原显示）

步骤 02 选中"条形图"，在"筛选器"窗格的"此视觉对象上的筛选器"框中，将"产品分类名称"下的"面包"去掉，其他产品分类保留，如图 6-83 所示。

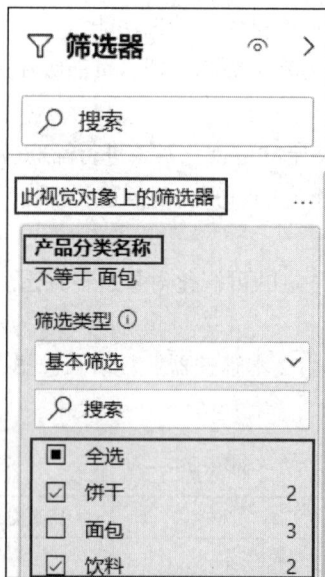

图 6-83　设置视觉级筛选器的属性

步骤 03 筛选后的报表页显示效果如图 6-84 所示。可以看到，条形图中已经没有"面包"数据，而折线图中还有。

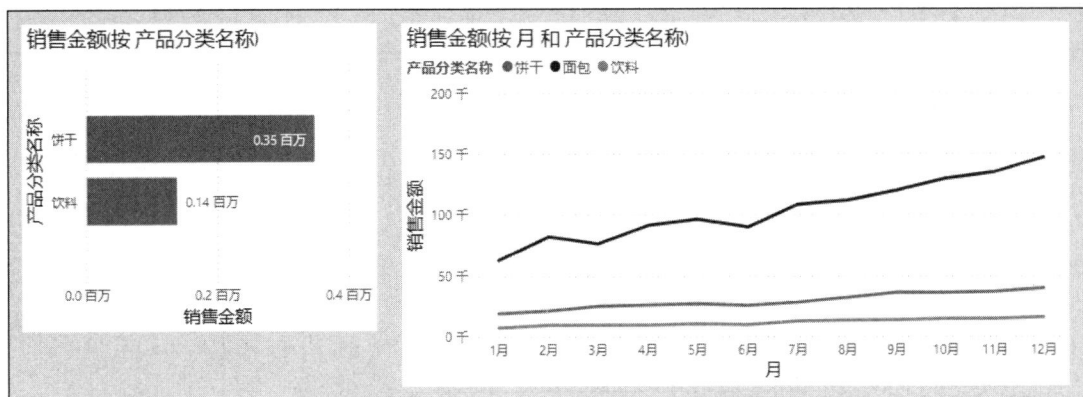

图 6-84　条形图和折线图（筛选后显示）

2. 新建页面级筛选器

下面介绍如何对条形图进行页面级筛选器的设置（结果将影响本报表页折线图中数据的显示）。

【任务实现】

步骤01 打开"案例数据\项目六\3-数据可视化-原始.pbix"文件，单击窗口左侧的"报表"按钮，选择"条形图和折线图"报表页。条形图和折线图均显示 3 个产品分类数据，如图 6-82 所示。

步骤02 将"字段"窗格中的"产品分类名称"选项拖曳到"筛选器"窗格中"此页上的筛选器"框中，然后将"面包"分类去掉，其他产品分类保留，如图 6-85 所示。

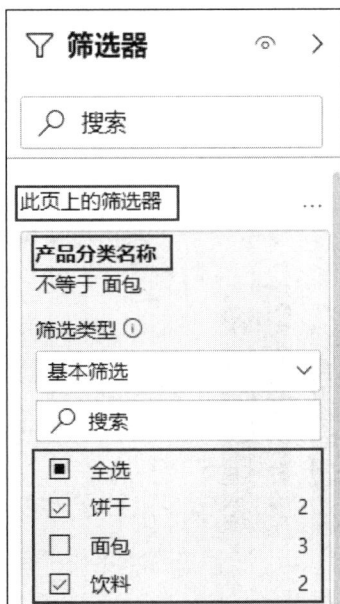

图 6-85　设置页面级筛选器的属性

步骤 03 筛选后的报表页显示效果如图 6-86 所示。可以看到，条形图和折线图中均已经没有"面包"数据。

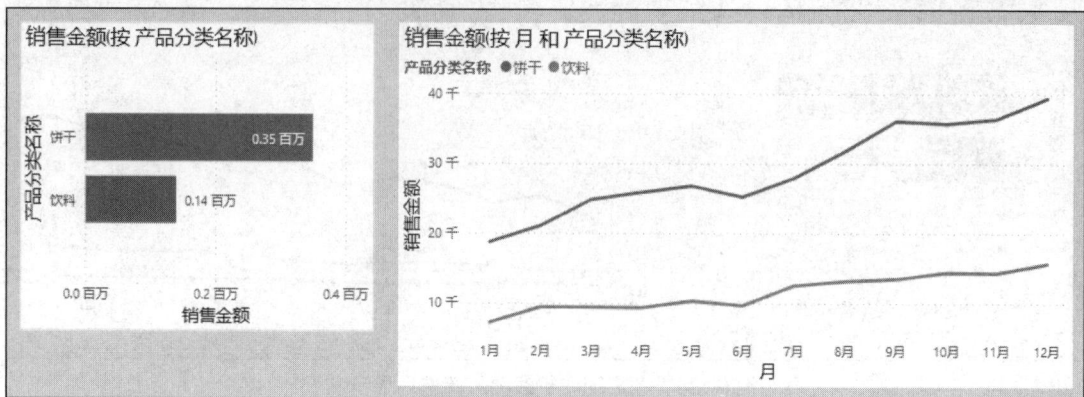

图 6-86　条形图和折线图（筛选后显示）

3. 新建报告级筛选器

下面介绍如何对条形图进行报告级筛选器的设置（结果将影响本报表页所有可视化对象中的数据显示）。

【任务实现】

步骤 01 打开"案例数据\项目六\3-数据可视化-原始.pbix"文件，单击窗口左侧的"报表"按钮 📊，"条形图和折线图"报表页的显示如图 6-82 所示，"柱形图和饼图"报表页的显示如图 6-87 所示。可以看到，所有报表页均显示 3 个产品分类的数据。

步骤 02 将"字段"窗格中的"产品分类名称"选项拖曳到"筛选器"窗格中"所有页面上的筛选器"框中，然后将"面包"分类去掉，其他产品分类保留，如图 6-88 所示。

步骤 03 筛选后的"条形图和折线图"报表页的显示效果如图 6-86 所示；筛选后的"柱形图和饼图"报表页的显示效果如图 6-89 所示。可以看到，报表页的所有可视化对象均已经没有"面包"数据。

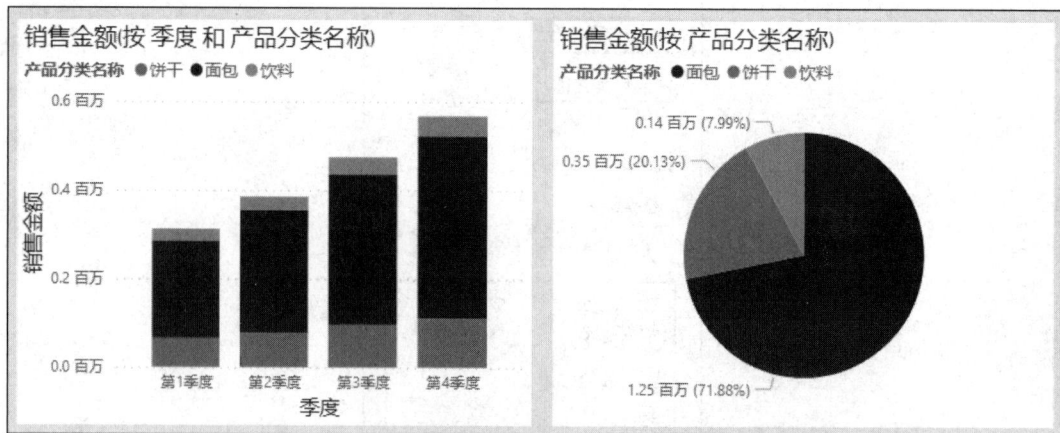

图 6-87　柱形图和饼图（原显示）

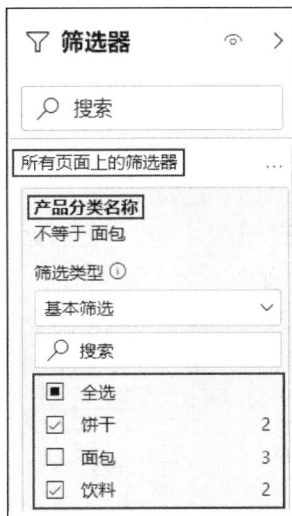

图 6-88　设置报告级筛选器的属性

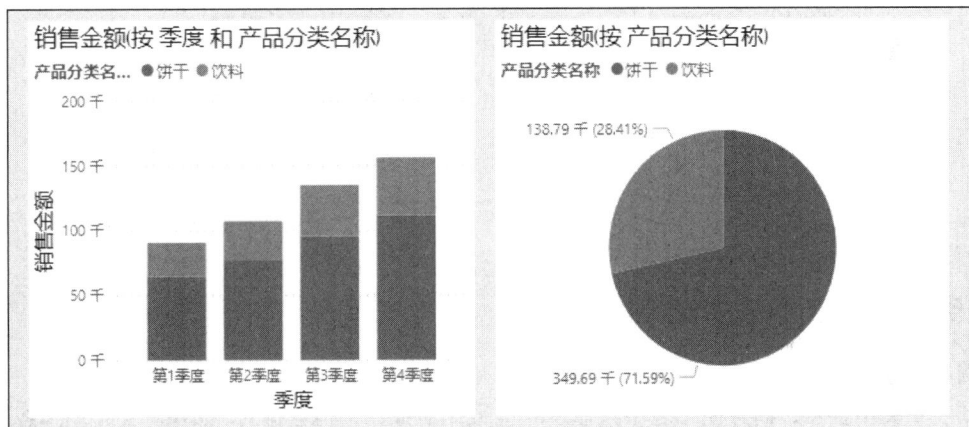

图 6-89　柱形图和饼图（筛选后显示）

子任务二　图表的钻取

在进行可视化分析时，如果我们想看当前展示数据的下一层数据，例如，查看某一产品分类下的全部产品信息，就可以使用图表的钻取功能。设置好钻取的层级后，可视化对象的上方会出现如表 6-2 所示的按钮。

微课 6-4-2

表 6-2　　　　　　　　　　　各钻取按钮的含义

按钮样式	含义
↓	向下钻取
↑	向上钻取
↓↓	转至层次结构中的下一级别
⛢	转至层次结构中的所有下一级别

下面介绍如何实现图表的钻取功能（对条形图中的"面包"数据向下钻取，查看其具体产品名称的数据）。

【任务实现】

步骤 01 打开"案例数据\项目六\3-数据可视化-原始.pbix"文件，单击 Power BI 窗口左侧的"报表"按钮 📊，选择"条形图和折线图"报表页。

步骤 02 选中条形图，将"字段"窗格中的"产品名称"字段拖曳到"可视化"窗格的"轴"框中，并放到"产品分类名称"下，如图 6-90 所示。

步骤 03 单击条形图上方的 ↓ 按钮，再单击条形图中的"面包"数据，则此时不是编辑交互功能，而是展示"面包"下级的产品数据信息，如图 6-91 所示。

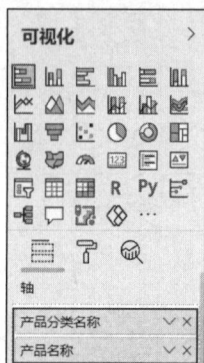

图 6-90　设置轴的属性

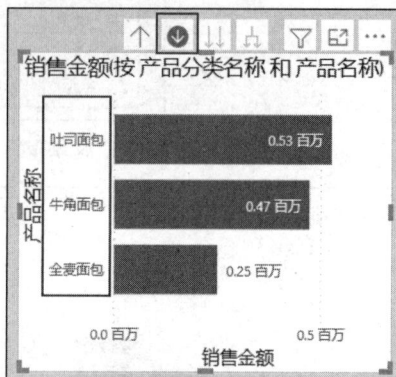

图 6-91　向下钻取

子任务三　图表的编辑交互

图表的编辑交互功能是指单击某一图表的数据对象时，被单击的图表对象在本图表中突出显示，而其他图表中只显示相应数据对象，其他数据对象不再显示，形成一种动态显示效果。单击图表的空白处，可取消编辑交互功能。图表的编辑交互功能有助于数据的联动分析。

在某些情况下，我们可以控制编辑交互功能，即某一图表对象突出显示时，其他图表的相应数据并不联动变化。控制编辑交互功能的两个按钮的含义如表 6-3 所示。

微课 6-4-3

表 6-3　　　　　　　　　　　　　　　　　编辑交互按钮的含义

按钮样式	含义
⊘	单击此按钮，当前图表不受编辑交互控制
📊↓	单击此按钮，当前图表恢复编辑交互控制

下面介绍如何使用图表的编辑交互功能（对条形图中的"面包"数据突出显示，而折线图中的数据显示不受影响）。

【任务实现】

步骤 01 打开"案例数据\项目六\3-数据可视化-原始.pbix"文件，单击窗口左侧的"报表"按钮 📊，选择"条形图和折线图"报表页。

步骤 02 选中条形图中的"面包"数据,可以看到条形图中的"面包"数据突出显示,而折线图中的"面包"数据并没有突出显示,如图 6-92 所示。

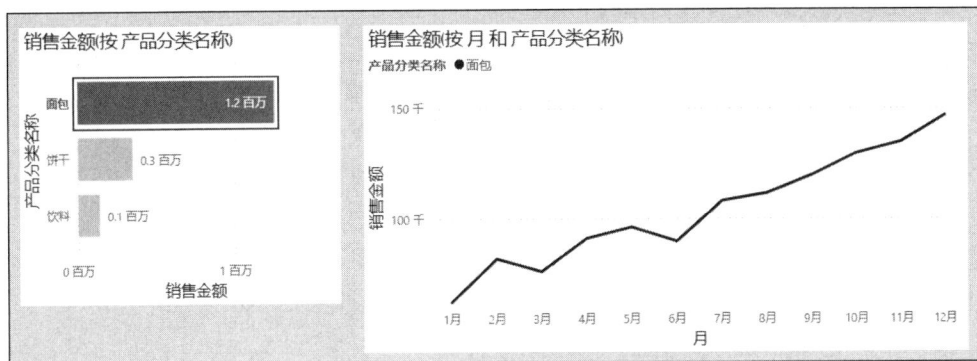

图 6-92 编辑交互(控制)

步骤 03 执行"格式"→"交互"→"编辑交互"命令,然后单击折线图右上角的⊘按钮,则折线图不受编辑交互功能的控制,如图 6-93 所示。单击折线图右上角的⊞按钮,可恢复编辑交互功能。

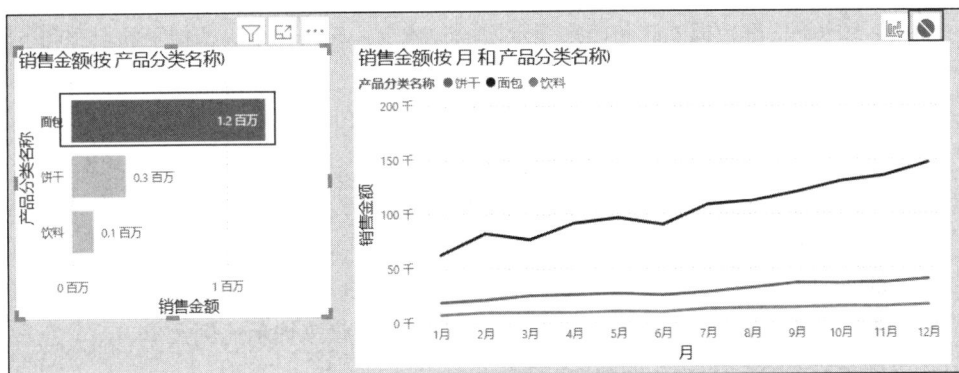

图 6-93 编辑交互-非控制

巩固提高

一、单选题

1. 下列属于 Power BI 自定义可视化对象的是( )。

A. 条形图

B. 桑基图

C. 散点图

D. 饼图

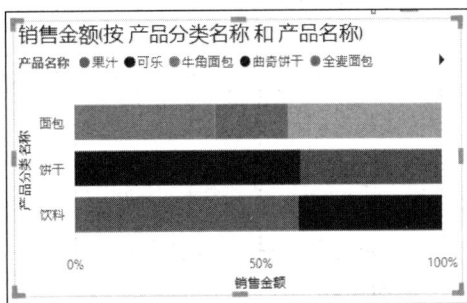

图 6-94 烘焙工坊销售金额展示

2. 图 6-94 属于( )。

A. 簇状条形图

B. 堆积条形图

C. 百分比堆积条形图

D. 简单条形图

3. （　　）能够清晰地反映数据的变化趋势。

A. 折线图　　　　　　B. 桑基图　　　　　　C. 散点图　　　　　　D. 饼图

4. （　　）适合跟踪某产品从推广到购买转化的业务流程。

A. 条形图　　　　　　B. 漏斗图　　　　　　C. 树状图　　　　　　D. 折线图

5. 单击（　　）按钮，表示当前图表不受编辑交互控制。

A. ⬒　　　　　　　　B. ↓　　　　　　　　C. 📉　　　　　　　　D. ⊘

二、多选题

1. 下列说法正确的是（　　）。

A. 组合图是具有相同 Y 轴的折线图和柱形图

B. 组合图可以比较具有不同值范围的多个度量值

C. 分区图中每种阴影的相对高度才是该序列的值

D. 组合图分为折线和堆积柱形图、折线和簇状柱形图两种

2. 下列关于瀑布图说法错误的是（　　）。

A. 组成瀑布图中，既有上升方向，又有下降方向

B. 瀑布图是根据数据的正负值来表示增加和减少，并以此来表达柱子的上升和下降

C. 瀑布图由埃森哲公司首创

D. 变化瀑布图使用不同颜色的柱子反映数据上升和下降变化

3. 下列关于饼图和环形图的说法正确的是（　　）。

A. 环形图表示比例的大小依靠扇形的角度

B. 饼图和环形图都是显示部分与整体的关系

C. 饼图一般从 12 点方向开始，按逆时针方向从大到小排列

D. 饼图展现的是个体占总体的比例，利用扇面的角度来展示比例大小

4. 可以展示关键数据指标的可视化对象有（　　）。

A. 卡片图　　　　　　B. 多行卡　　　　　　C. KPI 图　　　　　　D. 矩阵

5. 筛选器按照使用的方位可以分为（　　）。

A. 网络级筛选器　　　B. 页面级筛选器　　　C. 报告级筛选器　　　D. 视觉级筛选器

三、判断题

1. 页面级筛选器的作用是对特定的可视化对象进行筛选后，所有报表页的其他可视化对象也受到影响。（　　）

2. 图表的筛选指的是通过可视化对象属性筛选器的设置而完成的筛选。准确地说，切片器和图表的钻取都属于筛选功能。（　　）

3. Power BI 中的矩阵实际上是二维表的概念。（　　）

4. 饼图一般从 12 点方向开始，按顺时针方向从大到小排列。（　　）

5. 如果在 Power BI 仪表板或报表中想要跟踪的最重要的信息就是一个数字，可视化对象可以选择切片器。（　　）

四、思考题

1. 在本项目介绍的所有可视化图表中，请思考并总结能够表达关键数据指标的图表有哪些，并说明它们分别是如何表达的。

2. 举例说明仪表图、百分比仪表图的应用方法。

3. 举例说明如何在表中呈现数据的环比和同比。

4. 简述 Power BI 中有哪几种筛选器，并分析它们的区别。

五、实训题

结合项目五实训题的结果，完成下列操作。

1. 设计至少 2 张可视化报表页。

2. 选用适当的可视化对象，进行数据可视化。（至少使用 2 个自定义可视化对象）

Power BI 在线服务

学习目标

- **知识目标**
  - ✧ 熟悉 Power BI 仪表板和报表的区别。
  - ✧ 熟悉报表分享和仪表板分享的方法。
  - ✧ 掌握仪表板创建的方法。
  - ✧ 掌握将报表在线发布和发布到 Web 的方法。
- **能力目标**
  - ✧ 能够结合具体案例，通过 Power BI 进行在线服务应用。

项目导图

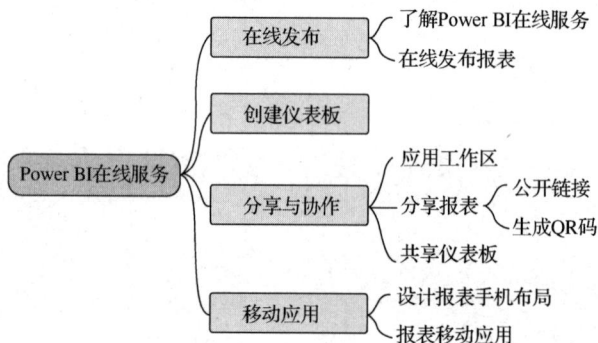

情境案例

经过一系列的数据整理与分析，烘焙工坊的管理人员得到了可以充分展示各个连锁门店不同年度的各项销售数据和财务数据分析结果，如图 6-66 所示。如果总部的管理人希望与各地区不同门店的负责人共享这一结果，并且进行交互，那么就可以使用 Power BI 的在线服务功能。

案例数据\项目七\1-在线服务-常见可视化图表.pbix

任务一　在线发布

借助 Power BI 的在线发布功能，企业可在面向公众的平台中嵌入交互式数据可视化效果，或通过电子邮件、社交媒体共享精彩的视觉对象。

子任务一　了解 Power BI 在线服务

Power BI 在线服务可以帮助用户实现无论何时、无论何地、无论何种数据类型、无论何种平台，都可以轻松地管理、维护、探索数据。

若用户已经拥有了一个 Power BI 服务账号（必须用公司邮箱注册），并且根据一些数据制作了报表，那么登录 Power BI 官方网站就可以看到图 7-1 所示的 Power BI 在线服务主页界面。

微课 7-1-1

图 7-1　Power BI 在线服务主页

Power BI 主页左侧的导航栏包括"收藏夹""最近""创建""数据集""应用""与我共享""了解""工作区""我的工作区""获取数据"等栏目。其中，"我的工作区"使用最为频繁，从 Power BI Desktop 发布到在线服务中的报表可以在"我的工作区"中查到。另外，在"我的工作区"还可以创建仪表板，进行数据集管理等操作，如图 7-2 所示。

图 7-2　"我的工作区"页面

子任务二　在线发布报表

Power BI 在线服务同样可以利用数据集进行在线报表的制作，包括数据获取与整理、数据建模与数据可视化，其应用体验与本地 Power BI Desktop 基本一致，但功能上没有 Power BI Desktop 强大。

一般情况下，用户是在 Power BI Desktop 中将报表制作好，再发布到 Power BI 在线服务（即云端）中。此处不再讲解报表制作的过程，重点讲解 Power BI 在线服务的独特应用。

微课 7-1-2

【任务实现】

步骤 01 在 Power BI Desktop 中，打开"案例数据\项目七\1-在线服务-常见可视化图表.pbix"文件，单击窗口左侧的"报表"按钮 📊。

步骤 02 执行"主页"→"共享"→"发布"命令，进入"发布到 Power BI"页面，如图 7-3 所示。

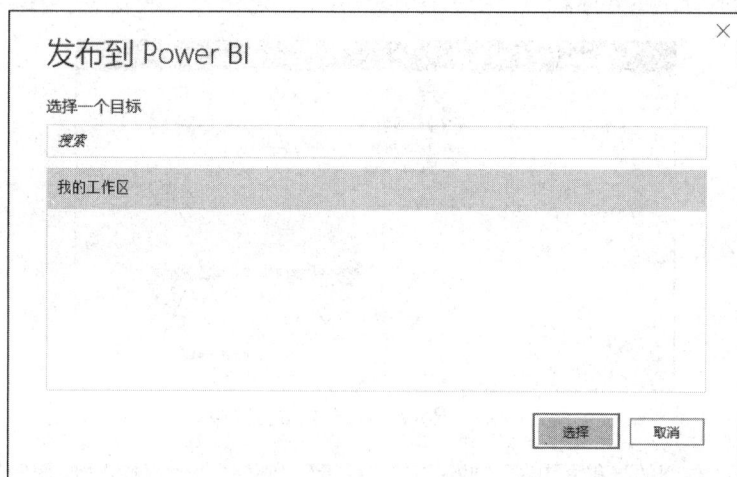

图 7-3　选择工作区

步骤 03 选中"我的工作区"，单击"选择"按钮，发布成功后，如图 7-4 所示。

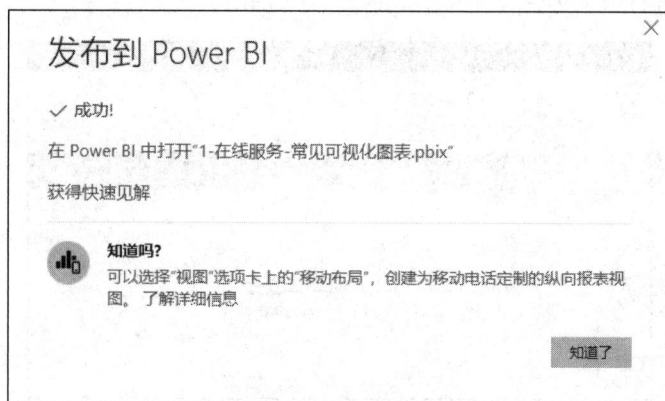

图 7-4　发布成功

步骤 04 单击"在 Power BI 中打开'1-在线服务-常用可视化图表.pbix'"链接，在"我的工作区"中，即可查看已发布的可视化报表，如图 7-5 所示。

图 7-5 查看"我的工作区"

步骤 05 选择"1-在线服务-常用可视化图表"，即可打开 Power BI Desktop 中制作的图表数据，如图 7-6 所示。

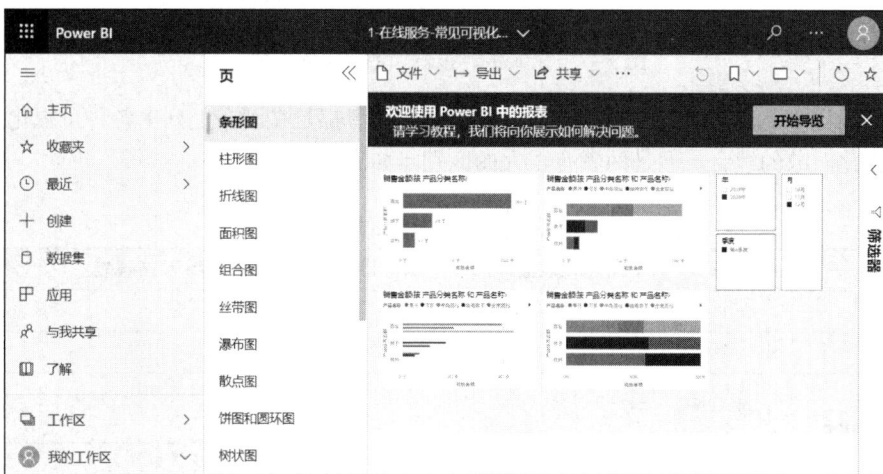

图 7-6 在 Power BI 在线服务中查看报表

任务二 创建仪表板

Power BI 仪表板是通过可视化效果讲述数据背后的"故事"的单个页面，常被称为画布。因为它被限定为一页，所以设计精良的仪表板应该只包括该"故事"的亮点。仪表板是 Power BI 在线服务的一个功能，Power BI Desktop 中无此功能。

仪表板上的可视化效果被称为"磁贴"。我们可以将报表页中的可视化图

微课 7-2-1

表作为"磁贴"固定到仪表板中。单击仪表板上的"磁贴"，可链接到其所基于的报表（和数据集）。仪表板不仅仅是美观的图片，它还具有高度的互动性，并且"磁贴"会随着基础数据的更改而变化。

仪表板是监控业务、查看所有重要指标的最佳方法。仪表板上的可视化效果可能来自一个或多个基础数据集，也可能来自一个或多个基础报表。仪表板可以将本地数据和云数据合并到一起，提供合并视图（无论数据源自哪里）。

仪表板、报表和数据集的关系如图 7-7 所示。

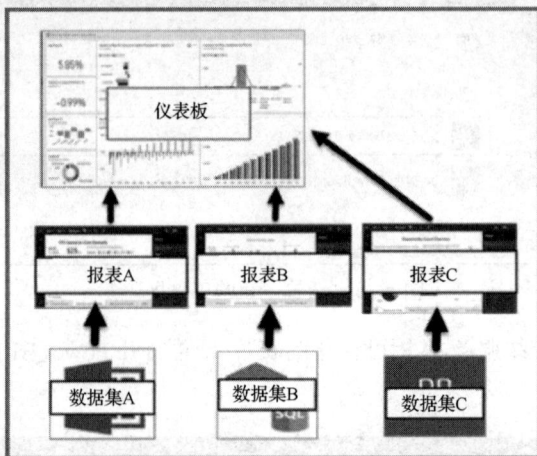

图 7-7　仪表板、报表和数据集的关系

在实际操作中，仪表板与报表经常被混淆，虽然两者都是在画布上列出各种可视化对象，并且都是可视化对象的组合，但是两者有很大的区别，如表 7-1 所示。

表 7-1　　　　　　　　　　　　　　　　　　仪表板和报表的区别

功能	仪表板	报表
页面	一个页面	一个或多个页面
数据源	一个或多个数据集	一个数据集
是否可用于 Power BI Desktop	否	是
固定	只能将现有的可视化效果（磁贴）从当前仪表板固定到其他仪表板	可以将可视化效果作为"磁贴"固定到任何仪表板中，也可将整个报表页固定到任何仪表板中
筛选	无法筛选或设置切片器	有多种不同的筛选方式，可设置切片器或突出显示
更改可视化效果类型	不可以更改（可以删除）	可以更改
基础数据集和字段	可以导出数据，但看不到仪表板本身的表和字段	可以查看
创建可视化效果	仅限于使用"添加磁贴"向仪表板添加小部件	可以创建许多不同类型的视觉对象
订阅	可以订阅仪表板	可以订阅报表

报表就是在 Power BI Desktop 中设计好的可视化图表，每张报表有不同的表页，每张表页含有不同的可视化图形。通常情况下，仪表板是将报表中的关键可视化对象放入其中，便于用户快速浏览关键数据。单击仪表板中的某个可视化对象，即可快速切换到可视化对象来源的那张报表。

设计仪表板时，应注意：①仪表板的上面最好放置关键的 KPI 图，下面放置细节信息图；②仪表板最好包含 3～5 个关键的可视化对象，不宜过多；③不要为了美观而选择没必要的图表；④确保数字容易读取，避免给出一长串数字，如使用 "6.7 万" 而不是 "67 305"。

将 Power BI Desktop 中制作的报表发布到 Power BI 在线服务后，或直接在 Power BI 在线服务中创建报表后，就可以将报表中的关键可视化对象创建到仪表板中。创建到仪表板中的可视化对象是以 "磁贴" 形式存在的，通过鼠标拖曳可以改变其显示的大小及位置。

下面以烘焙工坊的报表为例，将报表中的条形图、堆积柱形图、散点图、卡片图、仪表图放入仪表板中。

【任务实现】

步骤 01）在 "我的工作区" 页面，执行 "新建" → "仪表板" 命令，如图 7-8 所示。

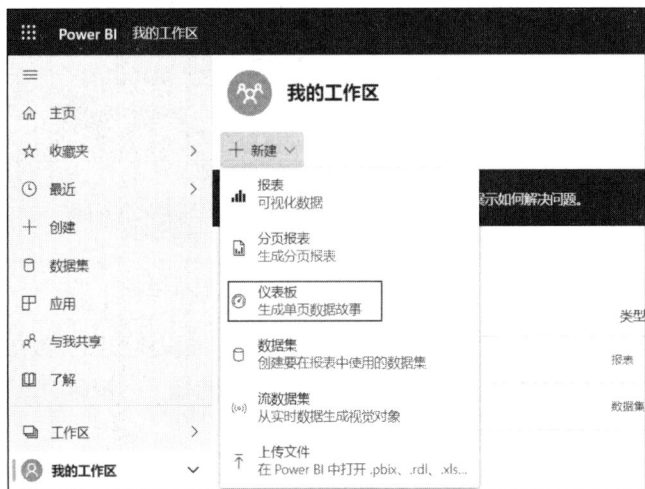

图 7-8　"创建仪表板" 命令

步骤 02）在打开的 "创建仪表板" 窗口中输入仪表板的名称 "关键指标"，然后单击 "创建" 按钮，如图 7-9 所示。

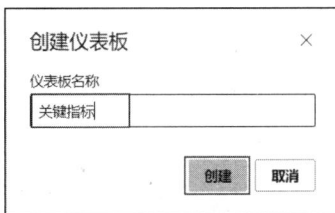

图 7-9　输入仪表板的名称

步骤 03 打开"案例数据\项目七\1-在线服务-常见可视化图表.pbix"文件，选择"条形图"页签，然后单击条形图右上方的 按钮，如图 7-10 所示。

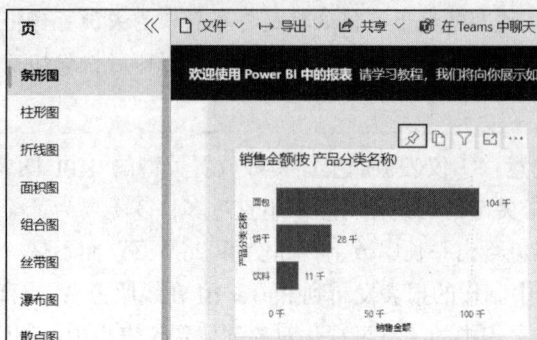

图 7-10　选择条形图

步骤 04 默认仪表板的当前设置，如图 7-11 所示，单击"固定"按钮，即可将条形图固定到仪表板中。

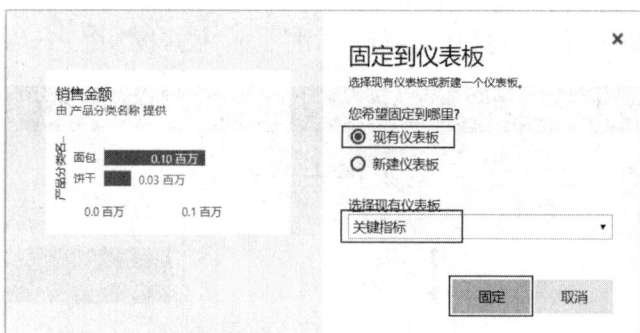

图 7-11　将条形图固定到仪表板中

步骤 05 用同样的方法，将两个卡片图、两个仪表图、堆积柱形图和散点图固定到仪表板中，并将它们拖曳到合适位置，如图 7-12 所示。单击仪表板中的任一可视化对象，则可快速链接到可视化对象所在的报表。

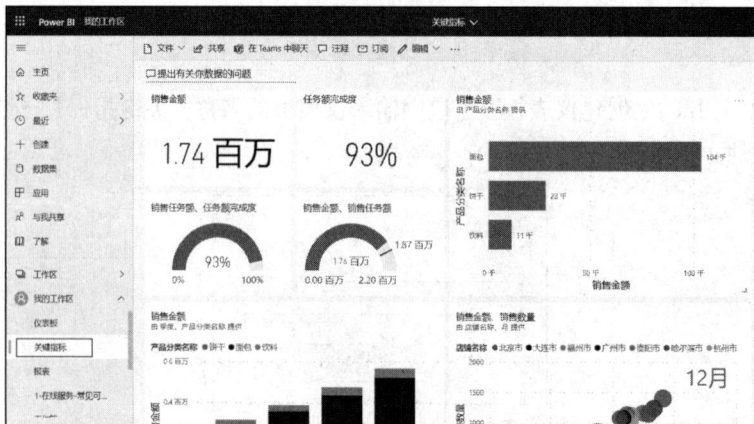

图 7-12　查看创建的仪表板

任务三　分享与协作

如果我们想把 Power BI 中创建的报表分享给其他人，就可以在 Power BI 在线服务中共享该报表。

子任务一　应用工作区

Power BI 在线服务的"应用工作区"功能支持用户在仪表板、报表和数据集上与同事协作、分享。创建好工作区后，从 Power BI Desktop 创建的报表可以发布到 Power BI 在线服务的相应工作区中，有权限的用户可以访问该报表。

我们可以创建销售、财务、IT 等部门的工作区，每个工作区内都能管理相应的仪表板、报表、工作簿、数据集。相应的用户具备查看权限或编辑权限，这样可以更好地进行多用户的共享与协作。

> **注意**
> "应用工作区"功能仅适用于具有 Power BI Pro 许可证的用户。

子任务二　分享报表

Power BI 有两种分享报表的方式：公开链接和生成 QR 码。

1. 公开链接

公开链接，即将报表发布到 Web 上，直接登录网址即可浏览报表，没有权限控制。

下面介绍如何将报表发布到 Web 上，以便与他人分享与协作。

微课 7-3-1

【任务实现】

步骤 01 在 Power BI 在线服务"我的工作区"中，打开"案例数据\项目七\1-在线服务-常见可视化图表.pbix"文件，执行"文件"→"嵌入报表"→"发布到 Web（公共）"命令，如图 7-13 所示。

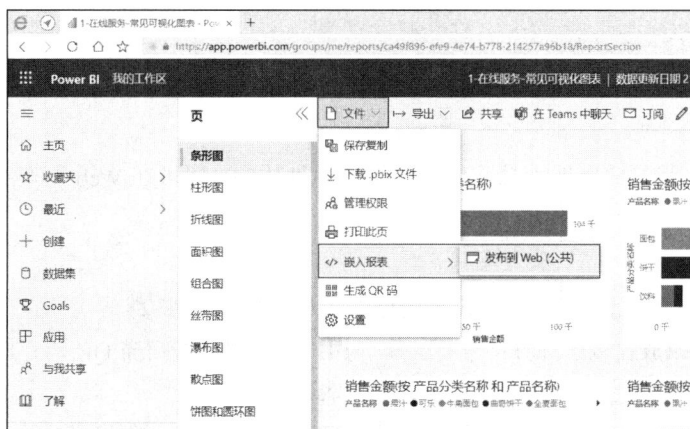

图 7-13　"发布到 Web（公共）"命令

步骤 02 在打开的"嵌入公共网站"窗口中，单击"创建嵌入代码"按钮，如图 7-14 所示。

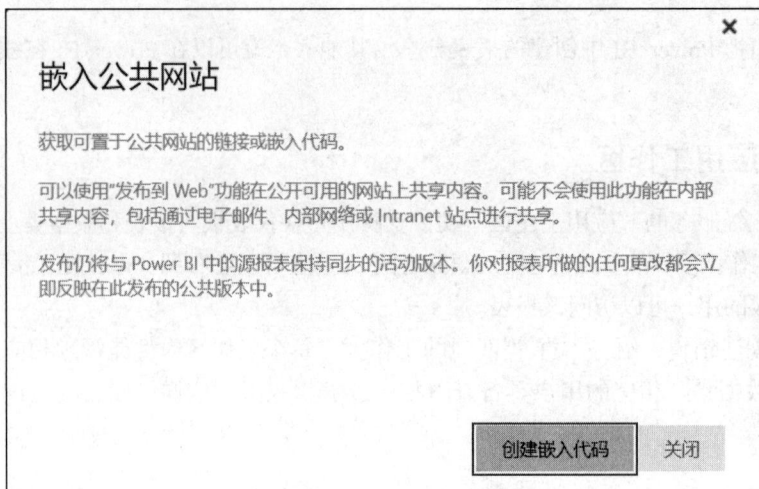

图 7-14　创建嵌入代码

步骤 03 单击"复制"按钮，然后再单击"关闭"按钮，如图 7-15 所示。

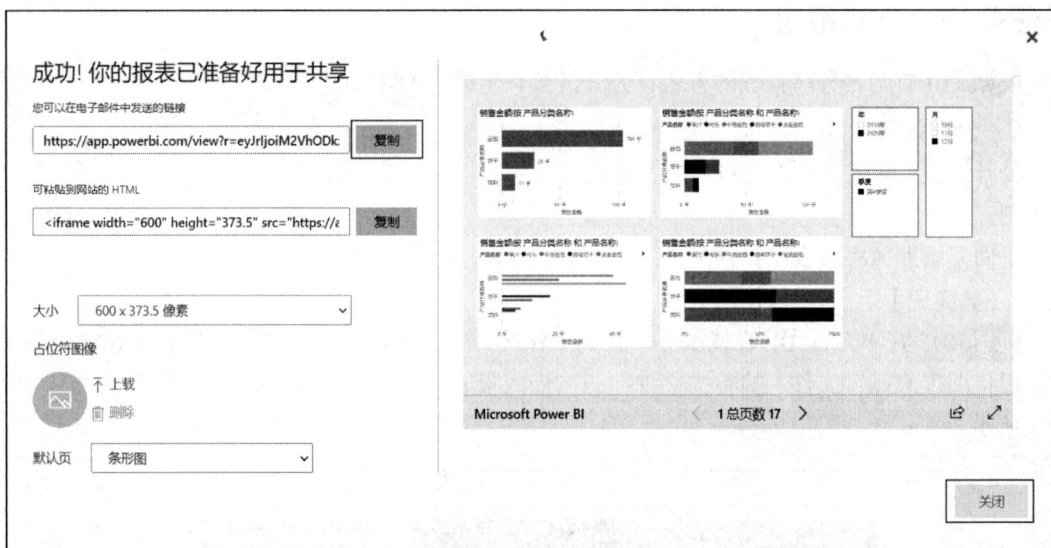

图 7-15　发布成功

步骤 04 将复制的链接地址粘贴到浏览器的地址栏中，即可在 Web 上查看报表，如图 7-16 所示。

2. 生成 QR 码

在 Power BI 中，第二种分享报表的方法是生成 QR 码（一种二维码）。用户可以把生成的 QR 码打印出来，也可以放在电子邮件中进行分享。用户通过移动端扫描 QR 码，即可访问报表。采用这种方式分享的报表，用户必须有访问权限才可以浏览。

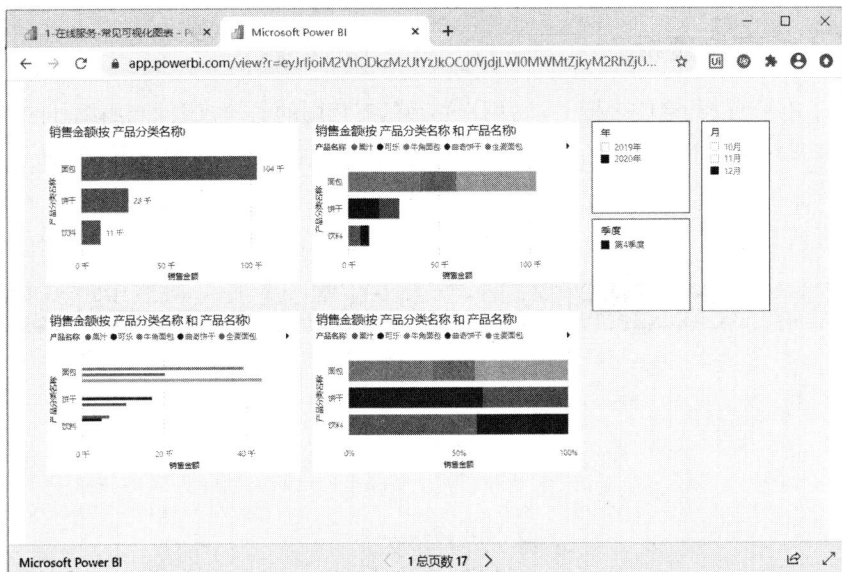

图 7-16　在 Web 上查看报表

下面介绍通过 QR 码访问报表的方法。

【任务实现】

步骤 01　在 Power BI 在线服务中，打开"案例数据\项目七\1-在线服务-常见可视化图表.pbix"文件，执行"共享"→"生成 QR 码"命令，如图 7-17 所示。

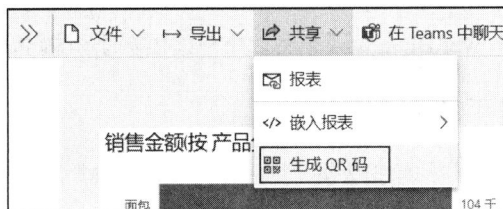

图 7-17　生成 QR 码

步骤 02　自动生成的 QR 码如图 7-18 所示。用户也可单击"下载"按钮将其保存。

图 7-18　生成的 QR 码

子任务三　共享仪表板

组织内的用户可以共享仪表板，这时用户必须具有相同的访问权限。与组织外的人员共享时，用户会收到带有共享仪表板链接的电子邮件，且必须登录 Power BI 才能查看仪表板。此功能需要用户具有 Power BI Pro 许可证。

在仪表板列表窗口，执行"共享"命令，即可实现仪表板的共享，如图 7-19 所示。

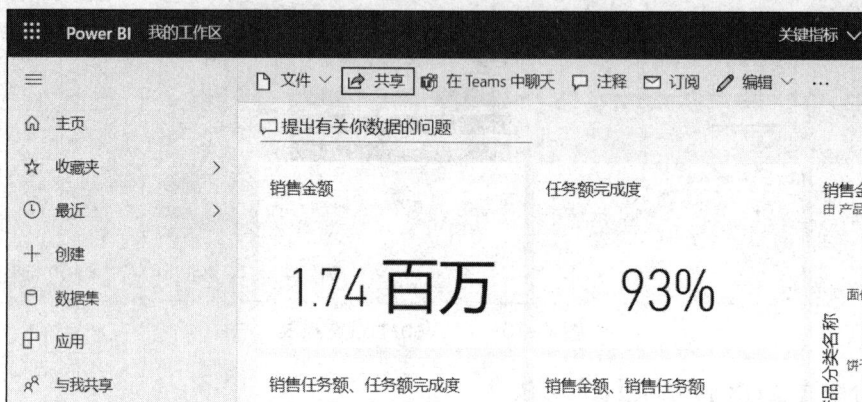

图 7-19　共享仪表板

任务四　移动应用

可视化报表被发布到 Power BI 在线服务后，用户即可在手机端 Power BI App 中查看。

子任务一　设计报表手机布局

报表的默认样式与 PC 端制作的报表样式一样。默认报表样式由于在一页内显示内容较多，不方便在手机端查看，因此，用户可以从已经制作好的报表对象中选择关键的、主要的报表对象放入手机端显示。

下面介绍如何将条形图的所有可视化对象放入手机端布局中。

微课 7-4-1

【任务实现】

步骤 01　在 Power BI Desktop 中，打开"案例数据\项目七\1-在线服务-常见可视化图表.pbix"文件，单击窗口左侧的"报表"按钮 ▥，然后执行"视图"→"移动设备"→"移动布局"命令，如图 7-20 所示。

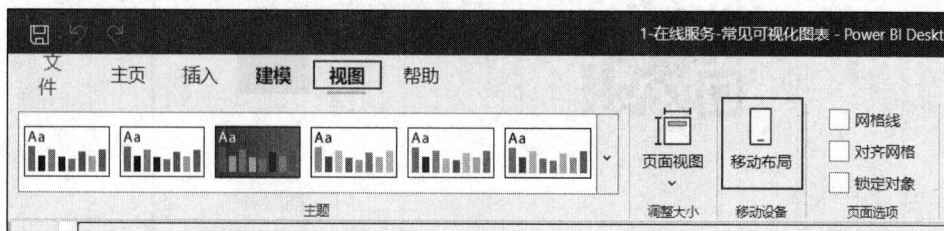

图 7-20　"移动布局"命令

步骤 02 在打开的画布上，根据需要，将条形图中所有可视化对象拖曳到手机画布中，并调整到相应的位置和大小，如图 7-21 所示。

步骤 03 将制作的可视化报表文件"1-在线服务-常见可视化图表.pbix"再次保存，并重新发布到 Power BI 在线服务中。

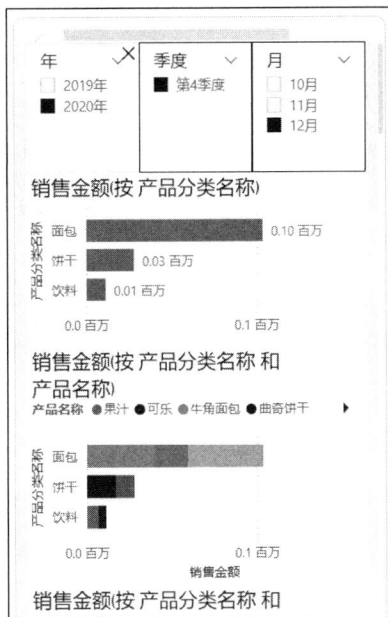

子任务二　报表移动应用

用 Power BI 账号登录 Power BI App，即可查看移动端（手机或平板电脑）可视化分析报表。手机端报表同样可以进行编辑交互。

下面介绍如何在手机端查看报表数据。

【任务实现】

步骤 01 在手机上打开 Power BI App，单击"工作区"按钮，如图 7-22 所示。

图 7-21　手机端布局效果

图 7-22　工作区列表

微课 7-4-2

步骤 02 选择"1-在线服务-常见可视化图表"，即可看到图 7-23 所示的界面。手机上的可视化对象即可实现编辑交互。

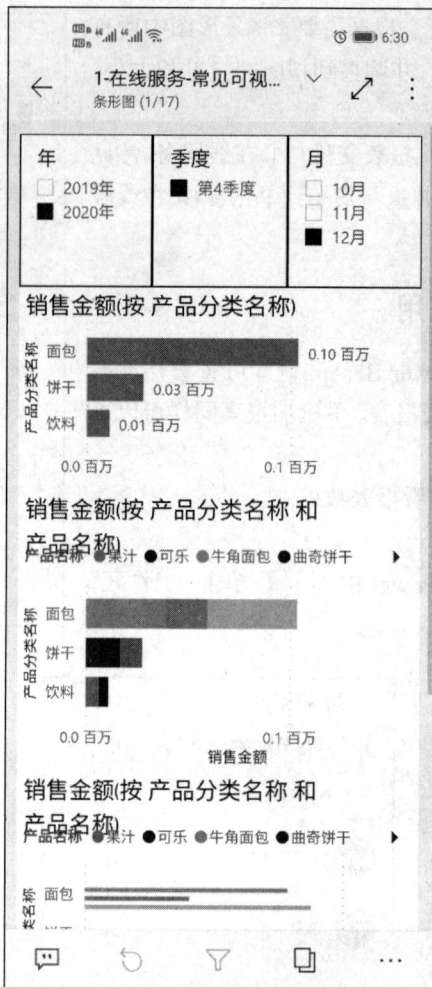

图 7-23　查看手机端报表

巩固提高

一、单选题

1. 仪表板上的可视化效果被称为（　　　）。

　A. 对象　　　　　　　B. 磁贴　　　　　　　C. 图表　　　　　　　D. 元素

2. 关于报表手机布局设计，下列说法错误的是（　　　）。

　A. 在 Power BI Desktop 中可以设计移动端报表元素布局

　B. 若不设计移动端报表元素布局，则移动端显示效果与 PC 端一样

　C. 手机端报表只能查看，不能进行编辑交互

　D. 移动端查看报表，需下载 Power BI App

二、多选题

1. 下列关于仪表板的说法正确的有（　　　）。

　A. Power BI 仪表板是通过可视化效果讲述"故事"的单个页面，常被称为画布

  B.　Power BI Desktop 中也有仪表板功能

  C.　仪表板是监控业务及查看所有重要指标的最佳方法

  D.　可以将报表中的可视化图表作为"磁贴"固定到仪表板上

2. 下列关于仪表板和报表的说法错误的有（　　　）。

  A.　仪表板中的页面只有一个，而报表中可以有一个或多个页面

  B.　报表或仪表板都可以基于多个数据集

  C.　仪表板可以像报表那样进行筛选和设置切片器

  D.　报表可以更改可视化效果类型

3. 报表的分享方式有（　　　）。

  A.　将报表发布到 Web　　　　　　B.　将报表发布到局域网

  C.　生成 QR 码　　　　　　　　　D.　生成条码

三、判断题

1. 拥有 Power BI 服务账号，即可将 Power BI Desktop 制作的报表发布到在线服务中。（　　　）

2. Power BI 在线服务同样可以利用数据集进行在线报表的制作，功能上与 Power BI Desktop 一样强大。（　　　）

3. 设计仪表板时通常将关键的 KPI 图放在上面。（　　　）

4. 仪表板的共享是指将仪表板发布到 Web 上。（　　　）

四、思考题

1. 简述 Power BI 中仪表板和报表的区别。

2. 举例说明仪表板的创建过程。

3. 简述报表分享的两种方式。

五、实训题

结合项目六实训题的结果，完成下列操作。

1. 将项目六实训题的数据可视化结果发布到 Power BI 在线服务上。

2. 设计仪表板，至少包含 4 个可视化元素。

3. 将可视化报表发布到 Web 上。

4. 设计手机端报表布局，并在 Power BI App 中查看报表。

财务会计案例：上市公司财务数据分析与可视化

学习目标

- **知识目标**
  - ◇ 掌握财务数据分析与可视化页面设计的一般思路。
  - ◇ 掌握复杂度量值的表达方法。
  - ◇ 掌握数据同比的应用方法。
  - ◇ 掌握表和矩阵可视化中条件格式的设置。
- **能力目标**
  - ◇ 能够结合上市公司的财务数据，通过 Power BI 实现财务数据的资产负债表分析、利润表分析、现金流量表分析、财务指标分析和杜邦分析。
  - ◇ 能够结合上市公司的财务数据，通过 Power BI 进行行业分析，以及纵向对比、横向对比分析。

项目导图

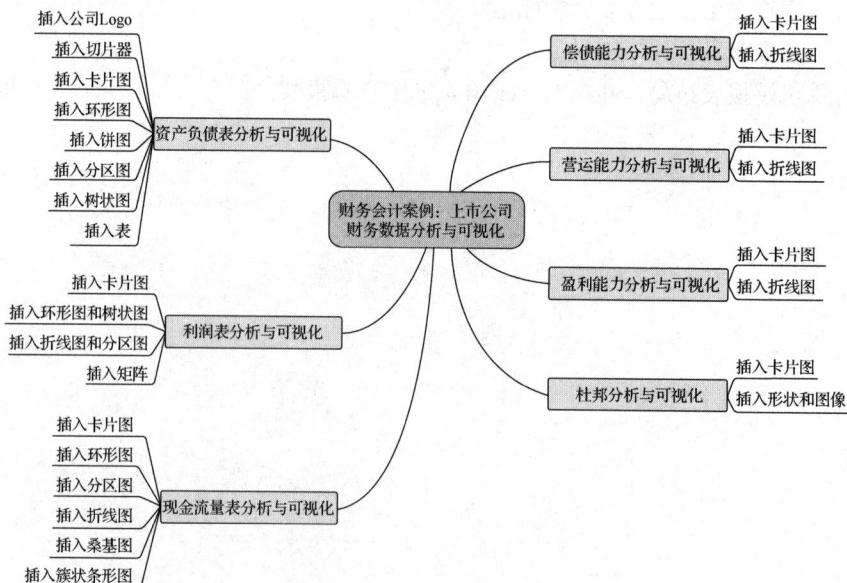

情境案例

1．公司简介

TCL 科技集团股份有限公司（原称"TCL 集团有限公司"）于 2004 年 1 月在深圳证券交易所上市（A 股简称"TCL 科技"，股票代码为 000100），主营业务包括半导体显示产品及材料的研发、生产和销售，产业金融、投资及创投业务，致力于成为智能产品制造和互联网服务的全球领先企业。

微课 8-0-1

2．获取并整理 TCL 科技的财务报表

【案例数据】案例数据\项目八\TCL 科技-财务报表-初始.pbix

打开"新浪财经"网页，注册并登录"新浪财经"账号。搜索"TCL 科技"股票，从页面左侧"财务数据"栏目中选择"资产负债表"，结果如图 8-1 所示。单击"资产负债表"页面最下方的链接"下载全部历史数据到 Excel 文件中"，即可下载资产负债表数据。用同样的方法分别下载 TCL 科技的利润表和现金流量表。

图 8-1 TCL 科技的资产负债表（部分）

将下载的三大报表数据整理到"TCL 科技-财务报表.xlsx"文件中。除资产负债表、利润表和现金流量表外，我们又补充了年度表、资产负债表分类、现金流量表分类 3 个维度表。现将各表介绍如下。

（1）资产负债表。资产负债表只保留 2016—2020 年度数据，删除了其他年度、季度数据，整理后的资产负债表（部分）如图 8-2 所示。

（2）利润表。利润表同样只保留 2016—2020 年度数据，删除了其他年度、季度数据。利润表的"报表项目"前添加了一个"索引"列，数据展示时，"报表项目"按该索引顺序显示。整理后的利润表（部分）如图 8-3 所示。

（3）现金流量表。现金流量表依然只保留 2016—2020 年度数据，删除了其他年度、季度数据。整理后的现金流量表（部分）如图 8-4 所示。

	A	B	C	D	E	F
1	报表项目	2020	2019	2018	2017	2016
2	流动资产					
3	货币资金	21708905000	18648185000	26801343000	27459453000	26394913000
4	交易性金融资产	5300046000	6074751000	1137580000	2231276000	1855986000
5	衍生金融资产	453578000	159036000	0	0	0
6	应收票据及应收账款	13153299000	8569296000	17923667000	20964021000	19718754000
7	应收票据	595685000	228942000	4272222000	6170349000	5771988000
8	应收账款	12557614000	8340354000	13651445000	14793672000	13946766000
9	应收款项融资	2176744000				
10	预付款项	1355653000	364423000	1194972000	910215000	886959000
11	其他应收款(合计)	2793640000	2750042000	5719379000	3918316000	3985897000
12	应收利息	0	0	70778000	53622000	80091000
13	应收股利	0	5771000	47748000	11103000	61864000
14	其他应收款	2793640000	2744271000	5600853000	3853591000	3843942000
15	买入返售金融资产					

图 8-2　整理后的资产负债表（部分）

	A 索引	B 报表项目	C 2020	D 2019	E 2018	F 2017	G 2016
1	索引	报表项目	2020	2019	2018	2017	2016
2	1	一、营业总收入	76830401000	75077806000	1.13E+11	1.12E+11	1.07E+11
3	2	营业收入	76677238000	74933086000	1.13E+11	1.12E+11	1.06E+11
4	3	二、营业总成本	76593126000	76906488000	1.14E+11	1.12E+11	1.09E+11
5	4	营业成本	66242278000	66337117000	92605589000	88663843000	88470113000
6	5	营业税金及附加	300776000	330588000	661262000	665342000	505929000
7	6	销售费用	886817000	2857489000	8887021000	9511064000	9628123000
8	7	管理费用	2370378000	1895088000	4299607000	9456040000	8492341000
9	8	财务费用	2357022000	1248801000	973261000	1665275000	816305000
10	9	研发费用	4402821000	3396805000	4677579000	0	0
11	10	资产减值损失	0	791112000	1523119000	1663499000	857019000
12	11	公允价值变动收益	672793000	473673000	-3879000	309429000	-12268000

图 8-3　整理后的利润表（部分）

	A	B	C	D	E	F
1	报表项目	2020	2019	2018	2017	2016
2	一、经营活动产生的现金流量					
3	销售商品、提供劳务收到的现金	77471361000	78966837000	1.23443E+11	1.17699E+11	1.1346E+11
4	收到的税费返还	3981892000	3671801000	4003111000	5792204000	5301305000
5	收到的其他与经营活动有关的现金	3454773000	2329643000	2141672000	3354627000	2363380000
6	经营活动现金流入小计	86452811000	86264895000	1.30102E+11	1.27114E+11	1.21266E+11
7	购买商品、接受劳务支付的现金	59086181000	58275622000	90509473000	83491509000	91119115000
8	支付给职工以及为职工支付的现金	4234200000	4257331000	10174024000	9335172000	8810418000
9	支付的各项税费	3934588000	4291276000	5000449000	3461888000	3069776000
10	支付的其他与经营活动有关的现金	3752843000	3780067000	15938820000	18614114000	10710711000
11	经营活动现金流出小计	69754528000	74774799000	1.19615E+11	1.17904E+11	1.13238E+11
12	经营活动产生的现金流量净额	16698283000	11490096000	10486579000	9209615000	8028002000

图 8-4　整理后的现金流量表（部分）

（4）年度表。年度表、资产负债表分类、现金流量表分类都属于维度表，可以在 Excel 表中添加，也可以在 Power BI 的编辑查询中添加。添加的年度表如图 8-5 所示。

	A
1	年度
2	2016
3	2017
4	2018
5	2019
6	2020

图 8-5　年度表

（5）资产负债表分类。构建的资产负债表分类（部分）如图 8-6 所示。

（6）现金流量表分类。构建的现金流量表分类（部分）如图 8-7 所示。

	A	B	C	D	E
1	BS类别1	BS类别2	报表项目	类别1索引	报表项目索引
2	资产	其他	流动资产	1	1
3	资产	流动资产	货币资金	1	2
4	资产	流动资产	交易性金融资产	1	3
5	资产	流动资产	衍生金融资产	1	4
6	资产	流动资产	应收票据及应收账款	1	5
7	资产	流动资产	应收票据	1	6
8	资产	流动资产	应收账款	1	7
9	资产	流动资产	应收款项融资	1	8
10	资产	流动资产	预付款项	1	9
11	资产	流动资产	其他应收款(合计)	1	10
12	资产	流动资产	应收利息	1	11

图 8-6　资产负债表分类（部分）

	A	B	C	D	E
1	CF类别1	CF类别2	报表项目	类别1索引	报表项目索引
2	经营活动	其他	一、经营活动产生的现金流量	1	1
3	经营活动	现金流入	销售商品、提供劳务收到的现金	1	2
4	经营活动	现金流入	收到的税费返还	1	3
5	经营活动	现金流入	收到的其他与经营活动有关的现金	1	4
6	经营活动	现金流入小计	经营活动现金流入小计	1	5
7	经营活动	现金流出	购买商品、接受劳务支付的现金	1	6
8	经营活动	现金流出	支付给职工以及为职工支付的现金	1	7
9	经营活动	现金流出	支付的各项税费	1	8
10	经营活动	现金流出	支付的其他与经营活动有关的现金	1	9
11	经营活动	现金流出小计	经营活动现金流出小计	1	10
12	经营活动	现金流量净额	经营活动产生的现金流量净额	1	11

图 8-7　现金流量表分类

3．案例模型

本案例有 3 个维度表和 3 个事实表：维度表分别是年度表、资产负债表分类、现金流量表分类；事实表分别是资产负债表、利润表和现金流量表。同时，我们还要新建一个"度量值"空表，用来存放、管理所有的度量值。

导入的资产负债表在编辑查询中，选中"报表项目"列，对其他列作逆透视，结果如图 8-8 所示。利润表和现金流量表的操作与此类似。

报表项目	年度	金额
持有至到期投资	2016	0
持有至到期投资	2018	0
持有至到期投资	2017	0
持有至到期投资	2019	20373000
持有至到期投资	2020	11935000
存货	2019	56779630
存货	2017	12946303
存货	2020	88349580

图 8-8　资产负债表编辑查询

本案例的关系模型如图 8-9 所示。

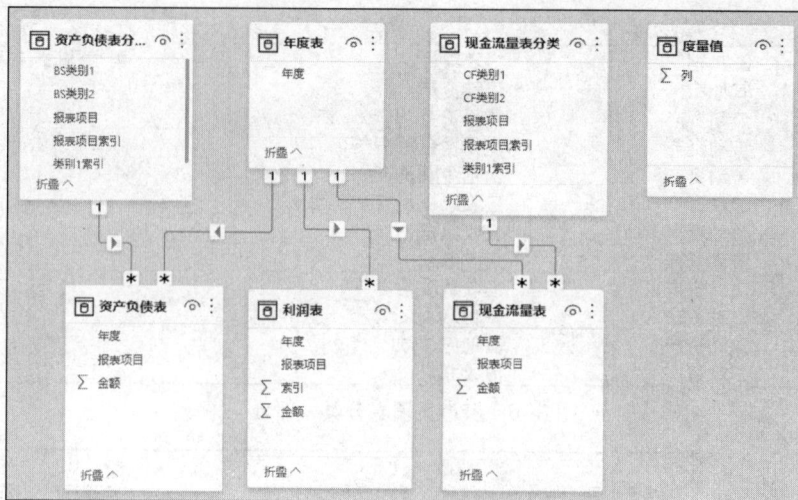

图 8-9 关系模型

项目学习

任务一 资产负债表分析与可视化

资产负债表可以反映企业在某一特定时点(通常为各会计期末，如月末、季末、半年末、年末)的财务状况，表明企业在某一特定日期所拥有或控制的经济资源、所承担的现有义务和所有者对净资产的要求权。本任务中 TCL 科技的资产负债表可视化效果如图 8-10 所示。下面通过 8 个子任务详细介绍资产负债表的可视化实现过程。

微课 8-1-1

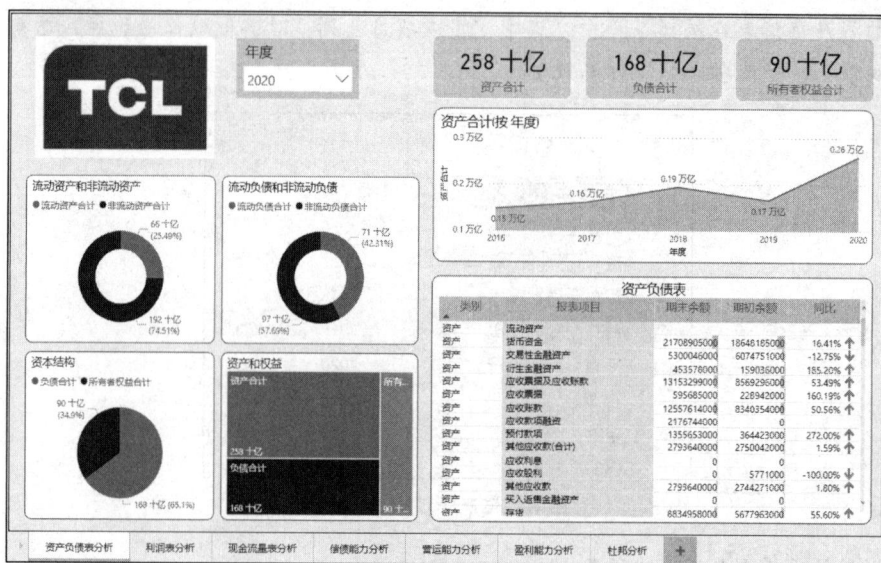

图 8-10 资产负债表的可视化效果总览

子任务一　插入公司 Logo

公司 Logo 通常代表了公司的品牌形象。在本任务中，希望在报表左上角放置 TCL 科技公司的 Logo，以增加可视化图表的辨识度。

【任务实现】

步骤 01 在 Power BI Desktop 中，打开"案例数据\项目八\TCL 科技-财务报表-初始.pbix"文件，单击窗口左侧的"报表"按钮 📊，并选择"资产负债表分析"报表页。

步骤 02 执行"插入"→"元素"→"图像"命令，插入"案例数据\项目八\TCL 科技-logo.png"图片，结果如图 8-11 所示。

图 8-11　插入 TCL 科技公司 Logo

子任务二　插入切片器

本报表页中，我们希望把年度表的数据设置成切片器，通过不同年度的筛选，显示相应年度的数据。

【任务实现】

步骤 01 打开"案例数据\项目八\TCL 科技-财务报表-初始.pbix"文件，单击窗口左侧的"报表"按钮 📊，选择"资产负债表分析"报表页。

步骤 02 单击"可视化"窗格中的"切片器"按钮 🔲，按图 8-12 设置切片器的属性，按图 8-13 设置切片器的显示方式，按图 8-14 设置切片器的格式（背景颜色、文本大小等）。生成的切片器如图 8-15 所示。

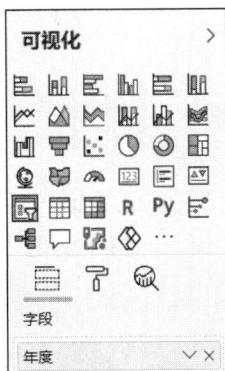

图 8-12　设置切片器的属性　　图 8-13　设置切片器的显示方式　　图 8-14　设置切片器的格式

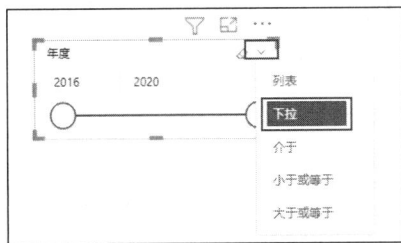

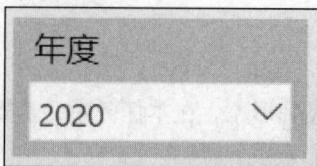

图 8-15　插入"年度"切片器

子任务三　插入卡片图

本报表页中，我们希望用卡片图来显示 TCL 科技不同年度资产合计、负债合计、所有者权益合计 3 个关键数据。各个度量值的设置如下。

> 资产合计=CALCULATE(SUM('资产负债表'[金额]),'资产负债表分类'[BS 类别 2]="资产总计")
> 负债合计=CALCULATE(SUM('资产负债表'[金额]),'资产负债表分类'[BS 类别 2]="负债合计")
> 所有者权益合计=CALCULATE(SUM('资产负债表'[金额]),'资产负债表分类'[BS 类别 2]="所有者权益合计")

【任务实现】

步骤 01　打开"案例数据\项目八\TCL 科技-财务报表-初始.pbix"文件，单击窗口左侧的"报表"按钮，选择"资产负债表分析"报表页，设置上述度量值。

步骤 02　单击"可视化"窗格中的"卡片图"按钮，按图 8-16 设置卡片图的属性，按图 8-17 设置卡片图的格式（数据标签的文本大小、背景颜色、边框半径）。生成的卡片图如图 8-18 所示。

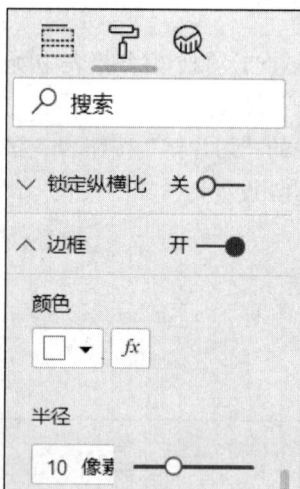

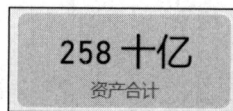

步骤 03　用同样的方法，设置"负债合计"和"所有者权益合计"卡片图。

图 8-16　设置卡片图的属性　　图 8-17　设置卡片图的格式　　图 8-18　"资产合计"卡片图

子任务四　插入环形图

本报表页中，我们希望通过环形图来反映 TCL 科技不同年度流动资产与非流动资产、流动负债与非流动负债的比例关系。各个度量值的设置如下。

流动资产合计=CALCULATE(SUM('资产负债表'[金额]),'资产负债表分类'[BS 类别 2]="流动资产合计")

非流动资产合计=CALCULATE(SUM('资产负债表'[金额]),'资产负债表分类'[BS 类别 2]="非流动资产合计")

流动负债合计=CALCULATE(SUM('资产负债表'[金额]),'资产负债表分类'[BS 类别 2]="流动负债合计")

非流动负债合计=CALCULATE(SUM('资产负债表'[金额]),'资产负债表分类'[BS 类别 2]="非流动负债合计")

【任务实现】

步骤 01 打开"案例数据\项目八\TCL 科技-财务报表-初始.pbix"文件，单击窗口左侧的"报表"按钮 ，选择"资产负债表分析"报表页，设置上述度量值。

步骤 02 单击"可视化"窗格中的"环形图"按钮 ，按图 8-19 设置环形图的属性，按图 8-20 设置环形图的格式（标题文本、文本大小、图例位置、边框半径等）。生成的环形图如图 8-21 所示。

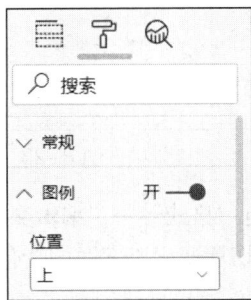

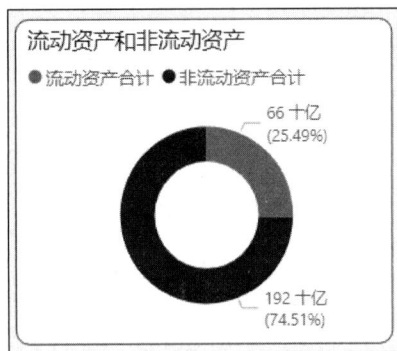

图 8-19 设置环形图的属性　　图 8-20 设置环形图的格式　　图 8-21 "流动资产和非流动资产"环形图

步骤 03 用同样的方法，设置"流动负债和非流动负债"环形图。

子任务五　插入饼图

本报表页中，我们希望通过饼图来反映 TCL 科技资本结构中负债与所有者权益的比例关系。由于插入饼图的操作与插入环形图类似，此处不再重复。

子任务六　插入分区图

本报表页中，我们希望通过分区图反映 TCL 科技不同年度总资产的变化趋势。

【任务实现】

步骤 01　打开"案例数据\项目八\TCL 科技-财务报表-初始.pbix"文件，单击窗口左侧的"报表"按钮 📊，并选择"资产负债表分析"报表页。

步骤 02　单击"可视化"窗格中的"分区图"按钮 ⛰，按图 8-22 设置分区图的属性，同时设置分区图的格式（数据标签、边框半径等），生成的分区图如图 8-23 所示。

图 8-22　设置分区图的属性

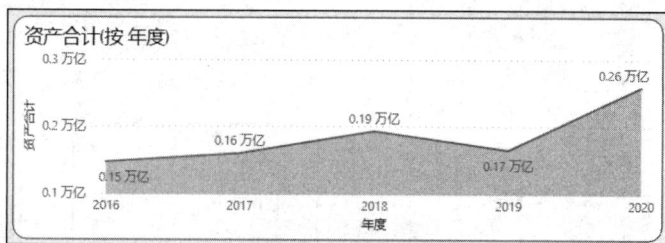

图 8-23　生成的分区图

步骤 03　选中"切片器"对象，执行"格式"→"编辑交互"命令，再单击"分区图"右上角的 ◌，使其变为 🚫，则分区图不会随切片器"年度"的变化而变化。

子任务七　插入树状图

本报表页中，我们希望通过树状图来反映 TCL 科技不同年度资本、负债与所有者权益的平衡关系。

【任务实现】

步骤 01　打开"案例数据\项目八\TCL 科技-财务报表-初始.pbix"文件，单击窗口左侧的"报表"按钮 📊，并选择"资产负债表分析"报表页。

步骤 02　单击"可视化"窗格中的"树状图"按钮 ▦，按图 8-24 设置树状图的属性，同时设置树状图的格式（数据标签、边框半径等），生成的树状图如图 8-25 所示。

图 8-24 设置树状图的属性

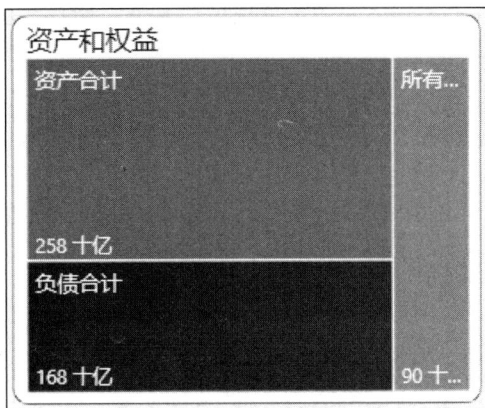

图 8-25 生成的树状图

子任务八 插入表

本报表页中，我们希望通过"表"这种最直接的可视化对象来展现 TCL 科技不同年度资产负债表的期末余额、期初余额、期初及期末的变动率（即同比）。通过这些信息，我们可以发现资产、负债、所有者权益的变动情况。本表需要的度量值如下。

BS 期末余额=SUM('资产负债表'[金额])

BS 期初余额=

VAR REPORTYEAR=SELECTEDVALUE('年度'[年度])

RETURN

CALCULATE([BS 期末余额],FILTER(ALL('年度'),'年度'[年度]=REPORTYEAR-1))

BS 同比=DIVIDE([BS 期末余额]-[BS 期初余额],[BS 期初余额])

【任务实现】

步骤 01 打开"案例数据\项目八\TCL 科技-财务报表-初始.pbix"文件，单击窗口左侧的"报表"按钮 ，并选择"资产负债表分析"报表页，设置上述度量值。

步骤 02 单击"可视化"窗格中的"表"按钮 ，将"资产负债表分类"中的"BS 类别 1""报表名称"及"度量值"中的"BS 期末余额""BS 期初余额""BS 同比"拖曳到"值"处，并按图 8-26 将其修改为新的名称，同时按图 8-27 设置表的一般格式（表格标题、列标题背景色、"报表项目"字段背景色、边框半径等）。

步骤 03 将"期末余额"和"期初余额"的数据条打开，在条件格式下选择"同比"，单击"高级控件"链接，设置"同比"字段的条件格式，如图 8-28 所示。

步骤 04 设置后的资产负债表（部分）如图 8-29 所示。

最终可以得到如图 8-10 所示的资产负债表可视化效果。通过该图，我们可以直观地看出 TCL 科技在 2016—2020 年每年拥有或控制的经济资源及其分布情况，了解其生产经营能力；可以看出 TCL 科技的负债总额和结构，了解其未来需用多少资产清偿债务；还可以看出投资者在企业资产中所占的份额，了解其权益结构情况等。

图 8-26　设置表的属性

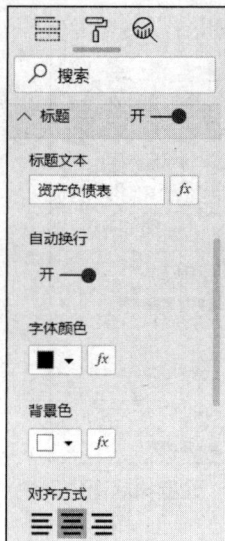

图 8-27　设置表的一般格式

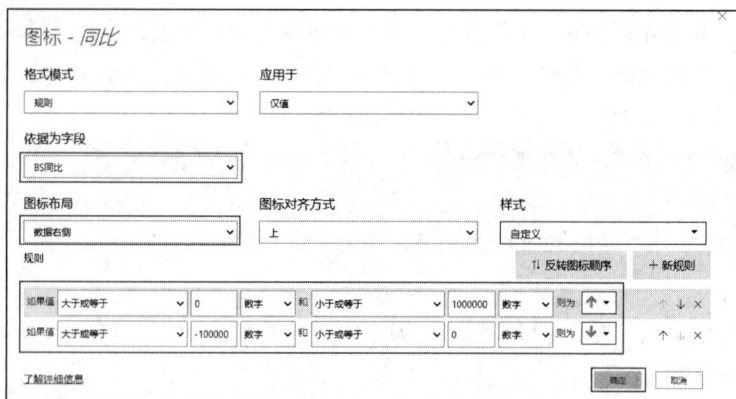

图 8-28　设置"同比"字段的条件格式

图 8-29　资产负债表可视化效果（部分）

任务二　利润表分析与可视化

利润表可以反映企业在一定会计期间的经营成果，帮助我们了解企业的收入、费用、利润（或亏损）的数额及构成情况，还可以分析企业今后利润的变动趋势和获利能力，了解投资者投入资本的保值、增值情况，从而为其作出经济决策提供依据。此外，不同时期利润表的对比数据可以帮助企业经营者评价和考核管理层的业绩。

微课 8-2-1

本任务希望将 TCL 科技在 2016—2020 年的利润表实现如图 8-30 所示的可视化效果。

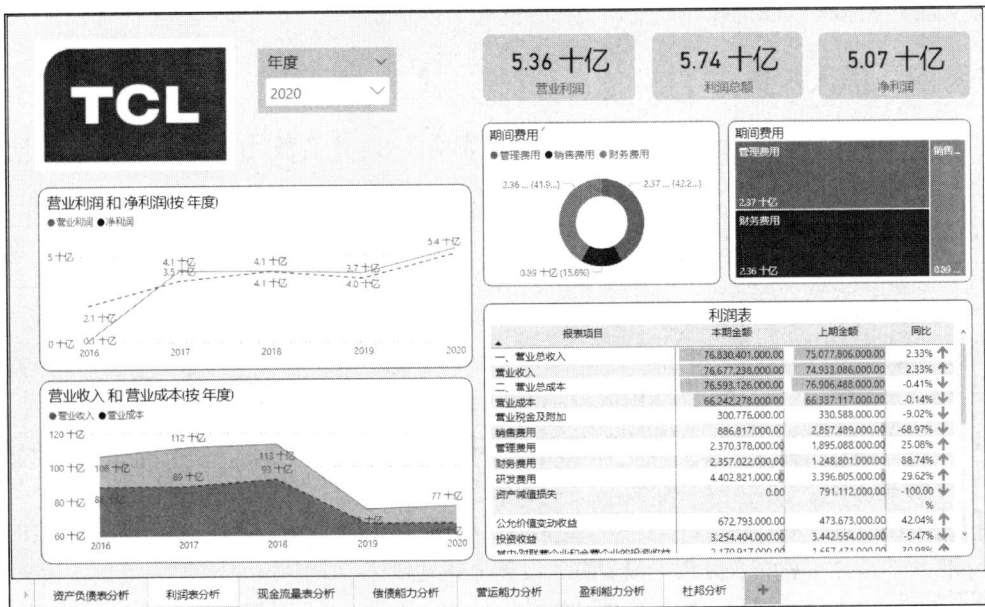

图 8-30　利润表的可视化效果总览

子任务一　插入卡片图

本报表页中，我们通过卡片图来显示 TCL 科技不同年度的营业利润、利润总额和净利润 3 个关键数据。各个度量值的设置如下。

营业利润=CALCULATE(SUM('利润表'[金额]),'利润表'[报表项目]="三、营业利润")
利润总额=CALCULATE(SUM('利润表'[金额]),'利润表'[报表项目]="四、利润总额")
净利润=CALCULATE(SUM('利润表'[金额]),'利润表'[报表项目]="五、净利润")

插入卡片图的操作与前面类似，此处不再重复。

子任务二　插入环形图和树状图

本报表页中，我们通过环形图和树状图来反映 TCL 科技不同年度的管理费用、销售费用、财务费用这三大期间费用的占比关系。各个度量值的设置如下。

销售费用=CALCULATE(SUM('利润表'[金额]),'利润表'[报表项目]="销售费用")
管理费用=CALCULATE(SUM('利润表'[金额]),'利润表'[报表项目]="管理费用")

财务费用=CALCULATE(SUM('利润表'[金额]),'利润表'[报表项目]="财务费用")

插入环形图与树状图的操作与前面类似，此处不再重复。

子任务三　插入折线图和分区图

本报表页中，我们通过折线图来反映 TCL 科技不同年度营业利润和净利润的变化趋势，通过分区图来反映营业收入和营业成本的变化趋势。各个度量值的设置如下。

营业收入=CALCULATE(SUM('利润表'[金额]),'利润表'[报表项目]="营业收入")
营业成本=CALCULATE(SUM('利润表'[金额]),'利润表'[报表项目]="营业成本")

插入折线图和分区图的操作与前面类似，此处不再重复。

子任务四　插入矩阵

本报表页中，我们通过矩阵来反映利润表各报表项目的本期金额、上期金额及变动率（同比）。各个度量值的设置如下。

IS 本期金额=SUM('利润表'[金额])

IS 上期金额=

　VAR REPORTYEAR=SELECTEDVALUE('年度'[年度])

　RETURN

　CALCULATE([IS 本期金额],FILTER(ALL('年度'),'年度'[年度]=REPORTYEAR−1))

IS 同比=DIVIDE([IS 本期金额]−[IS 上期金额],[IS 上期金额])

【任务实现】

步骤 01　打开"案例数据\项目八\TCL 科技-财务报表-初始.pbix"文件，单击窗口左侧的"报表"按钮 ，选择"利润表分析"报表页，设置上述度量值。

步骤 02　单击"可视化"窗格中的"矩阵"按钮，按图 8-31 设置矩阵的属性，参照资产负债表设置利润表的格式，生成的矩阵如图 8-32 所示。

图 8-31　设置矩阵的属性

利润表			
报表项目	本期金额	上期金额	同比
一、营业总收入	76,830,401,000.00	75,077,806,000.00	2.33% ↑
营业收入	76,677,238,000.00	74,933,086,000.00	2.33% ↑
二、营业总成本	76,593,126,000.00	76,906,488,000.00	-0.41% ↓
营业成本	66,242,278,000.00	66,337,117,000.00	-0.14% ↓
营业税金及附加	300,776,000.00	330,588,000.00	-9.02% ↓
销售费用	886,817,000.00	2,857,489,000.00	-68.97% ↓
管理费用	2,370,378,000.00	1,895,088,000.00	25.08% ↑
财务费用	2,357,022,000.00	1,248,801,000.00	88.74% ↑
研发费用	4,402,821,000.00	3,396,805,000.00	29.62% ↑
资产减值损失	0.00	791,112,000.00	-100.00% ↓
公允价值变动收益	672,793,000.00	473,673,000.00	42.04% ↑
投资收益	3,254,404,000.00	3,442,554,000.00	-5.47% ↓
其中:对联营企业和合营企业的投资收益	2,170,917,000.00	1,657,471,000.00	30.98% ↑

图 8-32　生成的矩阵

任务三 现金流量表分析与可视化

现金流量表是反映一定时期内(如月度、季度或年度)企业经营活动、投资活动和筹资活动对其现金及现金等价物所产生影响的财务报表。本任务我们希望将 TCL 科技在 2016—2020 年度的现金流量表实现如图 8-33 所示的可视化效果。

微课 8-3-1

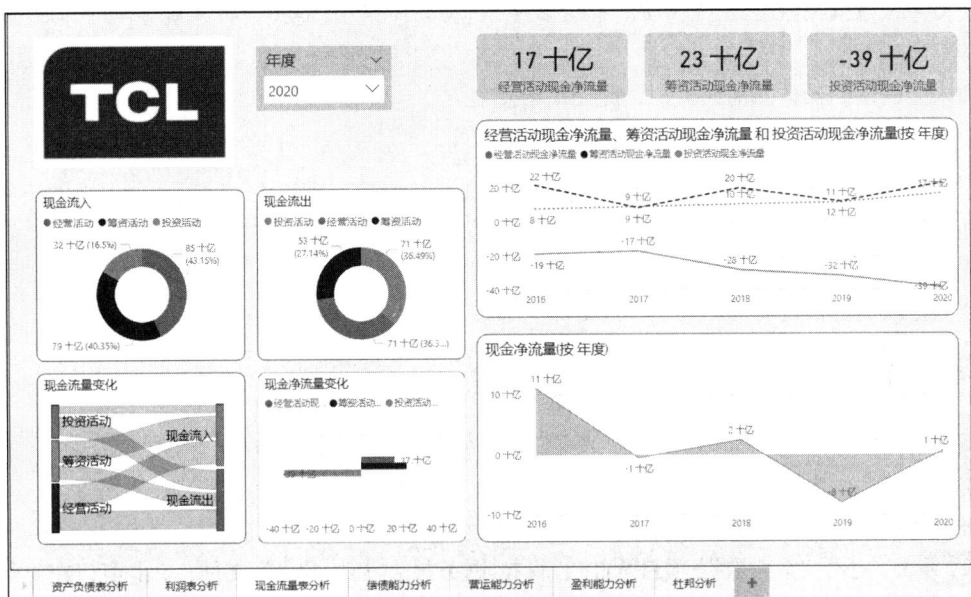

图 8-33 现金流量表的可视化效果总览

子任务一 插入卡片图

本报表页中，我们通过卡片图来显示 TCL 科技不同年度的经营活动现金净流量、筹资活动现金净流量和投资活动现金净流量 3 个关键数据。各个度量值的设置如下。

经营活动现金净流量=CALCULATE(SUM('现金流量表'[金额]),'现金流量表'[报表项目]="经营活动产生的现金流量净额")

筹资活动现金净流量=CALCULATE(SUM('现金流量表'[金额]),'现金流量表'[报表项目]="筹资活动产生的现金流量净额")

投资活动现金净流量=CALCULATE(SUM('现金流量表'[金额]),'现金流量表'[报表项目]="投资活动产生的现金流量净额")

插入卡片图的操作与前面类似，此处不再重复。

子任务二 插入环形图

本报表页中，我们通过环形图来显示 TCL 科技在 2016—2020 年度不同活动的现金流入和现金流出状况。各个度量值的设置如下。

现金流入=CALCULATE(SUM('现金流量表'[金额]),'现金流量表分类'[CF 类别 2]="现金流入")

现金流出=CALCULATE(SUM('现金流量表'[金额]),'现金流量表分类'[CF 类别 2]="现金流出")

插入环形图的操作与前面类似，此处不再重复。

子任务三　插入分区图

本报表页中，我们通过分区图来反映 TCL 科技不同年度现金净流量的变化趋势。度量值的设置如下。

现金净流量=CALCULATE(SUM('现金流量表'[金额]),'现金流量表'[报表项目]="五、现金及现金等价物净增加额")

插入分区图的操作与前面类似，此处不再重复。

子任务四　插入折线图

本报表页中，我们通过折线图来反映 TCL 科技不同年度的经营活动、投资活动、筹资活动现金净流量的增减变动趋势。

插入折线图的操作与前面类似，此处不再重复。

子任务五　插入桑基图

本报表页中，我们通过桑基图来反映 TCL 科技不同年度的投资活动、筹资活动、经营活动的现金流入和现金流出对比变化情况。

【任务实现】

步骤01　打开"案例数据\项目八\TCL 科技-财务报表-初始.pbix"文件，单击窗口左侧的"报表"按钮 ，选择"现金流量表分析"报表页。

步骤02　单击"可视化"窗格中的"桑基图"按钮，按图 8-34 设置桑基图的属性，并设置"CF 类别 2"的筛选器，如图 8-35 所示。生成的桑基图如图 8-36 所示。

图 8-34　设置桑基图的属性

图 8-35　设置筛选器的属性

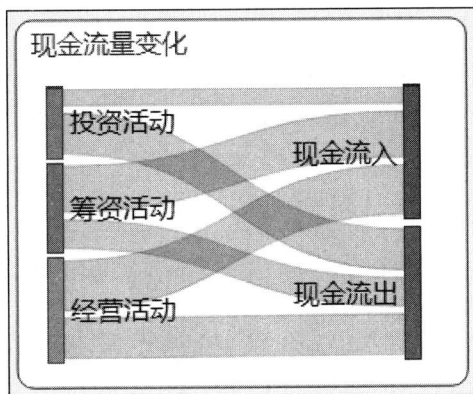

图 8-36 生成的桑基图

子任务六 插入簇状条形图

本报表页中，我们通过簇状条形图来反映 TCL 科技在 2016—2020 年度的经营活动、投资活动、筹资活动的现净现金流量变化情况。

【任务实现】

步骤 01 打开"案例数据\项目八\TCL 科技-财务报表-初始.pbix"文件，单击窗口左侧的"报表"按钮 ，选择"现金流量表分析"报表页。

步骤 02 单击"可视化"窗格中的"簇状条形图"按钮，按图 8-37 设置簇状条形图的属性，生成的簇状条形图如图 8-38 所示。

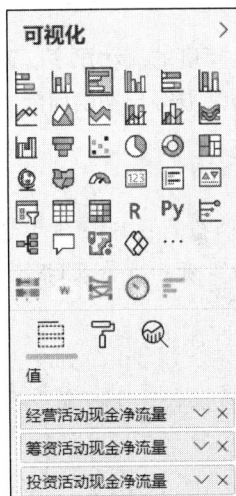

图 8-37 设置簇状条形图的属性

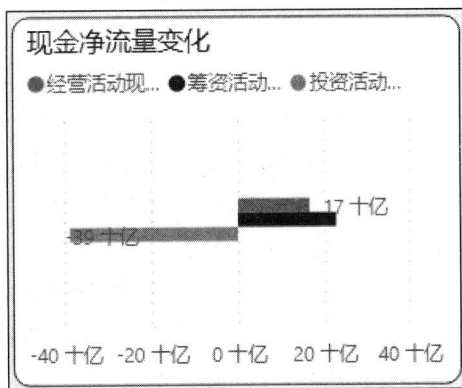

图 8-38 生成的簇状条形图

任务四 偿债能力分析与可视化

企业的偿债能力是指企业用其资产偿还长期债务与短期债务的能力。企业有无支付现金的能力和偿还债务的能力，是企业能否生存和健康发展的关键。

企业偿债能力是反映企业财务状况和经营能力的重要标志。偿债能力是企业偿还到期债务的承受能力或保证程度，包括偿还短期债务和长期债务的能力。

本任务我们希望对 TCL 科技在 2016—2020 年度的偿债能力进行分析，并得到如图 8-39 所示的可视化效果。

微课 8-4-1

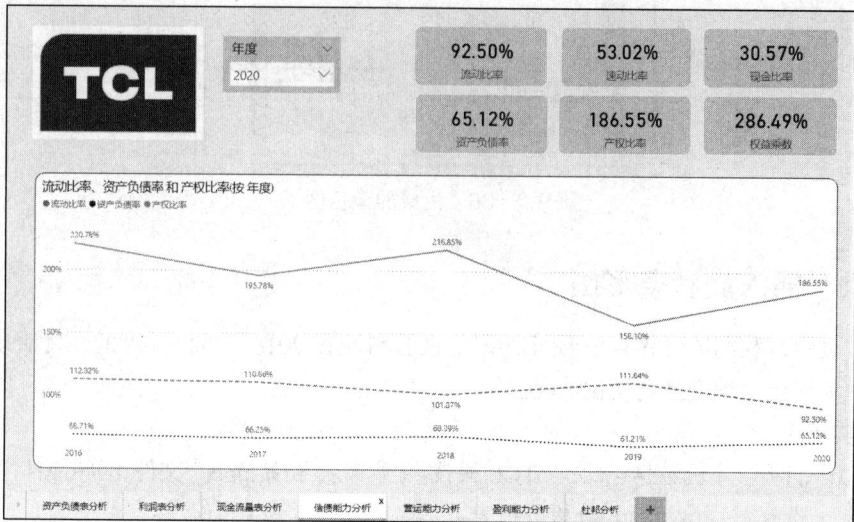

图 8-39　偿债能力分析的可视化效果总览

子任务一　插入卡片图

本报表页中，我们通过卡片图来反映 TCL 科技在 2016—2020 年度的流动比率、速动比率、现金比率等短期偿债能力指标，以及资产负债率、产权比率、权益乘数等长期偿债能力指标。各个度量值的设置如下。

流动比率=DIVIDE([流动资产合计],[流动负债合计])

速动资产=CALCULATE(SUM('资产负债表'[金额]),'资产负债表'[报表项目]="货币资金"||'资产负债表'[报表项目]="应收票据"||'资产负债表'[报表项目]="应收账款"||'资产负债表'[报表项目]="预收账款"||'资产负债表'[报表项目]="其他应收款")

速动比率=DIVIDE([速动资产],[流动负债合计])

货币资金=CALCULATE(SUM('资产负债表'[金额]),'资产负债表'[报表项目]="货币资金")

现金比率=DIVIDE([货币资金],[流动负债合计])

资产负债率=DIVIDE([负债合计],[资产合计])

产权比率=DIVIDE([负债合计],[所有者权益合计])

权益乘数=DIVIDE([资产合计],[所有者权益合计])

插入卡片图的操作与前面类似，此处不再重复。

子任务二　插入折线图

本报表页中，我们通过折线图来反映 TCL 科技在 2016—2020 年度流动比率、资产负债率和产权比率的变化趋势。

插入折线图的操作与前面类似，此处不再重复。

任务五　营运能力分析与可视化

企业营运能力主要指企业营运资产的效率与效益。企业营运资产的效率主要指资产的周转率或周转速度。企业营运资产的效益通常是指企业的产出量与资产占用量之间的比率。

本项目我们希望对 TCL 科技在 2016—2020 年度的营运能力进行分析，并得到如图 8-40 所示的可视化效果。

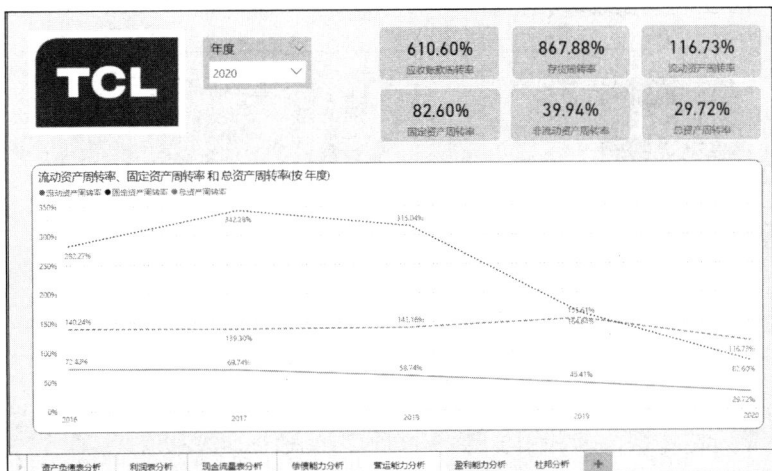

图 8-40　营运能力分析的可视化效果总览

子任务一　插入卡片图

本报表页中，我们通过卡片图来反映 TCL 科技在 2016—2020 年度应收账款周转率、存货周转率、流动资产周转率等短期资产周转能力指标，以及固定资产周转率、非流动资产周转率、总资产周转率等长期资产周转能力指标。度量值"应收账款周转率"的设置如下。其他周转率指标的设置与此类似，详见微课视频。

```
应收账款周转率=
    VAR A=[营业收入]
    VAR B=CALCULATE(SUM('资产负债表'[金额]),'资产负债表'[报表项目]="应收账款")
    RETURN    DIVIDE(A,B)
(说明：指标中涉及的资产、权益平均数均用期末数代替，下同)
```

插入卡片图的操作与前面类似，此处不再重复。

子任务二　插入折线图

本报表页中，我们通过折线图来反映不同年度流动资产周转率、固定资产周转率和总资产周转率的变化趋势。

插入折线图的操作与前面类似，此处不再重复。

任务六　盈利能力分析与可视化

盈利能力是指企业获取利润的能力。利润是投资者取得投资收益、债权人收取本息的资金来源，是经营者经营业绩和管理效能的集中表现，也是职工集体福利设施不断完善的重要保障。因此，企业盈利能力的分析十分重要。利润率越高，盈利能力越强；利润率越低，盈利能力越差。

本任务我们希望对 TCL 科技在 2016—2020 年度的盈利能力进行分析，并得到如图 8-41 所示的可视化效果。

微课 8-6-1

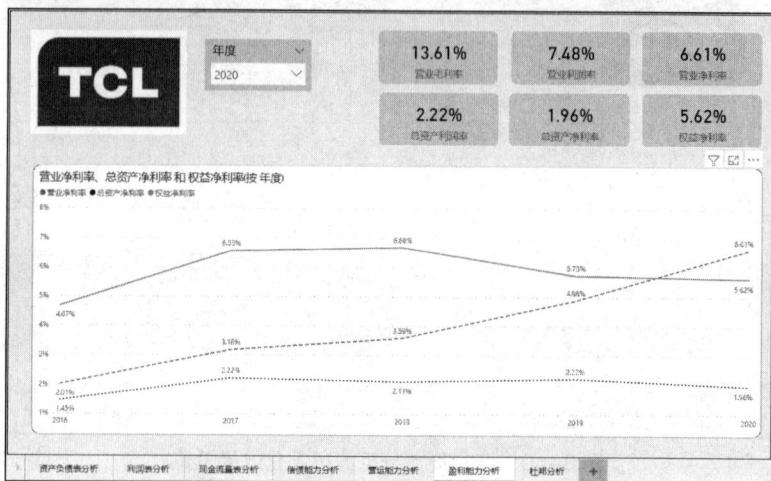

图 8-41　盈利能力分析的可视化效果总览

子任务一　插入卡片图

本报表页中，我们通过卡片图来反映营业毛利率、营业利润率、营业净利率等企业日常经营活动赚取利润的能力指标，以及总资产利润率、总资产净利率、权益净利率等资产和权益赚取利润的能力指标。度量值"营业毛利率"的设置如下。其他利润率指标的设置与此类似，详见微课视频。

```
营业毛利率=
    VAR A=[营业收入]
    VAR B=[营业收入]-[营业成本]
    RETURN   DIVIDE(B,A)
```

插入卡片图的操作与前面类似，此处不再重复。

子任务二　插入折线图

本报表页中，我们通过折线图来反映 TCL 科技在 2016—2020 年度的营业净利率、总资产净利率和权益净利率等指标的变化趋势。

插入折线图的操作与前面类似，此处不再重复。

任务七　杜邦分析与可视化

杜邦分析（DuPont Analysis）是利用几种主要财务比率之间的关系来综合分析企业的财务状况，其基本思想是将企业净资产收益率逐级分解为多项财务比率的乘积，这样有助于深入分析、比较企业的经营业绩。由于这种分析方法最早是由美国杜邦公司提出的，故名杜邦分析法。

微课 8-7-1

权益净利率也叫净资产收益率，是综合性最强的一个财务分析指标，是杜邦分析系统的核心。权益净利率的计算公式为

$$权益净利率＝营业净利率×总资产周转率×权益乘数$$

可以看出，企业净资产赚取利润的能力是企业的盈利能力、营运能力、偿债能力综合作用的结果。

杜邦分析法有助于企业管理层更加清晰地看到权益净利率的决定因素，以及销售净利润与总资产周转率、债务比率之间的关联，给管理层提供了一张考察公司资产管理效率和股东投资回报是否最大化的路线图。

本任务我们将对 TCL 科技在 2016—2020 年度的经营情况进行杜邦分析，并得到如图 8-42 所示的可视化效果。

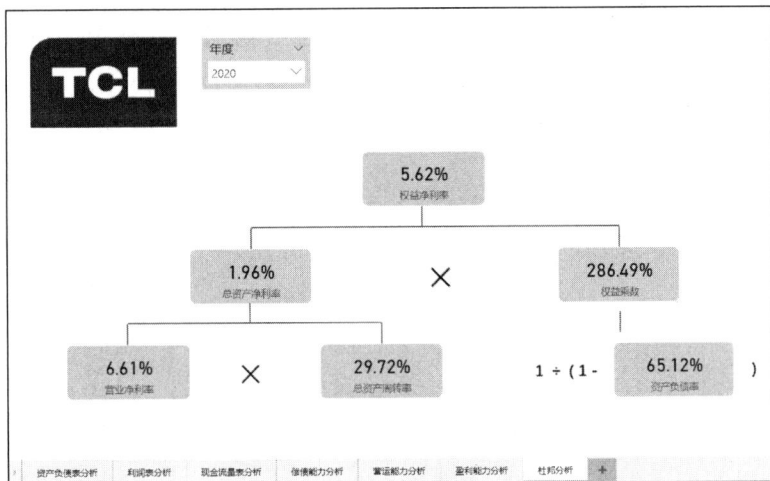

图 8-42　杜邦分析的可视化效果总览

子任务一　插入卡片图

本报表页中，我们通过卡片图来反映 TCL 科技在 2016—2020 年度权益净利率、总资产净利率、营业净利率、总资产周转率、权益乘数、资产负债率等指标的层层分解情况，进一步反映企业的盈利能力、营运能力、偿债能力等指标的综合作用对权益净利率的影响。

插入卡片图的操作与前面类似，此处不再重复。

子任务二　插入形状和图像

本报表页中，我们通过插入横线、竖线、乘号、括号等，建立各指标之间的逻辑关系。

若所用 Power BI Desktop 版本默认插入的是竖线，通过格式设置可以将其旋转 90° 变为横线；乘号、括号等运算符号可以图像形式插入卡片图中。各个形状和图像插入完成后，我们需要将所有元素放置在合适的位置。

巩固提高

一、思考题

1. 举例说明可视化对象"表"和"矩阵"设置条件格式的思路。

2. 本项目中，度量值"应收账款周转率"的设置如下。

> 应收账款周转率=
>
> 　VAR A=[营业收入]
>
> 　VAR B=CALCULATE(SUM('资产负债表'[金额]),'资产负债表'[报表项目]="应收账款")
>
> 　RETURN　DIVIDE(A,B)

（1）解释该度量值的含义。

（2）若不定义变量 A 和 B，则度量值"应收账款周转率"应如何表达？

二、实训题

1. 从新浪财经网站下载一家家电企业的财务数据，进行财务数据分析与可视化展示。

2. 从新浪财经网站下载 5 家有代表性的家电企业的财务数据，进行财务数据分析与可视化展示，并探索相关指标的行业均值。

思路提示：

（1）三大报表需要增加"公司名称"或"股票代码"字段。

（2）增加"公司"维度表，表中字段为"公司名称"和"股票代码"。

管理会计案例：连锁店业务数据分析与可视化

学习目标

- **知识目标**
  - ◇ 掌握业务数据分析与可视化页面设计的一般思路。
  - ◇ 掌握水平条形图、RANKX 函数的用法。
  - ◇ 掌握数据环比的应用方法。
- **能力目标**
  - ◇ 能够结合公司业务数据，通过 Power BI 实现产品分析、区域分析、趋势分析、完成度分析、排名分析等可视化分析。

项目导图

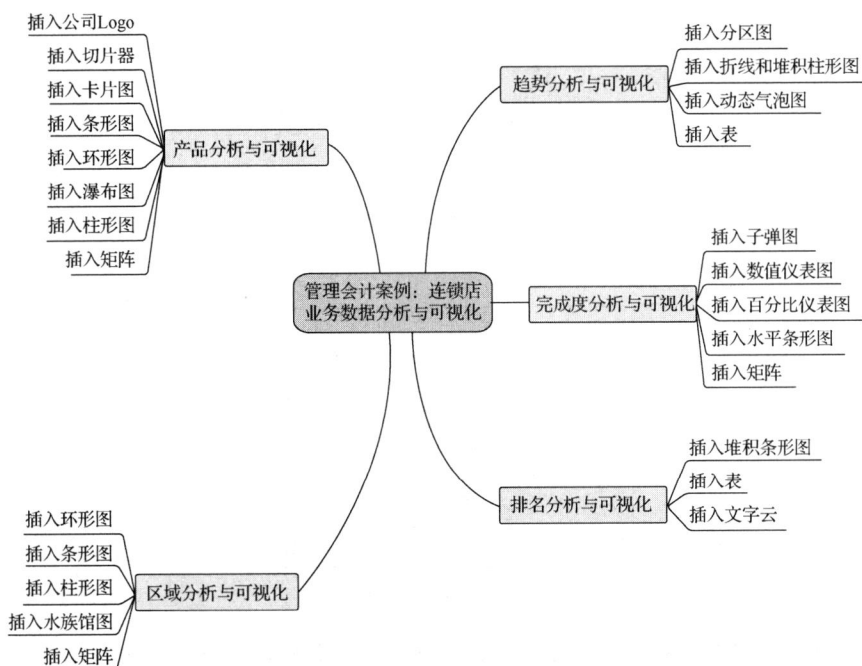

情境案例

1. 企业简介

动享时刻是一家经营全套滑雪设备的连锁企业，自 2011 年在黑龙江省哈尔滨市开设第一家连锁店后，先后在东北、华北、西北等多个省市开设了 26 家连锁店。

各连锁店主要销售雪板、服装、辅助用品 3 大类滑雪设备。雪板包括单板和双板两类产品，服装包括滑雪服、滑雪镜、滑雪鞋、头盔、帽子、手套、面护 7 类产品，辅助用品包括固定器、滑雪手杖、滑雪包、防晒霜 4 类产品。

微课 9-0-1

2. 获取并整理动享时刻连锁店的业务数据

案例数据\项目九\动享时刻-业务报表-初始.pbix

本案例原始数据来自动享时刻各连锁店 POS 机的销售记录，我们将其整理成"动享时刻-业务报表-初始.xlsx"文件。该文件共包含产品表、日期表、门店表、任务表和销售表 5 张工作表。

（1）产品表。产品表包括"产品分类 ID""产品分类名称""产品 ID""产品名称""单价"共 5 个字段和 13 条数据（记录），如图 9-1 所示。

	A	B	C	D	E
1	产品分类ID	产品分类名称	产品ID	产品名称	单价
2	100	雪板	1001	单板	3520
3	100	雪板	1002	双板	4150
4	200	服装	2001	滑雪服	456
5	200	服装	2002	滑雪镜	630
6	200	服装	2003	滑雪鞋	835
7	200	服装	2004	头盔	260
8	200	服装	2005	帽子	78
9	200	服装	2006	手套	65
10	200	服装	2007	面护	55
11	300	辅助用品	3001	固定器	860
12	300	辅助用品	3002	滑雪手杖	140
13	300	辅助用品	3003	滑雪包	210
14	300	辅助用品	3004	防晒霜	78

图 9-1 产品表

（2）日期表。日期表包括"日期""年""月""季度"共 4 个字段和 365 条数据，部分显示如图 9-2 所示。

	A	B	C	D
1	日期	年	月	季度
2	2020/1/1	2020年	1月	第1季度
3	2020/1/2	2020年	1月	第1季度
4	2020/1/3	2020年	1月	第1季度
5	2020/1/4	2020年	1月	第1季度
6	2020/1/5	2020年	1月	第1季度
7	2020/1/6	2020年	1月	第1季度
8	2020/1/7	2020年	1月	第1季度

图 9-2 日期表（部分）

（3）门店表。门店表包括"店铺 ID""店铺名称""城市名称""省份名称""地区"共 5 个字段和 26 条数据，部分显示如图 9-3 所示。

	A	B	C	D	E
1	店铺ID	店铺名称	城市名称	省份名称	地区
2	201	动享时刻哈尔滨店	哈尔滨市	黑龙江省	东北
3	202	动享时刻齐齐哈尔店	齐齐哈尔市	黑龙江省	东北
4	203	动享时刻佳木斯店	佳木斯市	黑龙江省	东北
5	204	动享时刻大庆店	大庆市	黑龙江省	东北
6	205	动享时刻长春店	长春市	吉林省	东北
7	206	动享时刻吉林店	吉林市	吉林省	东北
8	207	动享时刻通化店	通化市	吉林省	东北

图 9–3　门店表（部分）

（4）任务表。任务表包括“店铺名称”“年度”“任务额”“日期”共 4 个字段和 26 条数据，部分显示如图 9-4 所示。

	A	B	C	D
1	店铺名称	年度	任务额	日期
2	动享时刻哈尔滨店	2020年	1200000	2020/1/1
3	动享时刻齐齐哈尔店	2020年	1200000	2020/1/1
4	动享时刻佳木斯店	2020年	1200000	2020/1/1
5	动享时刻大庆店	2020年	1200000	2020/1/1
6	动享时刻长春店	2020年	1200000	2020/1/1
7	动享时刻吉林店	2020年	1200000	2020/1/1
8	动享时刻通化店	2020年	1200000	2020/1/1

图 9–4　任务表（部分）

（5）销售表。销售表包括“订单号”“订单日期”“店铺 ID”“产品 ID”“数量”共 5 个字段和 2 769 条数据，部分显示如图 9-5 所示。

	A	B	C	D	E
1	订单号	订单日期	店铺ID	产品ID	数量
2	SO10001	2020/1/1	210	1002	2
3	SO10002	2020/1/1	201	1002	10
4	SO10003	2020/1/1	212	1002	4
5	SO10004	2020/1/1	201	1001	1
6	SO10005	2020/1/1	206	1001	10
7	SO10006	2020/1/1	201	1002	2
8	SO10007	2020/1/1	209	1001	5
9	SO10008	2020/1/1	209	1001	5

图 9–5　销售表（部分）

3．案例模型

本案例有 4 个维度表和 1 个事实表，维度表分别是产品表、日期表、门店表和任务表，事实表是销售表。模型中同时新建了一个“度量值”空表，用来存放和管理所有的度量值。

初始案例中，我们对日期表进行以下操作。

（1）将日期表的“年”和“月”字段修改为文本型。

（2）根据月份添加一个字段，叫“月排序依据”，用于将月份按 1~12 顺序显示。

调整后的日期表如图 9-6 所示。

图 9-6　日期表

本案例的关系模型如图 9-7 所示。

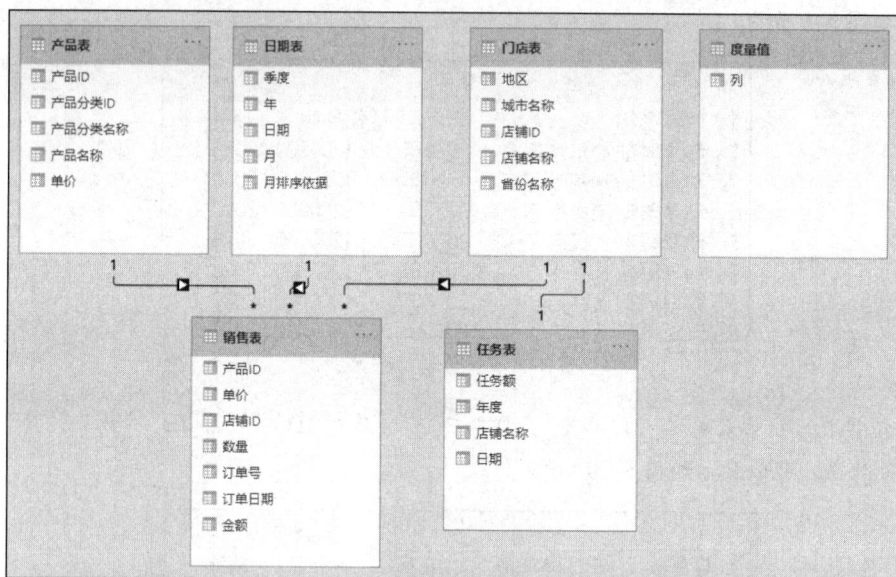

图 9-7　关系模型

在本关系模型中，已添加了 2 个新建列，分别如下。

单价=RELATED('产品表'[单价])

金额='销售表'[数量]*'销售表'[单价]

新建列后的销售表如图 9-8 所示。

订单号	订单日期	店铺ID	产品ID	数量	单价	金额
SO10001	2020年1月1日	210	1002	2	4150	8300
SO10002	2020年1月1日	201	1002	10	4150	41500
SO10003	2020年1月1日	212	1002	4	4150	16600
SO10004	2020年1月1日	201	1001	1	3520	3520
SO10005	2020年1月1日	206	1001	10	3520	35200
SO10006	2020年1月1日	201	1002	2	4150	8300
SO10007	2020年1月1日	209	1001	5	3520	17600
SO10008	2020年1月1日	209	1001	5	3520	17600

图 9-8　新建列后的销售表

任务一　产品分析与可视化

微课 9-1-1

对动享时刻的产品分析主要是通过产品分类、产品名称等多个维度分析其销售金额数据，然后通过卡片图、条形图、柱形图、环形图、瀑布图和矩阵进行可视化展示，同时以月份作为切片器进行数据的筛选。本任务中动享时刻的产品分析与可视化效果如图 9-9 所示。下面通过 8 个子任务详细介绍产品分析与可视化的实现过程。

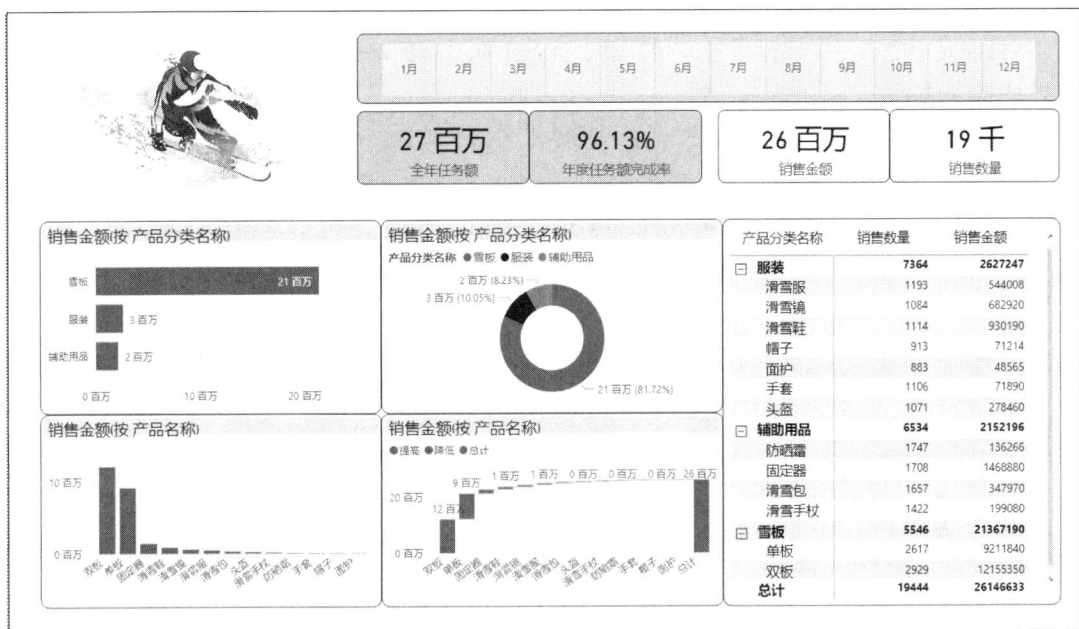

图 9-9　产品分析与可视化效果总览

子任务一　插入公司 Logo

首先，我们要在报表左上角放置动享时刻连锁店的 Logo。

【任务实现】

步骤 01 在 Power BI Desktop 中打开"案例数据\项目九\动享时刻-业务报表-初始.pbix"文件，单击窗口左侧的"报表"按钮，并选择"产品分析"报表页。

步骤 02 执行"插入"→"元素"→"图像"命令，插入"动享时刻 Logo.png"图片，如图 9-10 所示。

图 9-10　插入连锁店 Logo（模拟图）

子任务二　插入切片器

将日期表中的"月"字段设置成切片器，通过不同月份的筛选，显示相应月份的相应数据。

【任务实现】

步骤 01 打开"案例数据\项目九\动享时刻-业务报表-初始.pbix"文件，单击窗口左侧的"报表"按钮 📊，选择"产品分析"报表页。

步骤 02 单击"可视化"窗格中的"切片器"按钮，按图 9-11 设置切片器的属性，然后设置切片器的内容水平显示，生成的切片器如图 9-12 所示。

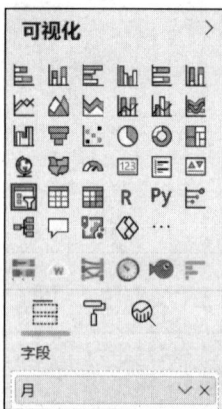

图 9-11　设置切片器的属性

| 1月 | 2月 | 3月 | 4月 | 5月 | 6月 | 7月 | 8月 | 9月 | 10月 | 11月 | 12月 |

图 9-12　生成的切片器

子任务三　插入卡片图

本报表页中，我们通过卡片图展示销售金额、销售数量、全年任务额和年度任务额完成率 4 个关键数据。操作过程中，需要设置以下度量值。

销售金额=SUM('销售表'[金额])

销售数量=SUM('销售表'[数量])

全年任务额=SUM('任务表'[任务额])

全年销售额=CALCULATE([销售金额],FILTER(ALL('日期表'),'日期表'[年]="2020 年"))

年度任务额完成率=DIVIDE([全年销售额],[全年任务额])

【任务实现】

步骤 01 打开"案例数据\项目九\动享时刻-业务报表-初始.pbix"文件，单击窗口左侧的"报表"按钮 ，选择"产品分析"报表页，并设置上述度量值。

步骤 02 单击"可视化"窗格中的"卡片图"按钮，按图 9-13 设置卡片图的属性，并调整卡片图的背景颜色、数据标签的文本大小，生成的卡片图如图 9-14 所示。

图 9-13 设置卡片图的属性

图 9-14 生成的卡片图

步骤 03 按照同样的方法，生成"销售金额""销售数量""年度任务额完成率"的卡片图。

子任务四 插入条形图

本报表页中，我们通过条形图来反映动享时刻不同产品分类的销售金额状况。

【任务实现】

步骤 01 打开"案例数据\项目九\动享时刻-业务报表-初始.pbix"文件，单击窗口左侧的"报表"按钮 ，并选择"产品分析"报表页。

步骤 02 单击"可视化"窗格中的"堆积条形图"按钮，按图 9-15 设置条形图的属性，去掉 X 轴、Y 轴的标题文本，生成的条形图如图 9-16 所示。

图 9-15 设置条形图的属性

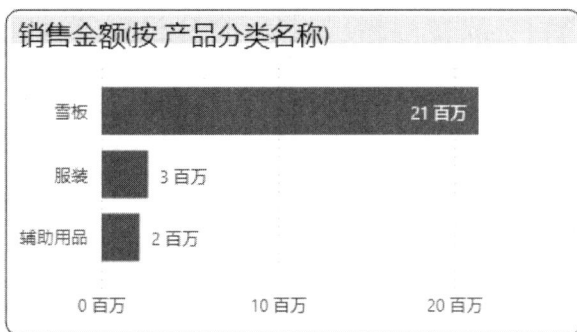

图 9-16 生成的条形图

子任务五 插入环形图

本报表页中，我们通过环形图来反映动享时刻不同产品分类的销售占比情况。

【任务实现】

步骤 01 打开"案例数据\项目九\动享时刻-业务报表-初始.pbix"文件，单击窗口左侧的"报表"按钮 📊，并选择"产品分析"报表页。

步骤 02 单击"可视化"窗格中的"环形图"按钮，按图 9-17 设置环形图的属性，将图例位置设置为"上"，生成的环形图如图 9-18 所示。

图 9-17　设置环形图的属性

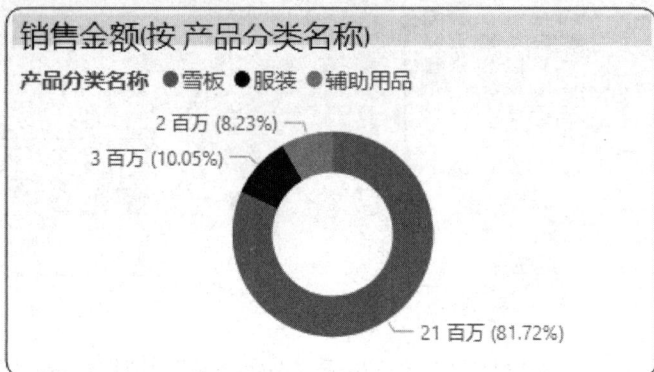

图 9-18　生成的环形图

子任务六　插入瀑布图

本报表页中，我们通过瀑布图来反映动享时刻不同产品分类的销售金额分布与合计情况。

【任务实现】

步骤 01 打开"案例数据\项目九\动享时刻-业务报表-初始.pbix"文件，单击窗口左侧的"报表"按钮 📊，并选择"产品分析"报表页。

步骤 02 单击"可视化"窗格中的"瀑布图"按钮，按图 9-19 设置瀑布图的属性，生成的瀑布图如图 9-20 所示。

图 9-19　设置瀑布图的属性

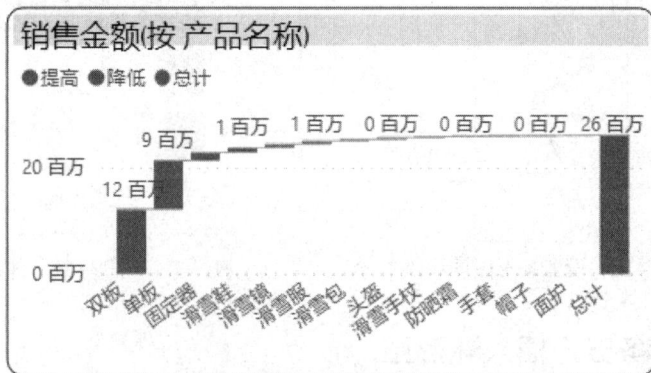

图 9-20　生成的瀑布图

子任务七　插入柱形图

本报表页中，我们通过柱形图来反映动享时刻不同产品的销售金额变化情况。

【任务实现】

步骤01 打开"案例数据\项目九\动享时刻-业务报表-初始.pbix"文件，单击窗口左侧的"报表"按钮📊，并选择"产品分析"报表页。

步骤02 单击"可视化"窗格中的"堆积柱形图"按钮，按图 9-21 设置柱形图的属性，生成的柱形图如图 9-22 所示。

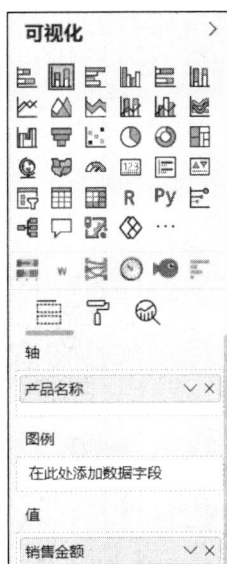

图 9-21　设置柱形图的属性

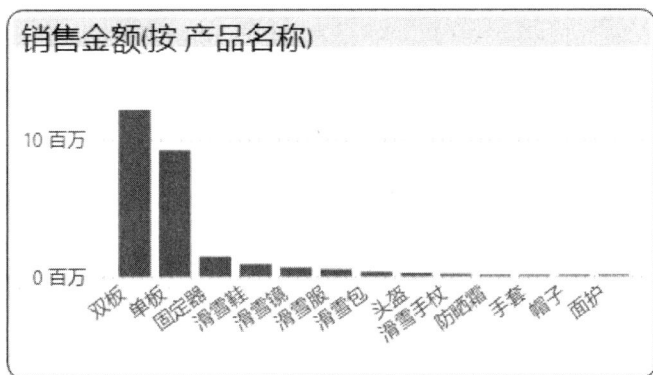

图 9-22　生成的柱形图

子任务八　插入矩阵

本报表页中，我们通过矩阵直接反映动享时刻不同产品类别下不同产品的销售数量和销售金额。

【任务实现】

步骤01 打开"案例数据\项目九\动享时刻-业务报表-初始.pbix"文件，单击窗口左侧的"报表"按钮📊，并选择"产品分析"报表页。

步骤02 单击"可视化"窗格中的"矩阵"按钮，按图 9-23 设置矩阵的属性，更改列标题和行标题的文本大小，生成的矩阵如图9-24 所示。

图 9-23　设置矩阵的属性

产品分类名称	销售数量	销售金额
⊟ 服装	**7364**	**2627247**
滑雪服	1193	544008
滑雪镜	1084	682920
滑雪鞋	1114	930190
帽子	913	71214
面护	883	48565
手套	1106	71890
头盔	1071	278460
⊟ 辅助用品	**6534**	**2152196**
防晒霜	1747	136266
固定器	1708	1468880
滑雪包	1657	347970
滑雪手杖	1422	199080
⊟ 雪板	**5546**	**21367190**
单板	2617	9211840
双板	2929	12155350
总计	**19444**	**26146633**

图 9-24　生成的矩阵

任务二　区域分析与可视化

微课 9-2-1

　　区域分析主要是以地区、省份、店铺名称等多维度分析销售金额数据。本任务中，我们通过条形图、柱形图、环形图、水族馆图和矩阵进行可视化分析，同时以月份作为切片器进行数据的筛选。本任务最终得到的区域分析与可视化效果如图 9-25 所示。下面通过 5 个子任务来介绍区域分析与可视化的实现过程。

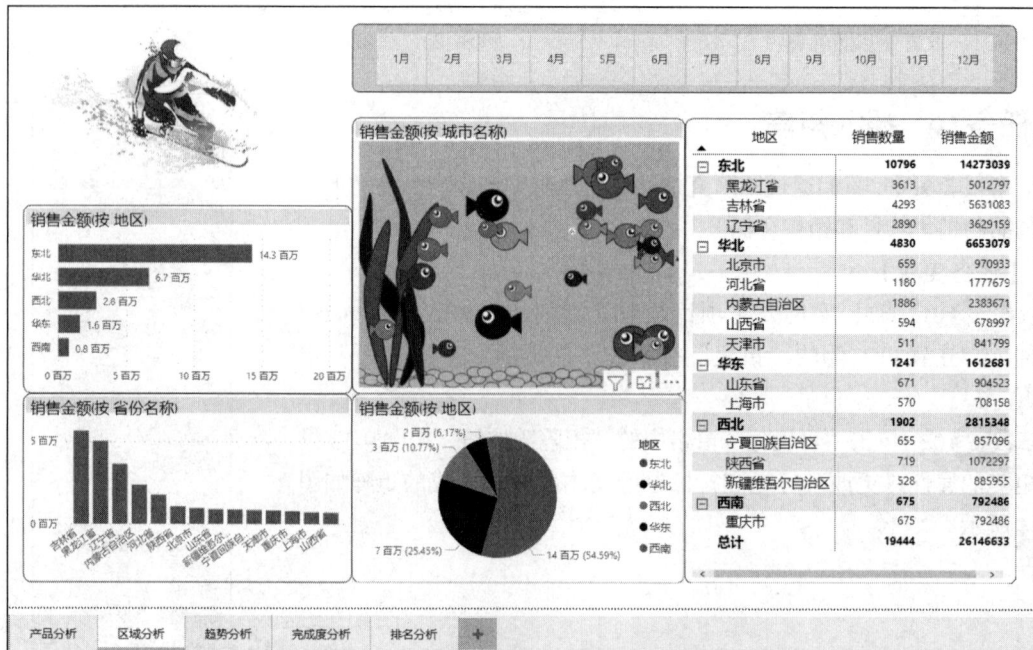

图 9-25　区域分析与可视化效果总览

子任务一　插入环形图

本报表页中，我们通过环形图来展示动享时刻不同区域的销售金额及占比状况。

插入环形图的操作与前面类似，此处不再重复。

子任务二　插入条形图

本报表页中，我们通过条形图来反映动享时刻不同区域销售金额的变化及排名情况。

插入条形图的操作与前面类似，此处不再重复。

子任务三　插入柱形图

本报表页中，我们通过柱形图来反映动享时刻不同省份的销售金额变化及排名情况。

插入柱形图的操作与前面类似，此处不再重复。

子任务四　插入水族馆图

本报表页中，我们通过水族馆图（Enlighten Aquarium）来反映动享时刻在不同城市销售金额的分布状况。水族馆图中金鱼的颜色代表不同的城市，金鱼的大小代表销售金额的多少。我们需要事先把水族馆图以自定义可视化对象导入 Power BI Desktop。

【任务实现】

步骤01 打开"案例数据\项目九\动享时刻-业务报表-初始.pbix"文件，单击窗口左侧的"报表"按钮 📊，并选择"区域分析"报表页。

步骤02 单击"可视化"窗格下的"水族馆图"按钮，按图 9-26 设置水族馆图的属性，生成的水族馆图如图 9-27 所示。

图 9-26　设置水族馆图的属性

图 9-27　生成的水族馆图

子任务五　插入矩阵

本报表页中，我们通过矩阵直接反映不同地区、不同省份的销售数量和销售金额。
插入矩阵的操作与前面类似，此处不再重复。

任务三　趋势分析与可视化

微课 9-3-1

趋势分析主要是以月份的变化来展示销售金额、销售数量的变化情况。我
们通过分区图、折线和堆积柱形图、动态气泡图和表进行可视化分析，同时以
产品分类名称、产品名称、省份名称作为切片器进行数据的筛选。本任务最终得到的趋势分析与
可视化效果如图 9-28 所示。下面通过 4 个子任务来介绍趋势分析与可视化的实现过程。

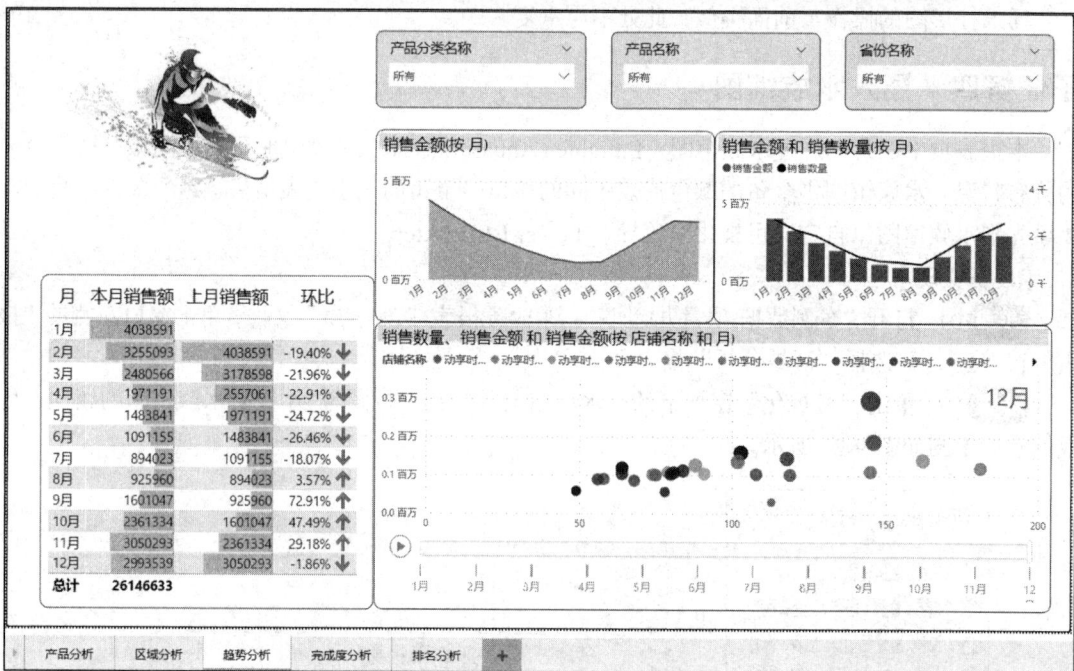

图 9-28　趋势分析与可视化效果总览

子任务一　插入分区图

本报表页中，我们通过分区图来反映动享时刻在不同月份销售金额的变化情况。

【任务实现】

步骤01　打开"案例数据\项目九\动享时刻-业务报表-初始.pbix"文件，单击窗口左侧的"报
表"按钮 📊，并选择"趋势分析"报表页。

步骤02　单击"可视化"窗格中的"分区图"按钮，按图 9-29 设置分区图的属性，生成的
分区图如图 9-30 所示。

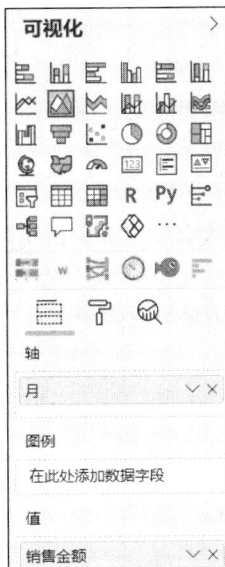

图 9-29 设置分区图的属性

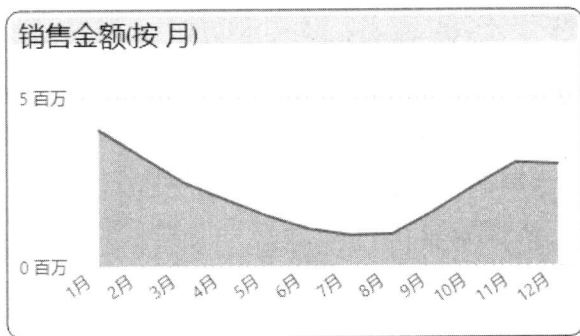

图 9-30 生成的分区图

子任务二 插入折线和堆积柱形图

本报表页中，我们通过折线和堆积柱形图显示动享时刻在不同月份的销售金额和销售数量变化情况。

【任务实现】

步骤01 打开"案例数据\项目九\动享时刻-业务报表-初始.pbix"文件，单击窗口左侧的"报表"按钮，并选择"趋势分析"报表页。

步骤02 单击"可视化"窗格中的"折线和堆积柱形图"按钮，按图 9-31 设置折线和堆积柱形图的属性，生成的折线和堆积柱形图如图 9-32 所示。

图 9-31 设置折线和堆积柱形图的属性

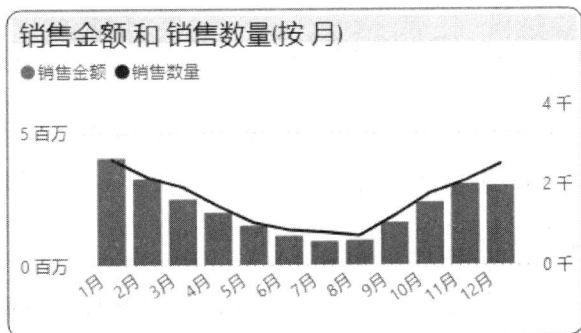

图 9-32 生成的折线和堆积柱形图

子任务三　插入动态气泡图

本报表页中，我们通过动态气泡图来反映动享时刻在不同月份的销售数量、销售金额变化情况，气泡大小代表销售金额多少。

【任务实现】

（步骤01）打开"案例数据\项目九\动享时刻-业务报表-初始.pbix"文件，单击窗口左侧的"报表"按钮 📊，并选择"趋势分析"报表页。

（步骤02）单击"可视化"窗格中的"散点图"按钮，按图 9-33 设置气泡图的属性，生成的动态气泡图如图 9-34 所示。

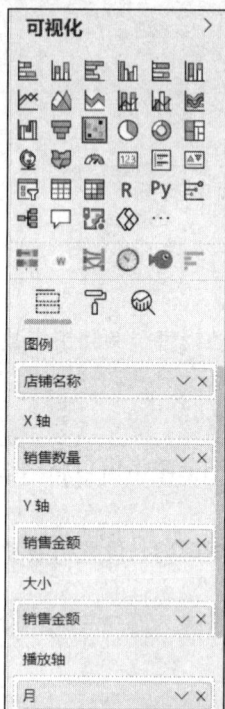

图 9-33　设置气泡图的属性

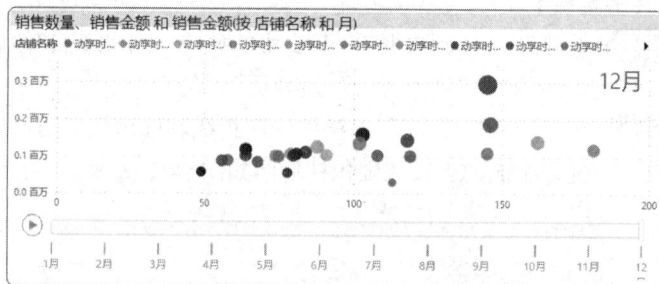

图 9-34　生成的动态气泡图

子任务四　插入表

本报表页中，我们通过表来反映动享时刻在不同年度、不同月份的销售额、上月销售额和销售额环比情况。度量值设置如下。

> 上月销售额=CALCULATE([销售金额],PREVIOUSMONTH('日期表'[日期]))
>
> 环比=DIVIDE('[销售金额]-[上月销售额],[上月销售额])

【任务实现】

（步骤01）打开"案例数据\项目九\动享时刻-业务报表-初始.pbix"文件，单击窗口左侧的"报表"按钮 📊，并选择"趋势分析"报表页，设置上述度量值。

（步骤02）单击"可视化"窗格中的"表"按钮，按图 9-35 设置表的属性，并设置本月销售额、上月销售额和环比的条件格式，生成的表如图 9-36 所示。

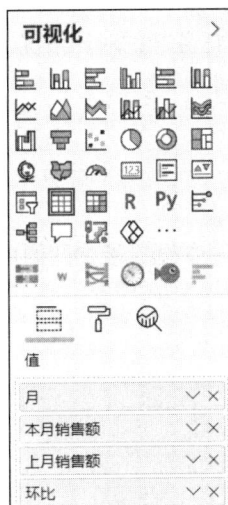

图 9-35　设置表的属性

月	本月销售额	上月销售额	环比	
1月	4038591			
2月	3255093	4038591	-19.40%	↓
3月	2480566	3178598	-21.96%	↓
4月	1971191	2557061	-22.91%	↓
5月	1483841	1971191	-24.72%	↓
6月	1091155	1483841	-26.46%	↓
7月	894023	1091155	-18.07%	↓
8月	925960	894023	3.57%	↑
9月	1601047	925960	72.91%	↑
10月	2361334	1601047	47.49%	↑
11月	3050293	2361334	29.18%	↑
12月	2993539	3050293	-1.86%	↓
总计	26146633			

图 9-36　生成的表

任务四　完成度分析与可视化

完成度分析主要是展示销售金额与任务的对比情况及完成情况。本任务通过子弹图、数值仪表图、百分比仪表图、水平条形图和矩阵进行可视化分析，同时以店铺名称作为切片器进行数据的筛选。

本任务最终得到的完成度分析与可视化效果如图 9-37 所示。下面通过 5 个子任务来介绍完成度分析与可视化的实现过程。

微课 9-4-1

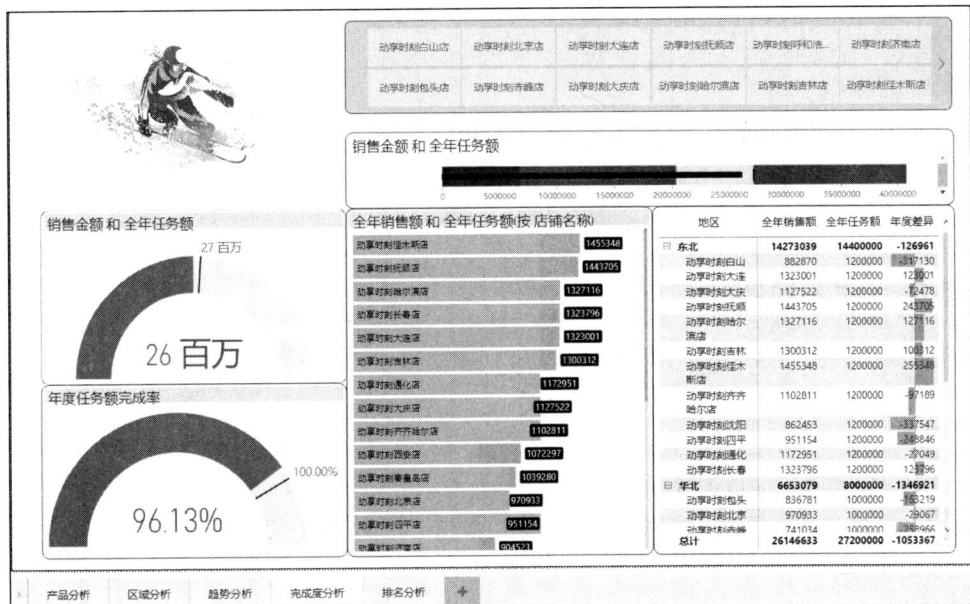

图 9-37　完成度分析与可视化效果总览

子任务一　插入子弹图

本报表页中，我们通过子弹图来反映动享时刻销售金额与全年任务额的对比情况，并通过颜色来反映销售额落在"有待改善""一般""好""很好"的某一区间。

【任务实现】

步骤 01 打开"案例数据\项目九\动享时刻-业务报表-初始.pbix"文件，单击窗口左侧的"报表"按钮 📊，并选择"完成度分析"报表页。

步骤 02 单击"可视化"窗格中的"子弹图"按钮，按图 9-38 设置子弹图的属性，并按图 9-39 设置子弹图的格式，生成的子弹图如图 9-40 所示。

图 9-38　设置子弹图的属性

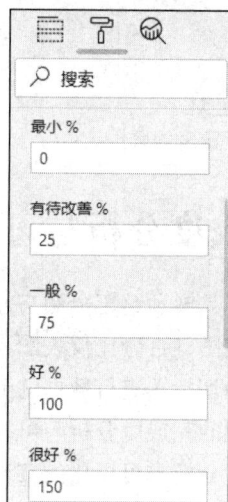

图 9-39　设置子弹图的格式

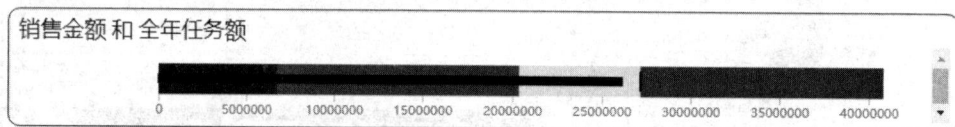

图 9-40　生成的子弹图

子任务二　插入数值仪表图

本报表页中，我们通过数值仪表图来反映动享时刻的销售金额与全年任务额的对比情况。

【任务实现】

步骤 01 打开"案例数据\项目九\动享时刻-业务报表-初始.pbix"文件，单击窗口左侧的"报表"按钮 📊，并选择"完成度分析"报表页。

步骤 02 单击"可视化"窗格中的"仪表"按钮，按图 9-41 设置数值仪表图的属性，生成的仪表图如图 9-42 所示。

图 9-41 设置仪表图的属性

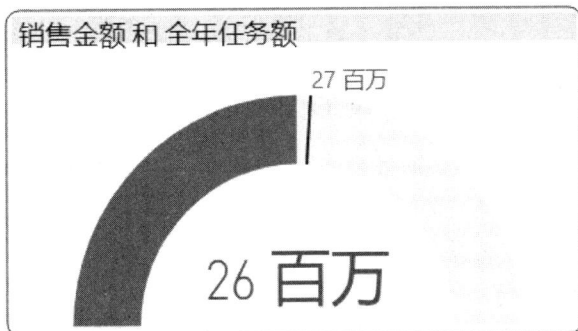

图 9-42 生成的仪表图

子任务三 插入百分比仪表图

本报表页中，我们通过百分比仪表图来反映销售金额相对于全年任务额的完成率。

【任务实现】

步骤 01 打开"案例数据\项目九\动享时刻-业务报表-初始.pbix"文件，单击窗口左侧的"报表"按钮 ，并选择"完成度分析"报表页。

步骤 02 单击"可视化"窗格中的"仪表"按钮，按图 9-43 设置百分比仪表图的属性，并按图 9-44 设置百分比仪表图的格式，生成的百分比仪表图如图 9-45 所示。

图 9-43 设置百分比仪表图的属性

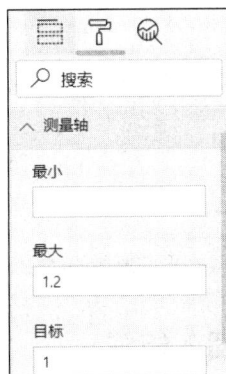

图 9-44 设置百分比仪表图的格式

图 9-45　生成的百分比仪表图

子任务四　插入水平条形图

本报表页中，我们通过水平条形图（Horizontal Bar Chart）来反映动享时刻各店铺的销售额与任务额的对比情况。条形图中用不同颜色代表任务额及实际销售额超出任务额的部分。水平条形图需事先以自定义可视化对象导入。

【任务实现】

步骤 01 打开"案例数据\项目九\动享时刻-业务报表-初始.pbix"文件，单击窗口左侧的"报表"按钮 📊 ，并选择"完成度分析"报表页。

步骤 02 单击"可视化"窗格中的"水平条形图"按钮，按图 9-46 设置水平条形图的属性，生成的水平条形图如图 9-47 所示。

图 9-46　设置水平条形图的属性

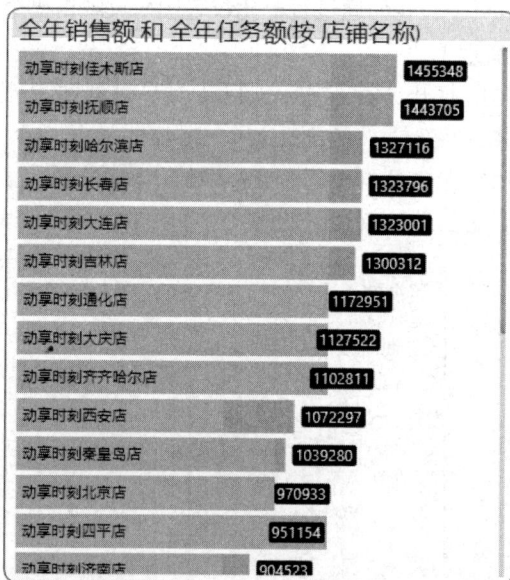

图 9-47　生成的水平条形图

子任务五　插入矩阵

本报表页中，我们通过矩阵来反映动享时刻全年销售额和全年任务额的数据及其变动额数据，变动额数据通过数据条颜色来反映完成或未完成情况，通过数据条长度来反映超出或未完成的差额。

【任务实现】

步骤 01　打开"案例数据\项目九\动享时刻-业务报表-初始.pbix"文件，单击窗口左侧的"报表"按钮 📊，并选择"完成度分析"报表页。

步骤 02　单击"可视化"窗格中的"矩阵"按钮，按图 9-48 设置矩阵的属性，并按图 9-49 设置"年度差异"的条件格式，将"数据条"打开，单击"高级控件"链接，如图 9-49 所示。

图 9-48　设置矩阵的属性

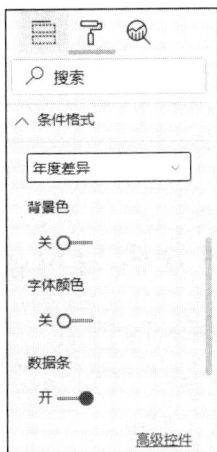

图 9-49　设置矩阵的格式

步骤 03　在打开的"数据条-年度差异"窗口中，按图 9-50 设置数据条的详细格式，生成的矩阵如图 9-51 所示。

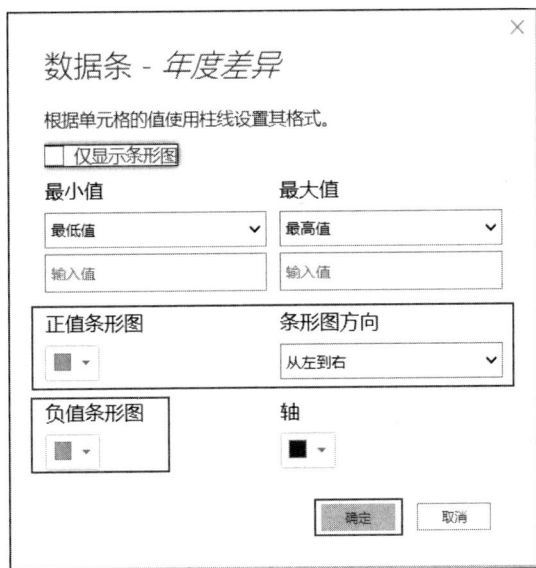

图 9-50　设置数据条的详细格式

图 9-51　生成的矩阵

任务五　排名分析与可视化

　　排名分析主要是反映不同产品、不同店铺的销售额排名情况，以及前 N 个排名数据。本任务通过堆积条形图、表和文字云进行可视化分析，同时以季度作为切片器进行数据的筛选。

　　本任务最终得到的排名分析与可视化效果如图 9-52 所示。下面通过 3 个子任务来介绍排名分析与可视化的实现过程。

微课 9-5-1

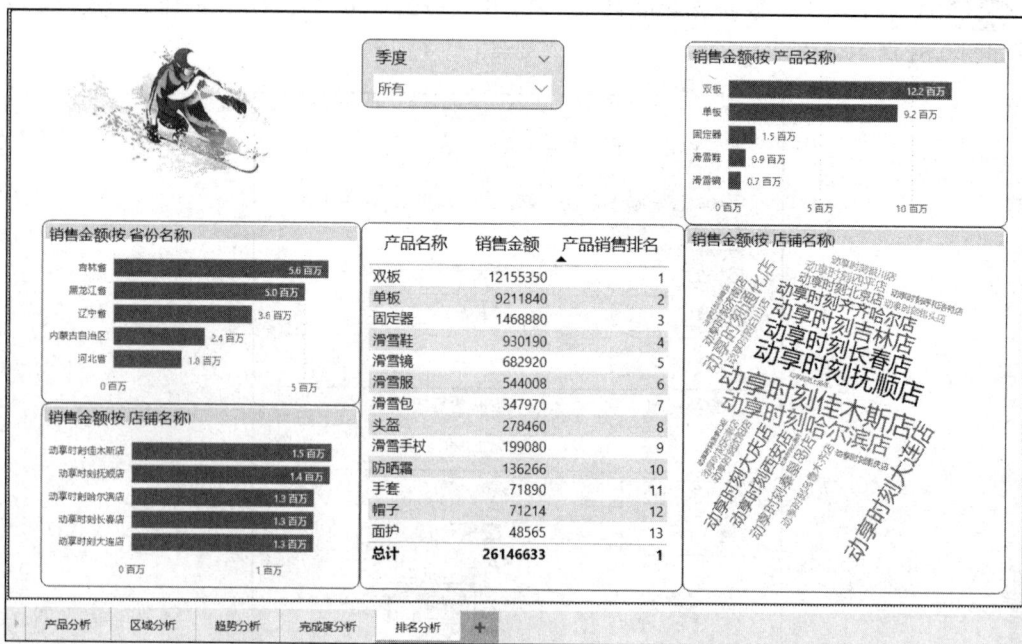

图 9-52　排名分析与可视化效果总览

子任务一　插入堆积条形图（排名前 N 个）

本报表页中，我们通过堆积条形图来反映动享时刻不同店铺销售金额排名前 5 的产品。

【任务实现】

步骤 01 打开"案例数据\项目九\动享时刻-业务报表-初始.pbix"文件，单击窗口左侧的"报表"按钮 📊，并选择"排名分析"报表页。

步骤 02 单击"可视化"窗格中的"堆积条形图"按钮，按图 9-53 设置堆积条形图的属性，按图 9-54 设置筛选器，然后单击"应用筛选器"按钮，生成的堆积条形图如图 9-55 所示。

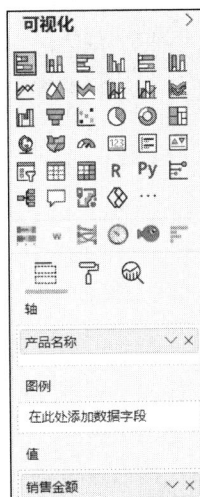

图 9-53　设置堆积条形图的属性

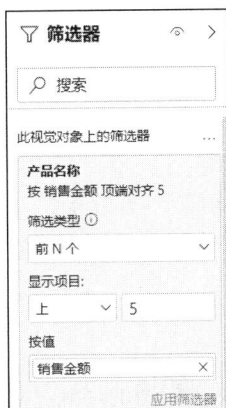

图 9-54　设置筛选器

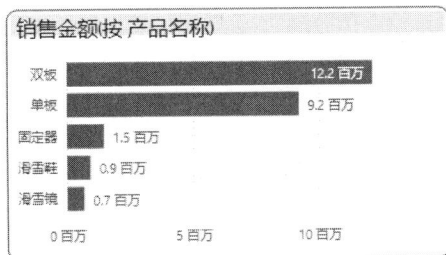

图 9-55　生成的堆积条形图（排名前 5）

子任务二　插入表

本报表页中，我们通过表来反映动享时刻不同产品的销售金额及排名情况。度量值设置如下。

产品销售排名=RANKX(ALL('产品表'),[销售金额])

插入表的操作与前面类似，此处不再重复。

子任务三　插入文字云

本报表页中，我们通过文字云来反映动享时刻各店铺的销售金额。销售金额越大，店铺名称文字显示得就越大，这样用户很容易看清销售金额排名前几的店铺名称。文字云需要事先以自定义可视化对象导入。

【任务实现】

步骤 01 打开"案例数据\项目九\动享时刻-业务报表-初始.pbix"文件，单击 Power BI 窗口左侧的"报表"按钮，并选择"排名分析"报表页。

步骤 02 单击"可视化"窗格中的"文字云"按钮，按图 9-56 设置文字云的属性，生成的文字云如图 9-57 所示。

图 9-56 设置文字云的属性

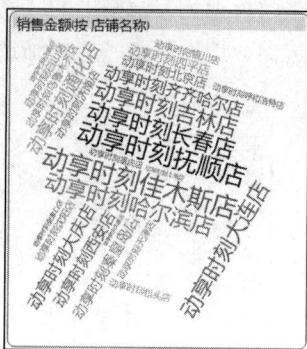

图 9-57 生成的文字云

巩固提高

一、思考题

1. 举例说明水平条形图的用法。

2. 本项目中，我们使用了哪些可视化元素做排名分析？它们分别是如何实现的？

二、实训题

根据本项目所讲内容，进行某超市销售数据的智能分析与可视化。

案例数据\项目九\9-超市销售数据.xlsx

1. 解读该超市销售数据中的数据表，对订单数据进行适当处理，设计并添加维度表。

2. 选用适当的可视化对象，设计合适的度量值，参考图 9-58 所示的思路进行相应的智能分析与可视化。

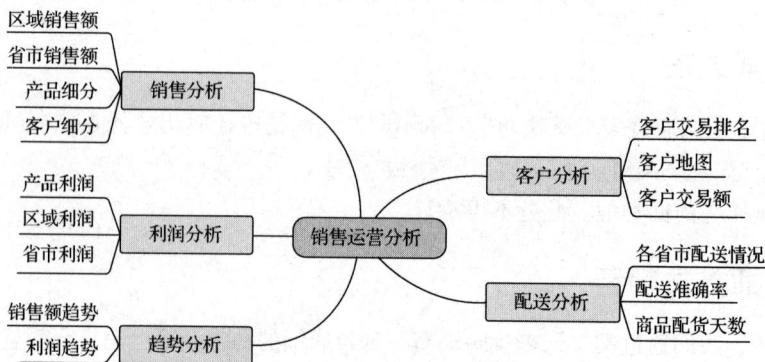

图 9-58 超市销售运营分析导图